Gütersloher Verlagshaus

Klaus-Peter Jörns

Lebensgaben Gottes feiern

Abschied vom Sühnopfermahl: eine neue Liturgie

Gütersloher Verlagshaus

Bibliografische Information der Deutschen Nationalbibliothek

Die Deutsche Nationalbibliothek verzeichnet diese Publikation in der Deutschen Nationalbibliografie; detaillierte bibliografische Daten sind im Internet über http:// dnb.d-nb.de abrufbar.

1. Auflage
Copyright © 2007 by Gütersloher Verlagshaus, Gütersloh,
in der Verlagsgruppe Random House GmbH, München

Umschlaggestaltung: Init GmbH, Bielefeld
Umschlagmotiv: Johann Baptist Obernettel nach Michael Graf Esterházy (1840–1887):
Graf Nusi Kinsky beim Sprung über eine Schnur
Satz: Satzweise, Föhren
Druck und Einband: Těšínská Tiskárna AG, Český Těšín
Printed in Czech Republic
ISBN 978-3-579-08015-4

www.gtvh.de

Inhaltsverzeichnis

7

Vierter Teil:
Lebensgaben Gottes feiern. Liturgien ohne Sühnopfer- und Erwählungsvorstellungen

11

Vorwort

Es ist an der Zeit, dass die Kirchen über ihren Schatten springen. Der Schatten besteht aus einer ganzen Reihe von Glaubensvorstellungen, die im kulturellen Gedächtnis des späten Altertums verankert sind[1] und nicht nur die Theologiegeschichte, sondern auch die Entwicklung der christlichen Liturgien hin zur Messfeier und ihren Modifikationen geprägt haben. Beispielhaft dafür ist der Einfluss, der von den Opfer- und speziell Sühnopferkulten im jüdischen und im griechisch-römischen Bereich der hellenistischen Kultur auf christliche Theologien und Liturgien ausgegangen ist. Mit der Art, wie Jesus mit seinen Jüngern das Mahl – auch das letzte – gehalten hat, und mit seiner Verkündigung vom bedingungslos liebenden Gott hat das Modell einer christlichen Opfermahlfeier nur noch wenig zu tun. Denn am Höhepunkt der Liturgie, in der Feier der Eucharistie bzw. des Abendmahls, wird der gewaltsame Tod Jesu als ein Ereignis vergegenwärtigt, das einem göttlichen Muss gefolgt sei. Und dieses Gedenken wird immer noch in Anlehnung an jüdische und hellenistische Opferrituale als Blutritus inszeniert, durch den Gott den neuen Bund – lateinisch: das »Neue Testament« – mit den Christen als dem neuen Gottesvolk gestiftet und geschlossen habe. Dadurch wurde auch der christliche Gott wieder mit den alten Opferritualen und ihren auf Blutriten basierenden Vorstellungen von göttlicher Gnade verbunden. Zugleich aber, und nicht weniger verhängnisvoll, wurde der von den alten Ägyptern erdachte und von den Juden weiter vertiefte Glaube, als Volk von Gott erwählt zu sein, von der Kirche übernommen, auf sich bezogen und perfektioniert.

Die revolutionären Vorgaben Jesu sind dabei in den Hintergrund geraten und zu einem gewichtigen Teil unkenntlich gemacht worden, obwohl sie Konsequenzen für einen christlichen Gottesdienst hätten haben müssen. Diese Vorgaben gehen über die liturgische Verwendung des Vaterunsers hinaus und haben mit Jesu neuem Verständnis sowohl von Gott als auch von der Würde der Menschen zu tun. Denn Jesus hatte, wie die Evangelien erzählen, die Menschen in seiner Nachfolge bevoll-

---

1. Zu einigen von ihnen habe ich mich in meinem Buch *Notwendige Abschiede*, Gütersloh 2006[3], kritisch geäußert. Ich zitiere das Buch im Folgenden nur mit dem Titel.

mächtigt, einander ihre Sünden zu vergeben – und zwar außerhalb jedes gottesdienstlichen Ritus. Davon lässt der heutige kirchliche Umgang mit der Sündenvergebung nicht mehr viel erkennen. Außerdem ist in der Verkündigung Jesu nichts zu finden, was es rechtfertigte, seinen gewaltsamen Tod als ein Sühnopfer zu verstehen, durch das das Verhältnis Gottes zu den Menschen und umgekehrt das Verhältnis der Menschen zu Gott in irgendeiner Weise verändert worden wäre.

Da die Vorgaben Jesu bislang noch nicht ausreichend wahrgenommen und liturgisch umgesetzt worden sind, gibt es dringlichen Nachholbedarf im Blick auf eine kritische Sichtung der Liturgiegeschichte. Denn wirkliche Reformen in der Kirche werden, wie sich gezeigt hat, zuallerletzt durch Veränderungen in den Leitungsebenen und Verwaltungsstrukturen erreicht. Nur die Bereitschaft, sich mit dem kirchlichen Erbe *inhaltlich* auseinanderzusetzen und den Bezug zu Jesus erkennbar wieder herzustellen, kann »das Profil der Kirche schärfen«, wie es jetzt so oft gefordert wird. Dazu gehört, theologischen und liturgischen Ballast abzuwerfen, der sich in der Kirchengeschichte angesammelt hat.

Nach den Vorgaben Jesu für Theologie und Liturgie zu fragen, verlangt die befreiende Kraft des von ihm gelebten Evangeliums. Denn als Christen berufen wir uns auf Jesus. Zugleich aber können wir unser verändertes historisches Bewusstsein nicht beiseite schieben. Also müssen wir unterscheiden zwischen dem, was wir durch die neutestamentlichen Texte *hindurch* von Jesus wissen, und dem, was seine biblischen Zeugen im Rahmen ihrer religiösen Vorprägungen als Evangelium verstanden und überliefert haben. Und da gilt die Regel: Die Zeugen stehen nicht über dem Bezeugten. Deshalb ist es mit Neuinterpretationen der biblischen Überlieferungen allein nicht mehr getan. Ständiges Neuinterpretieren alter Texte und Vorstellungen ist eine interessante Beschäftigung für Theologinnen und Theologen. Aber die Gläubigen, die am Gottesdienst teilnehmen, bleiben dem, was sie hören, sehen und singen müssen, mehr oder minder hilflos ausgeliefert. Ganz zu schweigen davon, dass sie wenig oder gar nichts von der Wirkung wissen, die manche Riten in der Liturgie – wie zum Beispiel ein Blutritus – und manche Symbole wie das allgegenwärtige Kreuz in uns auslösen können. Nicht zuletzt vom Glauben an den im Geist gegenwärtigen Gott her haben die Gläubigen ein Recht darauf, mit Liturgien Gottesdienst zu feiern, die zu der Kultur passen, in der sie leben. »Passen« schließt nicht aus, dass sie eine kritische Funktion in der Kultur haben. Aber das setzt auch voraus, dass die Kultur liturgisch wahrgenommen wird.

Wer sich auf diese Weise dem Thema Lebensbezug widmet, kommt allerdings zwangsläufig in Konflikt mit der traditionellen Liturgik und oft auch mit der Dogmatik. Denn beide haben die Neigung, am Anfang der Kirchen- und Liturgiegeschichte entstandene Vorstellungen für zeitlos gültig zu halten. Doch diese Traditionen sind – wie schon die biblischen – in vielem Produkte ihrer jeweiligen Kultur und keinesfalls zeitlos gültig. Für sie zeitlose Gültigkeit zu behaupten, ist ungeschichtlich gedacht. Daher lade ich dazu ein, die Grundstruktur der traditionellen Abendmahls- und Eucharistieliturgien und ihr Menschenbild, aber auch die dem antiken Hofzeremoniell entlehnten Elemente, kritisch zu untersuchen, mit Teilen ihrer Wirkungsgeschichte zu konfrontieren und nach einer neuen Liturgie zu suchen. Das werden viele ärgerlich finden, die sich mit den Liturgiereformen des Zweiten Vaticanums auf katholischer Seite und dem »Evangelischen Gottesdienstbuch« von 1999 auf evangelischer Seite arrangiert haben. Trotzdem finde ich die Hoffnung wichtiger, dass wir zu einer Theologie und Liturgie kommen, die den Auferstandenen wieder stärker mit dem Evangelium des irdischen Jesus verbindet und sich endlich und konsequent von antiken Opfermahlfeiern und von Erwählungsvorstellungen verabschieden. Denn Gottesdienst soll die schöne und schwere Freiheit des Glaubens genießen helfen, die uns Jesus eröffnet hat. Für *sie* hat er gelebt, und ihretwegen ist er hingerichtet worden.

Darum werde ich den Vorgaben Jesu nachgehen. Ich konfrontiere damit die Entwicklung, die zur Messliturgie geführt hat, und stelle nach den notwendigen Vorarbeiten eine neue Liturgie mit Variationen vor. Die historische Kritik biblischer Überlieferungen ist nach meiner Einsicht nicht zu Ende gedacht, wenn sie nicht in eine konstruktive theologische Kritik mündet. Selbstverständlich ist die von mir vorgelegte Liturgie nur ein Vorschlag und erhebt keinen Anspruch darauf, alternativlos zu sein. Die Zeit für genormte Liturgien scheint ohnehin vorbei zu sein. Die neue Liturgie ist in ihrem Grundtyp inzwischen mehrfach erprobt – und dabei vielfach verändert worden, nicht zuletzt unter dem Einfluss von Menschen, die mit anderen Liturgien gute Erfahrungen gemacht haben. Jede Gemeinde, die mit ihr – in veränderter oder unveränderter Form – eigene Erfahrungen machen möchte, ist herzlich dazu eingeladen. Für Kritik und Anregungen bin ich dankbar.

Auch mit diesem Buch möchte ich keinesfalls nur theologische Fachleute ansprechen, sondern alle, die am Gottesdienst interessiert sind. Dass ich auch auf liturgiegeschichtliche Sachverhalte eingehe, ist notwendig. Denn eine Reform des christlichen Gottesdienstes verlangt zuerst zu verstehen, dass christliche Liturgien, auch wenn sie heilig genannt werden, nicht vom Himmel gefallen, sondern geschichtlich, also langsam und nachvollziehbar, gewachsen sind und dabei unterschiedlichste Einflüsse aufgenommen haben. Liturgien sind parallel zu den sich verzweigenden Kirchentümern entstanden. Und deren Entstehung hat wiederum damit zu tun, dass sich christlicher Glaube im Laufe der Geschichte in konkreten Kulturen verankert und dabei ausdifferenziert hat, obwohl sich alle Kirchen und Konfessionen auf Jesus beriefen. Den Anstoß zu solcher Verschmelzung mit vorgegebenen kulturellen Erbschaften hat unser neutestamentlicher Kanon selbst gegeben. Indem er nicht nur *ein* Evangelium, sondern deren vier nebeneinander stellte, hat er die klare Einsicht ausgedrückt, dass christlicher Glaube unterschiedliche Gestalt annehmen *muss*, wenn er einen wirklichen Bezug zum Leben der Menschen in ihren differenten kulturellen Prägungen haben will.

Zwar hat alles, was im Glauben geschieht, mit dem Heiligen Geist zu tun. Aber das bedeutet nicht, dass der literarische Bestand der Bibel oder unsere Liturgien vom Heiligen Geist diktiert worden wären. Kanon und Liturgien wollen in ihrem geschichtlichen Werden verstanden – und nicht einfach nachgebetet werden. Arbeit am christlichen Gottesdienst kann heute nicht mehr darauf hinauslaufen, frühkirchliche Gottesdienstformen zu restaurieren. Das zu sagen, drückt keinen Hochmut aus. Es geht vielmehr um die eigene theologische Verantwortung und Redlichkeit und um die Bereitschaft, das christliche Erbe mit dem Selbstverständnis zu verbinden, mit dem wir in *unserer* Kultur leben. Die großen alten Bilder, die zum Teil schon in anderen Religionen entstanden sind, brauchen also nicht aufgegeben zu werden – aber manche Riten und Vorstellungen schon. Kriterium ist für mich dabei die Frage, was manche geschichtlichen Entwicklungen in Theologie und Liturgie noch mit Jesus zu tun haben, auf den wir uns doch berufen. Ich lege bei meinem Entwurf einen gewichtigen Akzent auf die Verkündigung Jesu, weil er der Grund unseres Glaubens ist[2].

In vielem stellt dieses Buch den Sprung über den eigenen Schatten dar. Dieser Sprung ist nicht leicht, zumal, wenn der Schatten der Geschichte so lang ist. Aber die Freude, es dann doch irgendwann geschafft zu haben,

---

2. Deshalb kann ich in vielem auch dem Publik-Forum-Dossier von Hans Küng »Christsein heute« vom 23.9.2005 zustimmen, das sich ebenfalls entschieden an Jesus orientiert.

ist nicht gering zu schätzen. Ich wünsche sie allen, die den Sprung noch vor sich haben.

Ich habe Grund zum Danken: Zuerst Karl-Heinrich Bieritz, Ihlow, meinem Freund und Weggefährten seit 1982, dessen fachlich-kritischer Rat manches weitergeführt und anderes zurechtgerückt hat. Meine Bitte, das Manuskript gegenzulesen, hat wieder einmal ein Gespräch in Gang gesetzt, das uns beiden neue Zugänge zu einer äußerst spannenden, historisch aber verwickelten Phase der Liturgiegeschichte eröffnet hat. So macht theologische Arbeit wirklich Freude. Das gilt auch für die Gespräche mit Gerhart Herold, dem Theologen aus Holzkirchen, und Wolfgang Ullmann, dem Juristen aus Berg, den hiesigen Freunden. Sie sind das Manuskript von anderen Ansätzen und Interessen her mit mir durchgegangen. Ich danke ihnen von Herzen. Durch die Erfahrungen und Fragen, die sie eingebracht haben, ist das Buch in vielem zu einem Gespräch mit diesen drei Freunden geworden. Cordelia Heymann, Frankfurt/Main, danke ich herzlich für die Zeichnungen, die sie beigetragen und mit denen sie vertieft hat, was ich eine »Kreuzesmeditation« nenne. Schließlich danke ich auch dieses Mal meiner Tochter, Ayescha Jörns, von Herzen für ihre Hilfe bei den Korrekturarbeiten und Diedrich Steen für die Begleitung des Projekts von Anfang an.

Ein solches Buch entsteht nicht ohne Erfahrungen, die dazu ermutigen, alte Formen zu verlassen, wenn es notwendig ist. Die ersten Erfahrungen dieser Art habe ich mit den Vikarinnen und Vikaren in den Jahren 1978 bis 1981 am Theologischen Seminar der Evangelischen Kirche in Hessen und Nassau in Herborn/Dill machen können. In der Berliner Zeit (1981 bis 1999) habe ich viele Jahre lang mit den Studierenden eine Gottesdienstform gefeiert, die aus einer gemeinsamen Schriftauslegung und der Complet bestand. Parallel dazu konnte ich in der Ev. Kirchengemeinde Berlin-Wannsee eine Gottesdienstordnung mitgestalten, in der sich in festem Turnus vier verschiedene Grundtypen ablösten. In Wannsee habe ich begonnen, Texte aus anderen Religionen im Gottesdienst zu verlesen. Besonders dankbar bin ich dafür, daß ich in Berg/Starnberger See seit zwei Jahren Vorstufen der nun veröffentlichten Liturgie mit der Gemeinde feiern kann. Den beiden Kirchengemeinden widme ich dieses Buch.

Berg am Starnberger See im November 2006

Klaus-Peter Jörns

Erster Teil: Vom Unbehagen in der Liturgie

Das Unbehagen über das Sühnopfermahl im christlichen Gottesdienst wächst

Noch sieht die liturgische Wirklichkeit anders aus, als sie die Vorgaben Jesu hätten erwarten lassen. Wer unvoreingenommen an einer katholischen Messfeier oder an einem evangelischen Gottesdienst teilnimmt, kann sich des Eindrucks nicht erwehren, dass die Mahlfeiern, auf die die Gottesdienste zulaufen, trotz aller Unterschiede den Charakter einer Opfermahlfeier haben, in der es um Sühne geht: Jesus habe sich selbst, stellvertretend für die sündige Menschheit und zu ihrem Heil, geopfert und durch sein Blut Versöhnung zwischen Gott und Menschen bewirkt: »Und er ist das Sühnopfer für unsere Sünden, aber nicht nur für die unseren, sondern auch für die der ganzen Welt«; »… und das Blut Jesu … reinigt uns von aller Sünde« (1. Johannesbrief 2,2; 1,7b). Zudem wird die Opfertheologie an vielen Stellen mit dem Glauben, erwählt zu sein, verbunden. Ohne die Teilnahme an der Mahlfeier – so drängt es sich jedenfalls auf – gibt es keinen Zugang zu Gott.

Für den Eindruck, einer Opfermahlfeier beizuwohnen, sorgt vor allem der so genannte »Einsetzungsbericht« des Abendmahls mit den »Einsetzungsworten«. Auch die bei der Austeilung von Brot und Wein benutzten »Spendeformeln« wie »Christi Leib, für dich gegeben« und »Christi Blut, für dich vergossen« weisen in dieselbe Richtung. Sie werden unterstützt von gewichtigen Teilen der eucharistischen Gebete und von vielen Liedern, die – wie »Christe, du Lamm Gottes« und die weiter unten zitierten – beim Abendmahl, in der Passionszeit und vor allem am Karfreitag gesungen werden.

Viele Menschen empfinden nun aber gegenüber dieser traditionellen Abendmahls- bzw. Eucharistie-Liturgie tiefes Unbehagen. Dabei bestimmen die Vorstellungen von Jesu Tod als einem Opfer und davon, erwählt zu sein, nicht nur gewichtige Passagen des Neuen Testamentes, sondern auch den zweiten, den Mahl-Teil des Messgottesdienstes[1].

---

1. Seit der Mitte des 2. Jahrhunderts ist die Zweiteilung in Wort- und Mahlteil festgeschrieben: K.-H. Bieritz (2004), S. 305.

Nicht nur Pfarrerinnen und Pfarrer sind an Vorschlägen für eine Liturgie interessiert, die aus diesem Unbehagen herausführt. Denn das Verständnis dessen, was im Herrenmahl geschieht, hat sowohl die römisch-katholische und die evangelische Kirche auseinandergebracht als auch über Jahrhunderte hin die evangelischen Konfessionen untereinander entzweit[2]. Bis heute erweist sich das Verständnis des Abendmahls als einer Opfermahlfeier als unüberwindliches Hindernis auf dem Weg zu einer gemeinsamen Mahlfeier der Kirchen, ja, es verhindert sogar ökumenische Gastfreundschaft[3].

Auch viele Passionslieder erzeugen heute Widerstand gegen die Sünden- und Kreuzestheologie

Die Wirkungsgeschichte der Sühnopfermahlpraxis reicht jedenfalls mittelbar bis in die Reformation und den Pietismus und über die Bekenntnisschriften und Lieder, die aus diesen Zeiten stammen, bis in die Gegenwart hinein. Die darin enthaltene Kreuzes- und Erlösungstheologie hat die kirchlich vermittelte Frömmigkeit weitgehend geprägt. Diese Theologie beruft sich, dabei ausgesprochen selektiv vorgehend, auf die Bibel, hat aber weder zur Verkündigung Jesu noch zur gegenwärtigen Spiritualität eine wirkliche Beziehung. Als Beispiel zitiere ich einige Strophen aus Passionsliedern, die im 17. Jahrhundert entstanden sind:

»O Welt, sieh hier dein Leben am Stamm des Kreuzes schweben« von Paul Gerhardt, geschrieben 1647, im Evangelischen Gesangbuch (EG) Nr. 84:

(2) Wer hat dich so geschlagen, mein Heil, und dich mit Plagen so übel zugericht'?
Du bist ja nicht ein Sünder wie wir und unsre Kinder, von Übeltaten weißt du nicht.
(3) Ich, ich und meine Sünden, die sich wie Körnlein finden des Sandes an dem Meer, die haben dir erreget das Elend, das dich schläget, und deiner schweren Marter Heer.
(4) Ich bin's, ich sollte büßen an Händen und an Füßen gebunden in der Höll'; die Geißeln und die Bande und was du ausgestanden, das hat verdienet meine Seel.

2. Erst seit den siebziger Jahren des 20. Jahrhunderts haben Lutheraner, Reformierte und Unierte offiziell untereinander Abendmahlsgemeinschaft!
3. S. u. S. 195-207: Fünfter Teil: Probleme und Chancen für eine gottesdienstliche Ökumene der Konfessionen und Religionen.

20

»Herzliebster Jesu, was hast du verbrochen?« von Johann Heermann, geschrieben 1630, EG Nr. 81, übernommen vom katholischen »Gotteslob« unter der Nummer 180:

> (1) Herzliebster Jesu, was hast du verbrochen, dass man ein solch scharf Urteil hat gesprochen? Was ist die Schuld, in was für Missetaten bist du geraten?
> (3) Was ist doch wohl die Ursach' solcher Plagen? Ach, meine Sünden haben dich geschlagen. Ich, mein Herr Jesu, habe dies verschuldet, was du erduldet.

Hier geht es nicht mehr um eine nur bei Einzelnen vorkommende »Unwürdigkeit«, wie Paulus sie im 11. Kapitel des 1. Korintherbriefes anspricht[4], sondern um eine konstitutionelle, gewissermaßen *natürliche* Mangelhaftigkeit und Verdorbenheit aller Menschen, die ganz unabhängig von Alter und Lebenssituation auftritt. Für sie steht der Begriff »Sünde(n)« – und natürlich auch der andere: »Erbsünde«. Dieses (Selbst-)Verständnis des Menschen ist der Boden, auf dem Sünden- und Opfertheologie gewachsen sind. Manche der Passionslieder, die fast genüsslich die Größe und Tiefe der eigenen Sünden beschreiben, erwecken in mir den Eindruck: Da spricht sich eine Art Narzissmus aus, der es völlig angemessen findet, dass Gottes Sohn – und kein Geringerer – dafür hat leiden müssen.

Verwandelt beim Abendmahl das gemeinsame Essen die Essenden substantiell?

Der innere Widerstand gegenüber der Abendmahlstheologie und -praxis beider Kirchen erreicht für viele ihren Höhepunkt bei der Kommunion. Denn da werden sie – mit und ohne vorher erfolgte ausdrückliche »Wandlung«[5] der »Elemente« – mit der Vorstellung konfrontiert, die Oblate

---

4. 1. Korintherbrief 11,27–30; s. u. S. 25 f.
5. Die Reformatoren haben die so genannte »Gabenepiklese« zwar abgeschafft und reden nicht von Transsubstantiation. Aber gleichwohl sprechen sie in einer solch massiven Deutlichkeit vom Essen des Leibes und Trinken des Blutes Christi, dass der Vorbehalt, es handele sich um ein »geistliches« Essen und Trinken, völlig in den Hintergrund geraten ist und von keinem Nichttheologen wirklich »gehört« werden kann. Man kann also nicht sagen, dass die Kirchen der Reformation heute klar sprächen, wenn sie die genannten »Spendeformeln« verwenden. – Auch die östliche Orthodoxie hat die Vorstellung von einer Wandlung (Transsubstantiation) entwickelt (H.-D. Döpmann [2003], S. 134).

oder Hostie, die sie essen, sei »Der Leib Christi, (der) für dich (in den Tod) gegeben« worden ist, und der Wein bzw. der Traubensaft, den sie trinken, sei »Das Blut Christi, (das) für dich (am Kreuz) vergossen« worden ist. Unerträglich erscheint vielen die Vorstellung, das, was konstatierend (zu)gesagt wird, auch zu glauben: dass es sich tatsächlich um Christi Leib und Blut handele. Und fast noch unerträglicher ist die Vorstellung, sich Leib und Blut Christi essend und trinkend einzuverleiben[6].

Zwar lässt sich der Gedanke nachvollziehen, den Paulus – ebenfalls im 1. Korintherbrief (12,12-31) – entfaltet hat: Die *Kirche* sei, im Bild gesprochen, der Leib Christi, zu dem alle Christinnen und Christen als Glieder gehören: »Ihr aber seid Christi Leib und, als Teile betrachtet, Glieder.« (12,27) Nachzuvollziehen ist auch, dass diese Zugehörigkeit durch die Taufe und den Geist Gottes zustande kommt: »Denn … wir sind in *einem* Geist alle zu *einem* Leib getauft« (12,13), also – im Bilde gesprochen – dem Leib Christi einverleibt worden. Hier ist das Bildwort vom Leib wirklich Bild für die gemeinte Gemeinschaft der Christen in der Kirche.

Mühe habe ich aber damit, dass Paulus die Kirche als geistlichen Leib Christi auch durch den gemeinsamen Kelch und das gemeinsam gegessene Brot *konstituiert* gesehen hat; denn den Wein und das Brot verleiben wir uns ja ein. Trotzdem hat Paulus die Leib-Metapher auch in diesem Sinn benutzt: »Der Kelch der Lobpreisung *(eulogias)*, über dem wir (Gott) lobpreisen, ist er nicht Gemeinschaft des Blutes Christi? Das Brot, das wir brechen, ist es nicht Gemeinschaft des Leibes Christi? Weil es ein Brot ist, sind wir, die vielen, ein Leib; denn wir sind alle des einen Leibes teilhaftig.« (10,16 f.)[7] Diese Schlussfolgerung leuchtet mir nicht ein.

Der im Blick auf evangelische Liturgien äußerst einflussreiche norddeutsche Reformator Johannes Bugenhagen[8] ist Paulus in dieser Meta-

---

6. Frauen reagieren, wenn sie auf diese Vorstellung angesprochen werden, eher ablehnend als Männer: vgl. P. Zimmermann (2004), S. 361-370: Frauen reagieren auf die Stichwörter Opfer und Sühne »fast ausnahmslos kritisch«, »heftig, emotional«, Männer dagegen »gelassen«, »offenbar davon existentiell wenig betroffen« (S. 364). Das heißt aber nicht, dass deswegen das ganze Abendmahl negativ bewertet werden muss.

7. Eine überaus material- und beziehungsreiche Auslegung der Stelle findet sich bei W. Schrage (1995), S. 429-460.

8. Im Abendmahlsteil der von ihm geschriebenen Kirchenordnung für Braunschweig von 1528 in der »Vermahnung vor dem Altarsakrament an die Kommunikanten«. Zitiert nach I. Pahl (1983), S. 53 f. Die Kursivierung stammt von mir. Diese Abendmahlsvermahnung ist so oder abgewandelt in anderen Kirchenordnungen übernommen worden: vgl. I. Pahl (1983), S. 59 f., und S. 59 Anm. 27.

phorik aber gefolgt: »So essen wir stets on (ohne) unterlas geistlich mit dem glauben den leib Christi und trinken sein blut, *das ist, wir werden Christo eingeleibt, das wir eins werden mit ihm,* damit das wir gleuben[9], das er sein leib vor (für) uns in den todt gegeben hat und sein blut vor (für) uns am kreuze vergossen … … das wir ja nicht zweiveln sollen, sein todt und blutvergiessung am kreuze sey unser gewisse (wirkliche) seligkeit«.[10]

Der Gedanke, dass das »geistliche« Essen des Leibes und Trinken des Blutes Christi die Kommunikanten *Christus* einverleibe und so den Leib Christi schaffe, findet sich in Luthers »Vermahnung« – heute würde man sagen: ermahnender Belehrung – im Abendmahlsteil der Deutschen Messe von 1525/26[11] nicht. Denn dieser Sprachgebrauch überträgt erstens ja auch nur, was vom Sakrament der Taufe zu sagen ist, auf das Abendmahl. Und zweitens zielt dieser Gedanke – im Zirkelschluss – darauf, die Gläubigen im Glauben festzuhalten, dass Jesu Tod am Kreuz ein Opfer gewesen ist, an dessen Heilswirkung die Christen durch das Essen des Fleisches und Trinken des Blutes des Geopferten Anteil bekommen. Mit anderen Worten: Hier geht es nicht mehr um das Bild, die *Metapher* Leib, sondern um etwas Substantielles, das die gemeinsam Essenden durch das Einverleiben derselben Speise eint. Damit kommt eine magische Komponente ins Spiel. Es hilft nichts, wenn man die darin steckende Magie durch den Begriff des Mysteriums verdecken möchte. Der Glaube an die Gegenwart Gottes im Geist braucht keine Transsubstantiation, weil Gott in allem ist und durch keinen Ritus herbeigeholt werden muss, um sich mit irdischer Materie zu verbinden.

Mich überzeugt deshalb der Gedanke nicht, dass sich die Einverleibung von Nahrung beim Essen »im Sinne von ›Einung‹« vollziehe, so dass das gegessene Stück Welt »die eigene Lebens-Gestalt zu beeinflussen und zu verwandeln« vermöge[12]. Da halte ich es eher mit dem Jesus-Wort, wonach das, was der Mensch isst, durch ihn hindurch und wieder aus

---

9. Diese Glaubensdidaktik folgt natürlich nicht aus dem Vorhergehenden: Hinweis von K.-H. Bieritz.
10. Bugenhagen betont in seiner Vermahnung, dass wir aus der Wohltat Christi für uns »auch lernen, welche lieb und gedult wir üben sollen gegen unsern nehesten, auch gegen unsern feinden« (I. Pahl [1983], S. 60).
11. Bei I. Pahl (1983), S. 36 f.
12. K.-H. Bieritz (2004), S. 274 f. Die sprichwörtliche Rede »Man ist, was man isst« hebt allein auf die gesellschaftlichen Standesunterschiede ab, die sich nirgends so gut erkennen lassen wie beim Essen bzw. beim Speisen.

ihm herausgeht (Markus 7,14-23; Matthäus 15,10-20)[13]. Ich will nicht bestreiten, dass das gemeinsame Essen ein wichtiger Akt kultureller Kommunikation ist. Aber das gemeinsame Mahl schafft nur dadurch Gemeinschaft, dass die gemeinsam Essenden miteinander zu tun haben wollen und »sich an einen Tisch setzen«. Das gemeinsame Mahl vollzieht (immer wieder) die »›Vergemeinschaftung‹ von Individuen«[14], die durch eine Einladung oder durch familiäre Zusammengehörigkeit oder andere Vorgaben konstituiert wird. Zu sagen, der Mensch werde *verwandelt* durch das, was er isst, behauptet eine *ex opere operato*[15] sich vollziehende Transsubstantiation, die ich nicht nachvollziehen kann und will – schon gar nicht um den Preis, die Hinrichtung Jesu als Opfer zu sehen, durch das Gott die Welt mit sich selbst versöhnt habe[16].

Bei Paulus muss man beachten, dass er mit seinen Gedanken die christlichen Korinther davor warnen wollte, an Festmählern teilzunehmen, die zu Ehren griechischer und römischer Götter veranstaltet wurden (10,14-22). Sein Urteil lautete: »Ihr könnt nicht den Kelch des Herrn trinken und den Kelch der Dämonen; ihr könnt nicht am Tisch des Herrn sitzen und am Tisch der Dämonen« (V. 21). Wolfgang Schrage hat den Satz so umschrieben: »Der Kyrios und die Dämonen beanspruchen den Menschen ganz für sich, weil beide Male durch das christliche Mahl oder das heidnische Opfer eine reale Gemeinschaft gestiftet wird.«[17] Das heißt: Die *religions*spezifische Wahrnehmung dessen, was Gott zugunsten der Menschen tut, stiftet auf der einen Seite die Gemeinschaft derer, die diese spezifische Wahrnehmung teilen. Aber an den Rändern dieser Gemeinschaft erzeugt sie Trennungen, die vor Familien und Freundschaften nicht haltmachen (vgl. Lukas 14,25-27). Das hat Paulus, wiederum im 1. Korintherbrief und wiederum in Aufnahme von liturgischer Sprache, deutlich formuliert: »Wenn jemand den Herrn nicht liebt, so sei er verflucht! Maranatha!« (16,22) Die Juden haben es mit dem so genannten »Ketzersegen« im Achtzehngebet genauso getan[18].

13. Jesus spricht diesen Sachverhalt im Zusammenhang der Frage an, ob seine Jünger (auch einmal) mit ungewaschenen Händen essen dürfen.
14. K.-H. Bieritz (2004), S. 276.
15. Auf Deutsch: »Ein durch den Vollzug der Handlung – hier des Essens – wirksames Geschehen«.
16. Dass der Opfercharakter des Abendmahls seit der Reformation und auch in der Exegese strittig ist, dazu vgl. W. Schrage (1995), S. 457 f.
17. W. Schrage (1995), S. 448.
18. J. J. Petuchowski (1979), S. 78: »Den Verleumdern sei keine Hoffnung, und alle Übeltäter mögen im Augenblick untergehen. Mögen sie alle rasch vertilgt werden,

Dass nicht nur religionsspezifische, sondern auch *konfessions*spezifische Wahrnehmungen des Handelns Gottes solche Trennlinien erzeugen, spüren wir bis heute im Blick darauf, dass eine gemeinsame Abendmahlsfeier von Evangelischen und Katholiken offiziell nicht möglich ist. Sie geschieht aber trotzdem tausendfach, wenn die Gläubigen für sich darauf bestehen, dass das Abendmahl weder den einen noch den anderen gehört, sondern auf Jesu Einladung hin gefeiert wird. Wer sich von *ihm* eingeladen weiß, mit anderen zusammen an seinem Tisch die Lebensgaben Gottes zu feiern, der kann und muss so handeln. Denn er wird den Spruch Jesu zum Sabbat (Markus 2,27) abwandeln und sich sagen: ›Das Abendmahl ist für die Menschen geschaffen worden und nicht die Menschen für bestimmte konfessionelle Gestalten des Abendmahls.‹

Kann man sich beim Abendmahl auch den Tod holen?

Durch die ökumenische Annäherung der Kirchen im letzten Drittel des 20. Jahrhunderts werden auch die evangelischen Gottesdienste mehr und mehr als Abendmahlsgottesdienste gefeiert. Vorher war das Abendmahl in den evangelischen Kirchen über lange Zeit hin eher ein Anhängsel an den Wort- bzw. Predigtgottesdienst. In ihm bewirkten die Predigt als eine Art Supersakrament und der Glaube eigentlich alles, was wichtig war. Vor allem in reformierten Gemeinden galt es als ausreichend, im »Vierzeitenrhythmus«[19], also viermal im Jahr, am Abendmahl teilzunehmen. Nicht zuletzt die Drohungen des Apostels Paulus, dass derjenige, der beim Abendmahl »den Leib [des Herrn] nicht [von gewöhnlicher Speise] unterscheidet«, »sich selbst ein Gericht isst und trinkt« (1. Korintherbrief 11,29), hatte viel zu dieser Reserve beigetragen. Denn der Apostel war so weit gegangen, einen handfesten Beweis für die Glaubwürdigkeit seiner Drohung beizufügen: »Deshalb sind unter euch viele Kranke und Schwache, und ein gut Teil sind [schon] entschlafen.« (11,30) Solche Äußerungen erinnern an Schwarze Magie. Magisch sind sie von den unterstellten Wirkungszusammenhängen her ohne Frage. Sie wurden von Pau-

und die Frevler entwurzele schnell, zerschmettere sie, wirf sie nieder, demütige sie, bald in unseren Tagen. Gelobt seist du, Herr, der die Feinde zerbricht und die Frevler demütigt.« Der »Ketzersegen« gehörte zum Grundbestand des alten palästinensischen Ritus, ist keine spätere Zutat (S. 81).

19. Der Vierzeitenrhythmus stand im oberdeutschen Bereich schon vor der Reformation in Übung: K.-H. Bieritz (2004), S. 438. 477 f.

lus als »Vermahnung« verstanden, und noch in meiner Jugend wurden sie während der Abendmahlsliturgie vorgelesen. Dass in ihnen ein erschreckendes Gottesbild zum Vorschein kommt, hat niemanden gestört. Als ich Pfarrer geworden war, habe ich aber verstanden, warum es viele in der Gemeinde auf dem Hunsrück vorzogen, sich so selten wie möglich – und nicht ohne konkreten Anlass – einer solchen Gefahr auszusetzen. Man bedenke: Das Abendmahl als Gefahr für Leib und Leben der Kommunikanten! Und zwar nicht, weil man sich durch den Gemeinschaftskelch eventuell bakteriell infizieren könnte, sondern aufgrund göttlicher Strafe.

Dass Paulus die Korinther mit solchen Grausamkeiten hat bedrohen können, spricht nicht nur von einer merkwürdigen Seite seines Gottesbildes. Sondern dabei kommt indirekt auch der Glaube zur Sprache, dass Gott mit tödlicher Gewalt zu tun habe und Fehlverhalten an Leib und Leben von Menschen abstraft. Wie er Jesu Sterben als Heilsgeschehen genutzt hat, so konnte er nach Paulus auch den Tod als Strafe nutzen. Solche Gedanken sind erkennbar von dem damaligen Glauben beeinflusst worden, dass unsere Sterblichkeit Strafe für menschlichen Ungehorsam sei.

Musste Jesus unseretwegen sterben?

Auf eine andere wichtige Erfahrung will ich in der Einleitung noch zu sprechen kommen. Früher hätten Kinder nicht gewagt, ihren Eltern zu sagen, dass sie ungern in eine Kirche gehen. Und zwar (auch) deshalb ungern, weil ihnen gesagt worden ist, (auch) *ihre* Sünden hätten Jesu grausames Sterben verursacht. Heute wagen Kinder es zum Glück manchmal. Früher hätten sie auch nicht gesagt, wie sehr sie sich innerlich gegen den Gedanken wehren, dieser Mensch da oben habe *ihretwegen* sterben müssen. Heute sagen sie es zum Glück manchmal. Und sie erleben, wie die Erwachsenen auch: Wenn alle Menschen, Neugeborene wie sieche Alte, in Gottes Augen eigentlich Höllenstrafen verdient haben, macht die Zusage der Vergebung, die sie im Gottesdienst erhalten und die nun merkwürdigerweise gerade wieder mit Jesu Leiden begründet wird, nicht wirklich froh. Denn der ihretwegen Gemarterte wird sie wieder vorwurfsvoll anschauen, sooft sie die Kirche betreten. Sie hören zwar, da habe es ein großes göttliches *Muss* gegeben: Einer, der selber ohne Sünde war, habe die ganze Schuldenlast der Menschen wegtragen müssen, damit Frieden sei zwischen Gott und den Menschen und in unseren

Seelen. Aber trotzdem können – und wollen – sie eines nicht verstehen: Dass Gott, der Schöpfer, dass der von Jesus offenbar gemachte barmherzige und liebevolle Gott die Sünden von Kindern, Eltern und Großeltern mit dem Opfer eines unschuldigen Menschenlebens gesühnt haben sollte. Sollte Gott denn wirklich erwarten, dass sterbliche Menschen makellos, gerecht und heilig sind wie er? Hat er uns nicht als fehlbare Wesen geschaffen, die aus Fehlern lernen müssen? Setzt da nicht alle Weisheit der Menschheit an?

Musste Strafe also wirklich sein? Musste wirklich ein Mensch unseretwegen sterben? Ist dies das dunkle Gesetz des liebenden Gottes[20]? Viele Theologen sehen das immer noch so. Ich zitiere aus einem 2006 erschienenen Buch von Manfred Josuttis[21]:

»Jesus hat sein Leben ›für unsere Sünden‹ gelassen. Musste das wirklich sein? … Das letzte Mittel, um für einigermaßen friedliche Verhältnisse zu sorgen, ist die Strafe, mit der jede Gesetzesübertretung geahndet wird. Auch sie gehört zu den Grundstrukturen menschlichen Daseins. / ›Wer Menschenblut vergießt, dessen Blut soll auch durch Menschen vergossen werden.‹ (1. Buch Mose 9,6) Ein Mörder will sein wie Gott. Er macht sich zum Herrn über Leben und Tod. Deshalb gibt es in Gottes Schöpfung für ihn keinen Platz. … Das Gesetz gilt, vor Gott und den Menschen. Dass Jesus ›für alle‹ gestorben ist, öffnet nicht die Gefängnistore, sondern den Zugang zu Gott, für jeden und jede. Auch für den abscheulichsten Kinderschänder. … Jesus Christus hat das Gesetz nicht aus den Angeln gehoben, er hat es erfüllt, er ist ›für uns Gottlose gestorben‹« (Römerbrief 5,6). / Er »hat Gott ganz und gar gehorcht. ›Deshalb hat ihn auch Gott erhöht und ihm einen Namen gegeben, der über allen Namen ist: Kyrios Jesus‹« (Philipperbrief 2,9).«

In diesen Ausführungen drückt sich für mich ein merkwürdig geschichtsloses Denken aus, das so tut, als habe es nie eine historisch-kritische Erforschung biblischer Überlieferungen – zu denen ja auch die Tora gehört – gegeben. Josuttis und andere können sich auf Paulus, aber nicht auf Jesus berufen, wenn sie die Auffassung vertreten, der Ungehorsam gegenüber Geboten und Verboten der Tora nehme den Menschen im Grunde das Lebensrecht. Jesus hat jedenfalls diese Auffassung von Gottes Recht abgelehnt. Josuttis geht hinter Jesus zurück, wenn er schreibt, dass es Gott nicht möglich gewesen wäre, sein Erbarmen »auch durch einen ein-

---

20. Das würde theo-logisch und in Verbindung mit der Erbsündenlehre eigentlich auch heißen, dass alle Menschen sündigen mussten und müssen, damit dieser Heilsplan in Gang kommen konnte und kann.
21. M. Josuttis (2006), S. 117-119.

fachen Akt der Vergebung, durch ein Wort der Versöhnung« ausdrücken zu können. Denn Jesus hat genau dies getan und solchen Akt der Vergebung nach dem Johannesevangelium als »*neues* Gebot« für die Christen eingeführt (20,22 f.; 13,34 f.). Doch bei Josuttis bleibt es dabei: Jesus musste stellvertretend für uns alle sterben, und zwar nach Gottes Willen.

Man kann immer wieder feststellen: Das Unbehagen in einem Gottesdienst, der als Opfermahlfeier gestaltet ist, sitzt bei Menschen besonders tief, die sich von der Verkündigung Jesu und seinem in den Evangelien nacherzählten Lebensweg angezogen fühlen. Denn gerade sie können nicht verstehen, dass *der* Gott, dessen große und bedingungslose Liebe Jesus ja schließlich *vor* seinem Tod in Wort und Tat bezeugt hat, dann doch erst durch Jesu qualvolles Sterben und seinen Tod »die Welt mit sich selbst versöhnt« haben soll, wie Paulus geschrieben hat (2. Korintherbrief 5,14.19). Und verstehen können sie auch nicht, dass wir Christen erst durch die »für die Sünden dargebrachte« (10,12) »Opfergabe des Leibes Jesu Christi ein für alle Mal geheiligt« (10,10) worden seien, wie es im Hebräerbrief heißt, und nicht schon durch die unbedingte Liebe Gottes zu seinen Geschöpfen, die uns Jesus glauben gemacht hat. Sollte Gott an Jesu Lebensende doch wieder mit tödlicher Gewalt paktiert und Jesu Botschaft von Gottes bedingungsloser Liebe widerrufen haben?

Bei einer Opfermahlfeier geht es, ob es Liturgen wollen oder nicht, auch um das Thema Gott und ›heilige‹ Gewalt

In jeder Liturgie geht es um mehr als um die konkrete gottesdienstliche Veranstaltung. Durch die Teilnahme an der Liturgie werden bestimmte Vorstellungen von Gott, Welt und Leben eingeübt und eingeprägt. Und weil sich viele in den Kirchen Gott näher fühlen als außerhalb, sorgt die hier empfundene Gegenwart Gottes dafür, dass die durch die Liturgie eingravierten Gedächtnisspuren besonders tief gehen und später schwer zu ›überschreiben‹ sind. Deshalb spricht vieles dafür, dass der christliche Gottesdienst als Opfermahlfeier mit dazu beigetragen hat, dass tödliche Gewalt als strategisches Instrument im christlich-kulturellen Gedächtnis niemals wirklich tabuisiert, sondern im Grunde, zumindest unterschwellig, immer wieder sanktioniert worden ist. Denn wenn Gott sich auf tödliche Gewalt eingelassen und so unser Heil bewirkt haben soll, können auch die Christen – wenn es denn die *ultima ratio* ist – tödliche Gewalt anwenden. Jesus hat – das kann man als historisch ansehen – entschieden und kompromisslos auf Gewaltlosigkeit gesetzt und sie seinen Jüngerinnen und Jüngern als Weg des Lebens gewiesen (vgl. Matthäus 26,51-53). Angesichts dessen haben die Kirchen in ihrer Geschichte – vor allem im Umgang mit ihren glaubensmäßigen und politischen Feinden – eine unglaubliche Verdrängungsarbeit geleistet, um Jesu Weg einer zum Leiden bereiten Gewaltlosigkeit nicht gehen zu müssen. Die Christen haben allerdings andere mit dem Segen der Kirchen oft und grausam genug leiden *lassen:* Die Juden als Konkurrenten um die göttliche Erwählung, aber auch andere, die ihnen – wie die Indianer – ein Dorn im Auge oder einfach im Wege waren. Sie wurden den eigenen Interessen geopfert, und oft genug sind diese Interessen mit dem Dienst an der Ehre Gottes gleichgesetzt worden.

Aber wie konnte das geschehen, dass Jesu Weg der Gewaltlosigkeit von der Kirche derart gründlich verdrängt worden ist? Es hat gewiss auch damit zu tun, dass die Kirchen – vor allem in Gestalt des Papsttums – sehr bald für sich eine letzte Oberhoheit über den Staat und die Ausübung seiner Rechte beansprucht haben. Durch diesen Anspruch sind sie hineingezogen worden in die staatlichen Machtansprüche[22] und haben sich und ihren »Herrn« dadurch korrumpiert. Dennoch wäre auch dieser Irrweg gar nicht denkbar gewesen, wenn in der heiligen Schrift und in der Liturgie nicht auch Gott mit dem Instrument tödlicher Gewalt verbunden gewesen wäre. Wenn *er* seinen Sohn doch in den Tod gegeben hat, um das Heil der Menschen zu schaffen, konnte auch die ›heilige christliche Kirche‹ Gewalt anwenden, wenn sie meinte, dadurch Heilvolles schaffen zu können. Insofern ist die kirchliche Theologie dem »Schema der Welt« (Römerbrief 12,2) gefolgt, das Gewalt anwendet, wenn die eigenen Ziele anders nicht durchgesetzt werden können.

Aber Jesu Weg und das »Schema der Welt« passen nun einmal nicht zusammen, und »der Knecht steht nicht über seinem Herrn« (Matthäus 10,24; Johannes 13,16). Der Weg, den Jesus weist, ist der Weg, den er gegangen ist. Darum ist er selbst »der Weg, die Wahrheit und das Leben« (Johannes 14,6). Also müssen wir nicht nur unsere Theologie, sondern auch unsere Liturgien daraufhin befragen, ob sie Elemente enthalten, die einen anderen Weg weisen als denjenigen, den Jesus uns gelehrt und vor-

---

22. In Deutschland haben die evangelische und die katholische Kirche noch immer quasi-obrigkeitliche Funktionen, vor allem durch ihre Rolle im Unterrichtswesen und durch das Recht, Steuern zu erheben.

gelebt hat. Und wo es sie gibt, müssen wir uns davon trennen, so schwer es auch fällt.

Für mich steht fest[23], dass das Verständnis der Hinrichtung Jesu als (Sühn-)Opfer zur Erlösung der Welt das am meisten problematische Erbe ist, das wir aus der Zeit der sich bildenden christlichen Überlieferungen haben, also aus der Zeit, in der die Jesus-Überlieferung von seinen Zeitgenossen theologisch gedeutet worden ist. Denn der in die Messliturgie hineinführende Strang der theologischen Deutungen[24] hat den Boden dafür bereitet, dass Jesu Gewaltlosigkeit als Attitüde des demütig und gehorsam, ja, wie es heute noch die katholische Messliturgie sagt: *freiwillig* duldenden »Opferlammes« Gottes verstanden worden ist. Damit hatte Jesu Verhalten aber letztlich seinen Beispielcharakter (Johannes 13,15) für die ›normalen‹ Christen verloren. Denn *er* hatte ja *für alle* gelitten und *alle* erlöst. Durch dieses Dogma war nicht mehr zu erkennen, dass *Jesu* Gewaltlosigkeit *Gottes* Protest gegen das System aus Gewalt und Gegengewalt war, mit dem sich alle Religionen, auch die jüdische, arrangiert hatten.

Gewalt erzeugt keinen Frieden

Die Stereotypie, mit der die meisten nicht von Gott, sondern vom »lieben Gott« reden, verdeckt nur schlecht, dass sie damit alle negativen Assoziationen, die sie mit diesem Gott verbinden, nicht zulassen wollen. Das heißt, sie kennen jenes »dunkle Gesetz«, das ich im vorletzten Abschnitt angesprochen habe, nur zu gut. Sie kennen es zwar als Gott zugeschriebene, aber eigentlich als *menschliche* Strategie, die mit Liebe nichts zu tun hat. So wird vom jüdischen Hohepriester und Realpolitiker Kaiphas erzählt, er habe geraten, Jesus zu opfern – heute würde man deutlicher sagen: »über die Klinge springen zu lassen« –, damit die römische Besatzungsmacht nicht gegen das jüdische Volk als Ganzes vorginge (vgl. Johannes 11,49-50). In allen Phasen der Menschheitsgeschichte, auch in der Geschichte der Christen und christlichen Kirchen, sind Menschen und Tiere geopfert worden, um politische, religiöse und wirtschaftliche

---

23. Vgl. dazu das Kapitel 8 »Abschied vom Verständnis der Hinrichtung Jesu als Sühnopfer und von dessen sakramentaler Nutzung in einer Opfermahlfeier« in *Notwendige Abschiede*, S. 286-341.
24. Zur begrifflichen Unterscheidung von Wahrnehmung und Deutung s. u. S. 56–58.

Ziele zu erreichen bzw. entsprechenden Schaden abzuwenden. So wenig, wie die strategisch gedachte Hinrichtung Jesu, hat irgendeins dieser instrumentalisierten »Opfer« den Menschen Frieden beschert. Gewalt erzeugt keinen Frieden. Auch »heilige« Gewalt nicht. Diese Lehre gehört zum – ärgerlichen – Grundbestand der Verkündigung Jesu. Deshalb hat er sich weder durch das Schwert seiner Jünger noch durch die Gewalt von himmlischen Heerscharen vor dem Tod retten lassen (Matthäus 26,47-54). Aber nach zweitausend Jahren Kirchengeschichte haben wir keinen Grund, Jesu Lehre heute allein dem Islam vorzuhalten. Vielmehr haben wir Grund, erst einmal unsere eigenen Traditionen kritisch zu analysieren. Zu ihnen gehören neben den biblischen Texten vor allem die kirchlichen Liturgien. Durch ihre ständige Wiederholung haben sie sich tief in das Unbewusste der Christen eingegraben und dabei leider nicht nur Gutes bewirkt.

Wir werden noch sehen, wie stark christliche Liturgien von älteren Ritualen beeinflusst worden sind. Keine Religion hat, als sie entstand, sozusagen bei Null angefangen, sondern jede ist aus jahrhundertealten Kultformen und Glaubenssystemen hervorgegangen. Jede neue Religion hat weit mehr Altes als Neues in sich. »Bis zu den Anfängen des Christentums und weit darüber hinaus lag die Rechtfertigung der Religion in der Tradition: Riten werden durchgeführt ›nach Väterart‹«. Darin sieht Walter Burkert auch den Grund dafür, dass es im Opferritual zwischen dem Paläolithikum und der griechischen Antike so wenige Veränderungen gegeben habe. Nach Burkert liegt das Wesentliche der Religion in der stabilisierenden »Wirkung des Ritus auf die Gesellschaft«[25].

Die Hinrichtung Jesu ist kein von Gott inszeniertes Heilsdrama und das Abendmahl keine Gelegenheit, kannibalistische Tendenzen in uns zu bekämpfen

Moderne Opfertheorien, von R. Girard[26] bis hin zur Innsbrucker Dramatischen Theologie[27], rekonstruieren gesellschaftliche Wirklichkeit im Zusammenhang mit religiösen Dramen, wie sie durch Mythen – auch in der Bibel – überliefert werden. Das führt dazu, dass auch die Jesus-Ge-

25. W. Burkert (1990), S. 23.
26. R. Girard (1987).
27. Vgl. J. Niewiadomski, W. Palaver (1992); R. Schwager (1999).

schichte als Heilsdrama gesehen wird, zu dem die Tötung des Opfers konstitutiv hinzugehört. Parallel dazu und religionssoziologisch wie psychologisch damit verwoben, wird auch die Entwicklung der Gesellschaft im Blick auf ihren Umgang mit der Gewaltbereitschaft der Menschen nach Art heilsgeschichtlicher Dramen interpretiert. Dadurch überschneiden sich »dramatische Theologie« und »theologische Politik«. Dieser Form von angewandter Opfertheorie geht es um eine für den Erhalt der Gesellschaft notwendige Funktion des Opfers: Das Ziel der mythischen »Opferstellvertretung, nämlich die Gewalt zu überlisten«, um sie »zu reinigen«, soll »die ganze Gemeinschaft vor ihrer eigenen Gewalt« schützen, indem sie sie auf das Opfer verschiebt[28]. So wird die Anwendung tödlicher Gewalt funktional und intentional mit dem Ziel, sozialen Frieden zu erreichen und zu sichern, gerechtfertigt und mit Gottes Handeln verbunden. Damit aber keine Opfer aus der realen Gesellschaft genommen werden müssen, auf die die Gemeinschaft ihre Gewalt »verschiebt«, soll der als heiliges Opfer Getötete auf dem Weg der Opferstellvertretung die Gewaltimpulse auf sich ziehen und beschwichtigen.

Gegenüber dieser Theorie habe ich viele Einwände, nicht zuletzt den, dass es sich um eine Verbindung von Heilsgeschichte und Geschichte handelt, die der missbräuchlichen Instrumentalisierung von Gewalt Tür und Tor öffnet, weil sie sich auf eine *heilige* Instrumentalisierung von Gewalt durch Gott beruft. Doch was den Menschen heilig ist, ist damit nicht entschieden, denn das Heilige ist nicht selbstevident, sondern Ergebnis gemeinschaftlicher Festlegungen. Weitere drei Einwände möchte ich nennen. Zum ersten die unüberbrückbare Distanz zu dem, was wir als Verkündigung Jesu und seine klare und prinzipielle Absage an die Gewalt benennen können. Es fällt auf, dass die Anhänger der Theorie, um diesen Einwand zu schwächen, auch Überlieferungen zur Verkündigung Jesu rechnen, die lange nach Jesu Tod redaktionell mit ihm verbunden wurden und in denen alte Gewalt- und Gerichtsschemata wieder zum Zuge kamen[29]. Zum anderen wird Gott selbst so dargestellt, als gehöre die tödliche Gewalt zu dem heilsnotwendigen Instrumentarium, das er verwendet, um seine Ziele zu erreichen. Damit wird das Leiden Jesu und anderer Menschen instrumentalisiert. Und drittens spricht die Geschichte des Christentums keinesfalls dafür, dass das angebliche Op-

28. R. Girard (1987), S. 14-19.
29. Ich verweise als Beispiele auf Matthäus 24,45-51 als Auslegung der Reden von der Wiederkunft Jesu, und auf Matthäus 25,46 als Anhängsel an das Gleichnis, in dem Jesus Gott und sich selbst mit den Leidenden identifiziert.

ferritual der Hinrichtung Jesu die Gewalt der Menschen »gereinigt« hätte. Ihre tödliche Gewalt wurde *nicht* an einem Opfer ausgelassen, das »mit Sicherheit nicht gerächt werden« würde[30]. Und wie die Gewalt gegen Jesus an den Juden gerächt worden ist in der Geschichte! Und wo sonst auf der Erde aus religiösen Gründen Opferrituale inszeniert worden sind, haben auch sie eine schier endlose Kettenreaktion derer ausgelöst, die den Tod ihrer jeweiligen Heiligen als Märtyrer gerächt haben wollten und wollen. Es scheint kein Kraut dagegen gewachsen zu sein, dass auch im Inneren von Gemeinschaften einzelne Menschen oder ganze Gruppen als eigentlich »draußen« seiend angesehen und ausgemerzt werden, wenn sie bestimmte Tabus gebrochen haben[31]. Aber ohne Folgen bleibt auch eine solche Gewalttat nicht.

Auch gegen die von Gerd Theißen vorgelegte Abendmahlstheorie und eine darauf aufbauende Liturgie habe ich grundsätzliche Einwände. Das sage ich, obwohl ich es berechtigt und erfreulich finde, dass ein Neutestamentler sich daran gemacht hat, die Abendmahlsliturgie zu verändern[32]. Immerhin sieht auch er, dass es so nicht einfach weitergehen kann. Theißen ordnet Taufe und Abendmahl den Verwandlungsriten zu, wie sie in der Riten- und Opferforschung beschrieben werden. Nach ihm entsprechen beide Sakramente »einer anthropologischen Grundgegebenheit: Der Mensch wird geboren, um wieder geboren zu werden. Er ist noch nicht fertig. Verwandlungsriten wollen den Menschen von einem Tier in den wahren Menschen verwandeln.« Das quasi Tierische am Noch-nicht-Menschen ist nach Theißen, dass er in vielem auf Kosten anderer (Leben) lebt. Diese unbestreitbare menschliche Lebenspraxis presst Theißen nun in den Begriff des Kannibalismus und formuliert den rettenden Ausweg: »Das Abendmahl ist symbolisch inszenierter Kannibalismus und feiert ein Sündopfer als Gemeinschaftsmahl. Damit werden moralische und rituelle Tabuschwellen überschritten«, denn kaum »ein antiker Ritus bringt so klar zum Ausdruck wie das Abendmahl, dass hier ein Menschenessen symbolisch inszeniert wird.«[33] Das Ritual als Ganzes wolle »durch seinen moralischen Tabubruch die abgrundtiefe Schuld des

---

30. So lautet eine der Bedingungen für die die Gewalt »reinigende« Kraft der Opferstellvertretung bei G. Girard (1987), S. 58.
31. So wurde, wer in Israel Blut trank, mit der Ausrottung bedroht (3. Buch Mose 17,14).
32. G. Theißen (2004), S. 352-360.
33. Ich habe allerdings schon in *Notwendige Abschiede*, S. 310 f., darauf hingewiesen, dass bereits der Vorsokratiker Empedokles mit harten Worten die Tieropferpraxis gegeißelt hat.

Menschen aufdecken«; denn Menschen sollen in ihm eingestehen, dass »sie bereit sind, auf primitivste Weise auf Kosten anderen Lebens zu leben, indem sie anderes Leben ›verspeisen‹.«[34] Das Kreuz werde deshalb nicht als Ursache des Heils, sondern als »Erkenntnis des Unheils«[35] vergegenwärtigt. In der von Theißen vorgelegten Liturgie wird dieser Gedanke in den Abendmahlsgebeten dann auch ausführlich dargelegt. Zum moralischen komme aber auch ein ritueller Tabubruch, weil das Fleisch des Sündopfers in Israel nicht (bei einem Opfermahl) gemeinschaftlich verzehrt werden durfte – und der Blutgenuss generell verboten war, wie zu ergänzen ist.

Sinn des Abendmahls ist nach Theißen nun nicht nur die Aufdeckung der »abgrundtiefen Schuld des Menschen«, sondern »Menschen, die zum ›Kannibalismus‹ fähig sind, in kooperative Menschen zu verwandeln«. Nicht die Elemente, sondern die Menschen sollen verwandelt werden – was bildhaft einsichtig werde an der Verwandlung von Korn in Brot und Trauben in Wein. Aber Heil schaffe erst die Überwindung des Kreuzes durch die Auferstehung. »Daher ist die Überzeugung von der Gegenwart des Auferstandenen entscheidend, weil nur dadurch die symbolisch inszenierte ›Barbarei‹ überwunden wird.« Denn Kreuz und Barbarei werden nur überwunden, weil der Gekreuzigte, der das Opfer menschlichen Hanges dazu geworden war, auf Kosten anderer (Menschen) zu leben, auferstanden ist. Und deshalb sei der Gedanke der Personalpräsenz des Auferstandenen entscheidend.

Meine Einwände beginnen mit der Frage, was für ein Bild vom Menschen – und natürlich auch vom Tier – Theißen hat, wenn er das Abendmahl als Ritus versteht, durch den ein Noch-nicht-Mensch vom Tier zum wahren Menschen verwandelt werden solle. Sind unerzogene Kinder und gewaltbereite Menschen Tiere? In diesem Satz stecken ungeheure Verzerrungen des Menschseins *und* der Tierexistenz, finde ich. Auch dass Theißen das Leben auf Kosten anderer Leben generell als Ausdruck »abgrundtiefer Schuld« ausgibt, hat mich überrascht. Was heißt das für die Schöpfungsordnung und das Zusammenleben unterschiedlicher Lebewesen?[36] Will Theißen die priesterschriftliche Weltsicht, nach der alle Lebe-

---

34. Theißen (2004), S. 355 f.
35. An diesem Punkt gibt es durchaus Berührungen zwischen Theißen und mir.
36. Vgl. dazu W. Härle (2000). Einerseits sagt er: »Die geschaffene Welt ist ein einheitlicher Prozeß, in dem letztlich alles mit allem zusammenhängt und darum auch alles voneinander abhängt. ... Die Existenz des einen ist von der Preisgabe (dem Ende, Tod) der Existenz des anderen abhängig« (S. 428). Doch trotzdem wiederholt er die (späte) biblische Position: Tiere seien nicht einfach nur gut, sondern

wesen in des Menschen Hand und ihm als Speise gegeben seien (1. Buch Mose 9,2 f.), grundsätzlich kritisieren? Dazu gäbe es ja gute Gründe, aber sie müssten angesprochen werden. Oder will er an die Schuldgefühle der Jägervölker erinnern, die ihren Göttern opferten, weil sie ein schlechtes Gewissen hatten, Mitgeschöpfe zu töten? Offenbar nicht, denn das hat ja alles nichts mit Kannibalismus zu tun. Die Kategorie der »abgrundtiefen Schuld der Menschen« erscheint mir als Ausdruck einer »Sündekultur«[37], die auch bereit ist, unsere geschöpfliche Sterblichkeit mit Paulus noch als »der Sünde Sold« zu verstehen. Das gilt umso mehr, als Theißen mehrfach betont, dass er die konservativen Verteidiger traditioneller »Spendeformeln« und des »Agnus Dei« als die wahrhaft modernen Menschen sieht, weil sie im Unterschied zu der »›modernistischen‹ Theologie« noch wissen, worum es in der Tiefendimension des Sakramentes gehe. Ich kann mir nicht vorstellen, dass diejenigen, die in den in Christi Leib und Blut gewandelten Gaben Brot und Wein eine Gabe Gottes an die Menschen sehen, sich von Theißens Kannibalismus-Theorie verstanden wissen.

Der wichtigste Einwand gegen Theißens Abendmahlskonzept hängt für mich wieder damit zusammen, dass ich auch diese Form der Opfermahlfeier nicht mit dem zusammenzubringen vermag, was wir aus der Verkündigung Jesu von Gottes unbedingter Liebe wissen. Nach Jesu Verkündigung bedarf es solcher Riten in keiner Weise, um Menschen in seine Nachfolge zu ziehen. Es reicht, diese unbedingte und unverlierbare Liebe Gottes in der Jesus-Geschichte wahrzunehmen und sie sich von Menschen bezeugen zu lassen. Nur erfahrene Liebe beschämt den bislang Schamlosen positiv und führt ihn über sich hinaus – nicht ein erwartbares, religionspsychologisch kalkuliertes Ritual. Und schon gar nicht ein Ritual, das erst die Teilnehmenden als Barbaren beschämen und dann durch den Blick auf Kreuz und Auferstehung von der Barbarei befreien will, indem es den barbarischen Tötungsakt der Kreuzigung als heilvolles Handeln *Gottes* deklariert.

So kann und mag ich die Liebe Gottes im Gottesdienst nicht erfahren. Dazu ist es vielmehr nötig, das aus vergangenen Kulturen stammende Opferritual aufzugeben, und nicht, es beizubehalten und zusätzlich als Ritual zu empfehlen, mit dessen Hilfe man die Neigung zum (ganz und

»auch ›gut zu etwas‹«, nämlich Speise der Menschen zu sein; das aber sei nicht ursprünglich so gedacht gewesen, sondern »erst (nach der Sintflut) aufgrund der »menschlichen Bosheit« so (S. 426).

37. S. dazu unten S. 51.

gar nicht klar definierten) Kannibalismus überwinden könne. Der totale Verzicht auf ›heilige‹ Gewalt und Blutriten in der Liturgie ist – gemessen an der Religionsgeschichte – *der* Tabubruch, den wir Jesus verdanken und auch unseren Gemeinden schuldig sind.

Die »heilige Gewalt« der Opfermahlfeier hat Verhaltensmuster sanktioniert, die bis in die Gegenwart hinein wirksam sind

Die Formel von der »Sakralisierung der Gewalt« (W. Burkert) als Mittel gegen die destruktive Gewalt hat eine gefährliche Rückseite: die scheinbar ›Heilige Gewalt‹. Es hat lange gedauert, bis auch die römisch-katholische Kirche die reformatorische Wende im Blick auf das Verständnis der Eucharistie wenigstens im Grundsatz vollzogen und im Vaticanum II erklärt hat, dass es beim Vollzug der Messe nicht um eine Wiederholung des Opfers Christi gehe. Bis auf eins der Hochgebete hat die Liturgiereform diese Richtung im ganzen auch eingehalten. Doch während progressive katholische Liturgiewissenschaftler in manchen liturgischen Texten immer noch Halbherzigkeit beklagen[38], gibt es auf der anderen Seite im evangelischen Bereich seit längerem wieder Stimmen, die warnen, den Opfergedanken streichen zu wollen[39].

Doch nach eigener Aussage haben die Kirchen, zumal die evangelischen, keine eigene Opferpraxis mehr und wiederholen, was im Hebräerbrief (9-10) als Anspruch steht: dass das Opfer Christi alle weiteren Opfer überflüssig gemacht, ja, abgeschafft habe[40]. Doch die Geschichte des Christentums hat dieses Bekenntnis selbst mit Macht untergraben, indem die Kirchen trotz der Opfermahlfeiern in der Messe eine Unzahl von Menschen der Heiligkeit Gottes und ihrer eigenen Heiligkeit geopfert, also zu Opfern *gemacht* haben. Und sie haben andererseits von den Gläubigen verlangt, im Dienst an ihrer eigenen Heiligung dem Opfer Christi am Kreuz nachzuleben und selbst, um Gottes willen, Opfer zu bringen. Beide Formen der Opfer*praxis* haben bedeutende Spuren hinterlassen, indem sie Handlungsmuster kulturell und gesellschaftlich verankert haben. Sie sind noch heute gut zu erkennen.

Denn der säkulare Mensch ist so säkular nicht, wie man denkt, jedenfalls nicht, wenn es ums Opfern geht. In der Welt hat er Angst um seine

38. Vgl. zu diesem Thema H. B. Meyer (1989), S. 349-351.
39. M. Josuttis (1991), S. 247 ff.
40. So Kirchenpräsident P. Steinacker (2006), S. 35, in einem Streitgespräch mit mir.

Bedeutung und seine Zukunft, ums »Bleiben«, und will etwas dafür tun. So hat es im Umkreis des Soziologen Thomas Luckmann einmal eine Untersuchung[41] gegeben, die anhand einer Analyse der »Aktion Sorgenkind« nachgewiesen hat, dass es bei der Geldspende um »eine Form des Opfers« gehe. In einer Zeit »der sich ständig verringernden institutionell gebundenen Religiosität«, »in der kaum noch feste Zyklen und allgemein geteilte Gelegenheiten für die Darbietung eines Opfers existieren«, werde »deutlich, dass mit der Spende eine Möglichkeit des Opfers« offenbleibe. »Durch die Spende erhalten sich die an dieser Opferform aktiv Beteiligten Individuen über das Moment der Selbstheiligung und Vergöttlichung ihren Anteil an dem Privileg der göttlichen Unsterblichkeit.«

So beachtlich die These ist – in einem Punkt irren die Verfasser gewiss: da nämlich, wo sie sagen, es gäbe »kaum noch … allgemein geteilte Gelegenheiten für die Darbietung eines Opfers« in unserer Gesellschaft. Denn es hat für den einzelnen Menschen auch jenseits des Spendenwesens noch nie so viele Gelegenheiten zum Bringen von Opfern, ja, Blutopfern, gegeben wie heute – gerade weil dazu kein Festkalender mehr bestimmte Tage festsetzt. Als Belege für diese These verweise ich auf

– den Sprachgebrauch: Alle aus unterschiedlichen religiösen Traditionen auf uns gekommenen Gebrauchsweisen der Begriffe ›Opfer‹ und ›opfern‹ einschließlich der reflexiven Form ›sich opfern‹ sind in den allgemeinen Sprachschatz eingegangen und können für einfaches ›Hergeben‹ einer Sache oder einen Verzicht genauso wie für das Sühnopfer Christi verwendet werden;

– die Ergebnisse einer Umfrage (von 1992): 50 % sind der Meinung, damit das Leben gelinge, seien von uns Menschen Opfer zu bringen, nur 30 % sagten dazu Nein[42];

– die Menschen- und Tieropfer, die einerseits im Straßenverkehr und andererseits in der Medizin-, Pharma- und Kosmetikindustrie gebracht werden, und in gewisser Weise auch die Blut»spenden«.

Um die religiöse Dimension von modernen Menschen- und Tieropfern in den Blick zu bekommen, muss gefragt werden, wer da eigentlich wem was opfert. In diesem Zusammenhang ist die These Hans-Georg Soeffners zu beachten, dass das moderne Individuum durch die Reformation Gott gegenüber in eine neue Position versetzt worden ist: das Individuum »wird durch das Unmittelbarkeitspostulat tendenziell zur einzigen

---

41. Th. Lau und A. Voß (1988), S. 296 f.
42. K.-P. Jörns (1999), S. 103-105. 227. 243.

und damit höchsten Instanz«[43]. Innerhalb der bürgerlichen Freiheitsgeschichte heißt das aber: Der Bürger übernimmt als Souverän der Demokratie westlicher Prägung auch die Privilegien, die der Staat bzw. der frühere Feudalherr als Opferherr hatte. Und dazu gehörte das Recht zu töten, insbesondere im Opfer. Doch es gehörte streng genommen auch das Recht, Opfer zu empfangen, zur Würde des Souveräns hinzu, nach deren innerer Struktur ja auch Gottes Würde vorgestellt wurde.

Nahtlos fügt sich dem die neue Würde des ebenfalls auf die Individuen übergegangenen Priestertums aller Gläubigen an, so dass der christliche Bürger Opferherr, Empfänger des Opfers und zugleich sein eigener Priester (Opferer) ist. Indem er aber das Opfer vollzieht, um ein Freiheitsgut – wie etwa Mobilität – zu sichern, ist er auch der Nutznießer des Opfers. Die genannten Elemente sichern also die religiöse Qualität des Geschehens hinreichend. Tragisch an dieser Konstellation ist allerdings, dass das Individuum zumeist erst im Falle des eigenen Unfalls erkennt, dass es auch das Opfer in diesem Geschehen ist. Und erst dann liegt ihm auch offen zutage, dass die moderne Gesellschaft mit den Opfern, die sie einkalkuliert, um Anspruchsrechte der Bürger durchzusetzen, de facto sich selbst Opfer bringt – und dabei Menschen- und Tierleben instrumentalisiert. Sie baut also auf einer Grenzüberschreitung auf.

Ich sehe darin Spuren der Wirkungsgeschichte, die die kirchlich sanktionierte und kulturell internalisierte liturgische Opferpraxis nach sich gezogen hat. Problematisch ist diese Geschichte vor allem deshalb, weil sie so gut wie nicht reflektiert wird, wenn es um Liturgiegeschichte und -reformen geht. Doch das kann nicht so bleiben. Wir müssen uns darüber klar werden, was es inmitten der Gesellschaft, in der wir leben, bedeutet und bewirkt, wenn wir beispielsweise über Texte predigen, die verkünden, Vergebung der Sünden sei ohne Blutvergießen nicht möglich (Hebräerbrief 9,22), und dazu aufs Kreuz weisen. Obwohl dieser Satz der Verkündigung Jesu diametral widerspricht, haben die Kirchen in ihrer Geschichte genügend Beispiele dafür geliefert, dass er als gültig angesehen worden ist. Sie haben selbst dazu beigetragen, dass die andere These des Hebräerbriefes, wonach Jesu Sühnopfer jedes weitere Opfer überflüssig gemacht habe, faktisch widerlegt worden ist.

Es ist aller Anstrengung wert, darüber nachzudenken, wie wir Abschied nehmen können von einer liturgischen Praxis, die Gottes Handeln zum

---

43. H.-G. Soeffner (1992), S. 37.

Berufungsgrund dafür macht, dass tödliche Gewalt gegen Menschen angewendet wird.

Wir haben die Aufgabe, an opferfreie Gottesdienstmodelle in der Liturgiegeschichte anzuknüpfen

Es ist also nicht nur ratsam, sondern geboten, noch einmal die Jesus-Überlieferung zu befragen und in die Anfänge der christlichen Gottesdienstgeschichte und nach Alternativen zur Opfermahlfeier als Grundmodell eines christlichen Gottesdienstes zu suchen. Denn in der Opfermahlfeier spielt jene »heilige Gewalt« eine zentrale Rolle. Nun sagen manche Theologen, entscheidend sei bei Jesu Hinrichtung seine Hingabe gewesen und nicht der Akt tödlicher Gewalt, an dem er gestorben sei. Nur für die Hingabe gelte der Begriff Opfer – etwa in dem Sinn des Selbstopfers, wie Paulus es im Galaterbrief ausgedrückt hat: »dass Jesus mich geliebt und sich für mich dahingegeben hat« (2,20). Ich habe bei solchen Argumentationen, die das Geschehen buchstäblich in zwei einander scheinbar völlig fremde Teile zerlegen wollen, den Eindruck, dass man die Opferbegrifflichkeit unbedingt festhalten will, um das Abendmahl als Opferritus nicht aufgeben zu müssen. Denn von den Berichten, nach denen Jesus seiner Hinrichtung nicht entflohen ist, sondern sie zitternd und zagend erduldet hat, führt kein Weg dahin, sein Sterben als freiwilliges Sühnopfer für die Sünden der Welt zu bezeichnen. Diese Deutung basiert ganz und gar auf der Annahme, dass Gott *ursächlich* in dieses Geschehen verwickelt war und hinter jenem »Muss« stand, das sich mit Jesus vollzogen habe (vgl. Lukas 24,26). Dazu allerdings gehört ein Gottesverständnis, das mit der Gottesverkündigung Jesu nicht vereinbar ist. Und darum folge ich ihm nicht.

Wer die alte theologische Denkfigur festhalten will, muss erklären, wieso überhaupt so etwas wie »heilige« Gewalt und nicht die bekannte banale, machtstrategisch opportune Gewalt im Spiel gewesen sein soll, durch die bis heute tagtäglich unendlich viele Menschen – und Tiere natürlich auch – gestorben sind und sterben, weil Menschen davon wiederum ganz banalen Nutzen haben: mehr Macht, mehr Herrschaft, mehr Eigennutz[44]. Er muss erklären, warum Jesus längst *vor* seinem Tod Sün-

---

44. Im Johannesevangelium wird der Hohepriester Kaiphas als einer vorgeführt, der diese Strategie der Gewalt gegen Jesus empfohlen hatte (11,49-51). V. 52 ist ein späterer Nachtrag, der auch des Kaiphas Plan in Gottes Plan einordnen wollte.

den vergeben und seine Jünger bevollmächtigen konnte, in seinem Namen dasselbe zu tun. Wer am Kreuz »heilige« Gewalt wirksam sieht, muss erklären, was der Gott, den Jesus verkündet hat, mit einem Tod zu tun hatte, den er doch für nichts gebraucht hat. Er muss den Menschen in den Kirchen erklären, wieso wir ausgerechnet »mit diesem Brot und diesem Kelch Anteil bekommen an dem Leben, das in Jesus Christus erschienen ist«[45]? Was sollte Gott damals und was soll er heute mit den »dargebrachten Gaben«? Und wieso können Brot nicht Brot und Wein nicht Wein bleiben und beim Mahl dankbar »nur« als Gottes Schöpfungsgaben gefeiert werden? Vor allem: Warum können sich die Opferanhänger nicht damit zufrieden geben, dass Gott auf das Unrecht der Hinrichtung Jesu nicht wieder mit Gewalt, sondern mit der Auferstehung, also mit einer *Lebensantwort*, reagiert hat? Ist das denn nicht Grund genug zur Hoffnung für uns?

Gott sei Dank gibt es bei Jesus keine Vorgaben, die in eine Opfermahlfeier als christlichen Gottesdienst weisen. Und Gott sei Dank gibt es schon sehr früh in der Liturgiegeschichte Alternativen zu dem Opfermahlgottesdienst, wie wir ihn immer noch haben. Die Liturgie, die ich im Dritten Teil dieses Buches vorstelle, knüpft an liturgische Grundentscheidungen an, die wir in der »Zwölfapostellehre« oder »Didaché« dokumentiert finden und die sich auch mit der Mahlfeier verbinden lassen, wie Jesus sie mit seinen Jüngern gefeiert haben wird.

Dass Gott uns bedingungslos liebt, ist das einzige Geheimnis des Glaubens, und das hat Jesus offenbar gemacht

Die Probleme, die Menschen heute aus unterschiedlichen Gründen mit den Liturgien der Kirchen haben, sind Ausdruck einer Krise, die durch das Zitieren ehrwürdiger Formeln nicht gelöst, sondern eher verlängert wird. Wenn eine Liturgie nicht mehr mit dem Glauben der Menschen übereinstimmt, hilft es auch wenig, dafür zu sorgen, dass die Liturginnen und Liturgen überzeugender auftreten können. Sich aber auf den Satz zurückzuziehen, der Glaube sei nun einmal ein *Geheimnis*, hilft *gar nichts*. Insofern halte ich die Übernahme der Rede vom »Geheimnis des Glaubens« aus dem 1. Timotheusbrief (5,16) in den Mahlteil der Agende des Evangelischen Gottesdienstbuches für keinen Gewinn, sondern für

---

45. Evangelisches Gottesdienstbuch (2000), S. 639.

ein bedenkliches Signal. »Wahrheit« *(a-letheia)* ist im Griechischen das der *Lethe*, dem Vergessen und Verdrängen, Entrissene. Und »Offenbarung« redet ausdrücklich von dem, was im Inneren einer Religionsgemeinschaft *offenbar* gemacht, und nicht von etwas, was verborgen, zum Geheimnis, werden soll. *Geheimnis* ist und bleibt das Offenbarte nur nach *außen*. Gott ist in Jesus Mensch geworden, damit wir Gott *besser als vorher verstehen* können. Die Ersten, die ihn verstanden haben, waren die so genannten »einfachen« Menschen. Dass der Gekreuzigte nicht im Tod verschwunden, sondern im Geist lebendig und gegenwärtig ist, haben die Frauen längst vor den Schriftgelehrten verstanden.

Denn Schriftgelehrte halten sich gerne an die Regel, dass nicht sein kann, was nicht sein darf, oder anders formuliert: dass alles beim Alten bleiben soll. Das tun sie nicht aus purer Bosheit. Sondern einzig deshalb, weil sie auf die Tradition heiliger Schriften eingeschworen sind und von daher prinzipiell Mühe haben, das Wirken des Heiligen Geistes in der Gegenwart zu erkennen, geschweige denn, ihm zu trauen. Was Schwarz auf Weiß dasteht, kann man auslegen. Und wer durch sein Amt offizieller Schriftausleger ist und die Bibel auf Hebräisch bzw. Griechisch lesen kann, hat Macht über die anderen. Aber es führt auch dazu, dass die modernen Schriftgelehrten allergrößte Mühe haben, heute gemachte Glaubenserfahrungen von Menschen zu verstehen, die der biblischen Sprache und Bilderwelt entfremdet sind. Und das ist ein schweres Defizit – für beide: Die einen verstehen Gott auf Biblisch (was immer das dann für den Einzelnen auch ist), und die anderen verstehen gerade diese Sprache nicht oder nicht mehr. Da hilft nur, dass das Leben wieder in die Gottesdienste einzieht und Denkfiguren ablöst, die keinen Lebensbezug mehr haben. Wer sich in das Leben verwickeln lässt, weiß, dass es kein größeres Geheimnis gibt als die Liebe.

Die jüdisch-hellenistische Kultur, in der Neues Testament und erste Liturgien entstanden sind, ist nicht die Norm für uns

Der Glaube verlangt nach einem Lebensbezug, und der muss sich der gegenwärtigen Denkvorstellungen und Sprache(n) bedienen können, um im Gespräch der Zeitgenossen verstanden zu werden. Wenn Theologie religiöse Phänomene und Erfahrungen nur in biblischem Sprachgewand als solche erkennen kann, hat sie den Lebensbezug verloren. Denn Religion und Kultur sind aufeinander bezogen und müssen einander *korrespondieren*. Sie haben als gemeinsame Schnittmenge das Leben, und von beiden muss erwartet werden, dass sie den Menschen bei der Lebensbewältigung helfen. Ob das so ist oder nicht, zeigt sich für die organisierten Religionen auch an den von ihnen verwendeten Ritualen und ihren kultanthropologisch wie tiefenpsychologisch fassbaren Funktionen. ›Einander korrespondieren‹ heißt: Die Religionen dürfen nicht so tun, als könnten sie in eine im Gottesdienst etablierte Sonderwirklichkeit auswandern, und die anderen Institutionen in der Gesellschaft dürfen nicht so tun, als gäbe es Kultur ohne Religion[46].

Nun kann man liturgische Abläufe von rituellen Funktionen im Gesamt der Gesellschaft her definieren. Dass sie die beabsichtigten Funktionen erfüllen, setzt aber wiederum voraus, dass Religion und Kultur auch in der jeweils geschichtlichen Gestalt der Liturgien für einander transparent sind. In diesem Sinne muss die Religion der Kultur kohärent sein. Nun ist die jüdisch- und griechisch-hellenistische Kultur, in der das Neue Testament und die Anfänge der Messliturgie entstanden sind, nicht mehr unsere Kultur. Und es muss deutlich hinzugefügt werden: Jene Kultur stellt auch weder in ihrer jüdischen noch in ihrer griechischen oder römischen Ausprägung »jener Zeit« das Ideal einer Kultur dar, dem wir unseres Glaubens wegen verpflichtet wären. Mit der Wendung »In jener Zeit« spiele ich auf jene Formel an, mit der vor allem im Matthäusevangelium häufig Szenen des Weges Jesu eingeleitet werden. Denn diese Einleitungen vermitteln den Eindruck, nicht nur Jesus sei eine maßgebliche Erscheinung gewesen, sondern jene ganze Zeit Jesu. Und dabei gerät aus dem Blick, dass sich die ersten Christen bald nach Ostern nicht nur in der palästinisch-semitischen Kultur, in der Jesus aufgewachsen war, sondern auch in der hellenistischen und griechischsprachigen Umwelt finden. Was wir im Neuen Testament und am Anfang der Liturgiegeschichte vor uns haben, sind schon Produkte einer »zweiten« oder auch »dritten Kultur«. Und das war nur konsequent. Denn wenn man der ganzen Welt etwas sagen wollte, musste man auch die Weltsprache der Zeit und ihre religiösen Bilder und Rituale benutzen. *Deswegen* gibt es vier Evangelien im Neuen Testament und nicht nur eines und sehr unterschiedliche Auffassungen davon, wer Jesus im Verhältnis zu Gott (gewesen) ist. Und deshalb gab es sehr bald nebeneinander auch unterschiedliche Liturgietypen.

---

46. Ich verweise auf meine ausführlichen Darlegungen dazu, dass Kultur und Religion das kulturelle Gedächtnis prägen: *Notwendige Abschiede*, S. 72-82.

Also müssen auch wir fragen, welche Rituale den Menschen in der heutigen – in sich keinesfalls mehr einheitlichen – Kultur verständlich, ja, geläufig sind, und mit ihrer Hilfe liturgisch ausdrücken, was Grund und Sinn unserer gottesdienstlichen Feiern ist. Denn bei Ritualen ist es nicht nur wichtig, dass sie *irgendwann* einmal sinnvollen Funktionen gedient haben, sondern dass die darin transportierte kultische Anthropologie und Theologie im Blick auf unsere Zeit noch kulturkohärent sind.

Wenn es mit rechten Dingen zuging, sind gottesdienstliche Versammlungen Orte gewesen, an denen sich Liturgie und Glaube mit der zeitgenössischen Kultur verbunden haben. Das zeigt sich darin, dass schon im Alten und auch im Neuen Testament viele Elemente aus zeitgenössischen Religionen dem eigenen Glauben assimiliert worden sind. Wenn es anders zuging, haben sich Glaube und Liturgie gegen allen kulturellen Wandel abgeschottet und sich in – angeblich unveränderbaren – »heiligen« Texten festgesetzt[47]. Die Aufgabe, trotzdem einen Bezug zum wirklichen Leben der Menschen herzustellen, ist dann fast allein der Auslegung und damit dem Pfarrer- oder Priesterstand aufgebürdet worden. Doch das ist eine Last, die keiner lange tragen kann – jedenfalls dann nicht, wenn die Liturgie etwas anderes »predigt«, als die Pfarrerinnen und Pfarrer gerne predigen wollen, weil es ihrem Glauben entspricht. Tiefgreifende Reformbewegungen in den Kirchen haben deshalb immer Wege gesucht und gewiesen, auf denen das Leben in die Liturgie der Gottesdienste zurückkehren konnte. Denn ohne diesen Lebensbezug kann der Glaube auch keine kulturkritische oder gar -schöpferische Funktion erfüllen.

Auch in der evangelischen Kirche ist es im Grunde bei der »Deutschen Messe« geblieben

Als Martin Luther die lateinische Messe überarbeitete und die »Deutsche Messe« (1526) schrieb, war er davon ausgegangen, dass die Messe in Lateinisch und Deutsch eine kulturelle und vor allem eine glaubenspädagogische Aufgabe hatte. Die Reformation stellte einen Neuanfang dar, und die – zu allermeist ja, ohne persönlich gefragt worden zu sein – evan-

---

47. Der kulturelle Wandel hat sich dann nonverbal in Musik, Kleidung, Baustil und anderen Stil-Elementen ausdrücken müssen; vgl. dazu K.-H. Bieritz (2004), S. 36-57 (»Liturgische Codes«).

gelisch Gewordenen mussten durch die Teilnahme am Gottesdienst erst einmal lernen, worum es in dem neu gefassten Glauben eigentlich ging. Die Großveranstaltung Messe sollte eine »öffentliche Reizung zum Glauben«, eine Art volksmissionarische Veranstaltung, sein. Das ist gut zu verstehen, und etwas davon hat jeder Gottesdienst auch noch heute. Das Spirituelle, also die persönliche Frömmigkeit und Glaubensentwicklung, stand auf einem anderen Blatt[48]. Also dachte Luther auch darüber nach, wie diejenigen (evangelischen) Gottesdienst feiern könnten, die »mit Ernst Christen sein wollen« und es nicht nur waren, weil sie im Bereich einer bestimmten Kirchengemeinde (Parochie) wohnten. So skizzierte er in der Vorrede zur »Deutschen Messe« noch einen dritten Typ von Gottesdienst (1526)[49]. Für ihn hat er dann allerdings nie eine Liturgie entworfen, und er ist offiziell nirgends liturgische Praxis geworden.

Sie, die »ernsten Christen«, sollten sich in Listen eintragen und in Privathäusern versammeln – Luther rechnete also nicht mit großen Zahlen! – »um zu beten, zu lesen, zu taufen, das Abendmahl zu empfangen und andere christliche Werke zu tun.« Hier könnten sie sich auch gegenseitig zu einem christlichen Leben und zu Opfergaben für Arme anhalten. »Hier wären nicht viele und große Gesänge notwendig. Hier könnte man auch auf eine kurze und gute Art die Taufe und das Abendmahl feiern und alles auf das Wort, das Gebet und die Liebe ausrichten. Hier müsste man einen guten, kurzen Katechismus über das Glaubensbekenntnis, die Zehn Gebote und das Vaterunser haben« (den er ja dann auch geschrieben hat). Eine solche Ordnung wäre »bald gemacht«. Dass er sie trotzdem nicht geschrieben, sondern eben nur skizziert hat, begründete Luther so: Er habe dazu »noch keine Leute und Personen«.

Und so ist es bei den beiden Gottesdiensttypen – der lateinischen und der deutschen Messe – geblieben, die auch zu mancherlei Mischtypen verbunden werden konnten. Die Messe hat primär eine glaubensdidaktische Funktion, und ihre Gestaltung ist eher Sache der Kirchen und der Theologenschaften. Die Gemeinde ist ihr Gegenüber, an das sie »gewiesen« sind. Nur der oberdeutsche Predigtgottesdiensttyp hat sich im protestantischen Bereich daneben noch halten können. Doch auch er hat im Grunde immer derselben glaubensdidaktischen Aufgabe gedient. Diejenigen Christen, die den Gottesdienst als ihre eigene Sache ansehen und

48. Ich folge hier den von K.-H. Bieritz herausgestellten Aspekten des liturgischen Neuansatzes: K.-B. Bieritz (2004), S. 460-463.
49. Text nach M. Luther Taschenausgabe (1981), S. 119 f.

44

ihr durch die Taufe und den Geist empfangenes *allgemeines* Priestertum praktizieren wollten, sind dabei immer schon zu kurz gekommen. Doch nicht nur sie leiden darunter, sondern auch die Pfarrerinnen und Pfarrer. Sie müssen allsonntäglich einen Spagat machen zwischen volksmissionarischer »Reizung zum Glauben« und einer Zusammenkunft von Christen, die die Lebensgaben Gottes feiern und dabei ›über Gott und die Welt‹ nicht nur etwas hören, sondern auch miteinander reden wollen. Denn sie haben ja schließlich selbst mit Gott und dem Leben Erfahrungen gemacht. Und sie würden es eigentlich angemessen finden, wenn diese Erfahrungen im Gottesdienst ernst genommen würden – genauso wie die Erfahrungen von Menschen, die in der Bibel überliefert werden, und genauso wie diejenigen, die Pfarrerinnen und Pfarrer machen.

Dieses Buch versteht den Gottesdienst als Feier der christlichen Gemeinde und meint mit den Lebensgaben Gottes auch alle Gaben, die die im Gottesdienst versammelten Menschen in ihrem Leben empfangen. Damit soll ernst genommen werden, dass Gott als Geist in allen Gläubigen und damit auch mitten in der gottesdienstlichen Versammlung der Gemeinde gegenwärtig ist.

Liturgie und Glaube müssen einander korrespondieren

Dem im 5. Jahrhundert lebenden Mönch *Prosper von Aquitanien* hat man eine Grundregel zugeschrieben, die für uns hilfreich sein kann, wenn wir nach einer anderen Liturgie als der katholischen oder evangelischen Messliturgie fragen. Diese Grundregel lautet in griffiger Form auf Lateinisch *lex orandi – lex credendi* und besagt: Das, was der Gottesdienst in seinem Ablauf und durch die darin verwendeten Elemente theologisch ausdrückt, muss übereinstimmen mit dem Glauben derer, die diesen Gottesdienst feiern, und umgekehrt. Indem ich die Regel Prospers *so* auslege, gehe ich davon aus, dass weder die Liturgie noch der Glaube der Christen etwas ist, wofür es zeitlos gültige, also unwandelbare, sprachliche Formen gäbe. Vielmehr gilt, dass auch Liturgien und Bekenntnisse dem Wandel unterworfen sind – um der Lebendigkeit des Lebens willen. Schon die »Anfangsgeschichte des eucharistischen Gottesdienstes ist ... eine Geschichte des dynamischen Wandels«[50] gewesen und keinesfalls einheitlich verlaufen. Kein Wunder, denn sie ist parallel zur Entwicklung

50. J. Roloff (2003), S. 58.

des christlichen Glaubens und der Theologie verlaufen und hat in die unterschiedlichen Kirchentümer hineingeführt.

Die Warnung davor, den Wortlaut liturgischer Texte für sakrosankt zu erklären, ist schon früh ausgesprochen worden: in dem Liturgieentwurf, den die *Traditio Apostolica* enthält, die dem Presbyter und Gegenbischof in Rom, *Hippolyt,* zugeschrieben wird[51]. Denn der »Text des Eucharistiegebets ist als Modell gedacht, keinesfalls als wörtlich zu reproduzierendes liturgisches Formular. Der Verfasser hält an anderer Stelle ausdrücklich fest, dass es ›keinesfalls nötig [ist], dass er [der Bischof] bei der Danksagung dieselben Worte verwendet, die wir gebraucht haben, so als hätte er sie auswendig gelernt. Vielmehr soll ein jeder seinen Fähigkeiten entsprechend beten.‹« »Noch« – so betont Karl-Heinrich Bieritz im Blick auf Hippolyts Zeit – »gehört es zum ›Charisma‹ des Bischofs, die gottesdienstlichen Gebete – insbesondere das eucharistische Hochgebet – unter Beachtung der überlieferten Strukturen und Inhalte frei zu formulieren«[52]. »Frei« heißt: bezogen auf die als verbindlich angesehenen Inhalte und zugleich geformt durch den eigenen Glauben. Das bestätigt auch Jürgen Roloff indirekt mit seiner Einsicht, dass nach den neutestamentlichen und frühkirchlichen Schriften selbst »die Rezitation des Stiftungsberichtes schwerlich als konstitutiv« für den Gottesdienst im Urchristentum gelten könne[53]. Denn Glaube und Liturgie mussten und müssen einander korrespondieren; und das setzt nun einmal voraus, dass die Liturgie eine verständliche Sprache spricht. »Verständlich« heißt: Was für bedeutend gehalten wird, muss auch vom Sprachgebrauch und dem gültigen Wertekanon her als bedeutend erkannt werden können.

Aber mit dieser Freiheit in liturgischen Dingen war es, aufs Ganze gesehen, in der Entwicklung des Gottesdienstes schnell vorbei. Der Wortlaut der Liturgien wurde selbst für heilig gehalten und wird bis heute in den allermeisten Kirchen aufgrund eines eher legalistischen Verständnisses von Liturgie kirchengesetzlich festgelegt. Allen anderen Kirchen geht die römisch-katholische Kirche in dieser Hinsicht mit schlechtem Beispiel voran. Vorbereitet durch die Enzyklika *Ecclesia de eucharistia* vom April 2003, hat die Instruktion *Redemptionis sacramentum* (»Das Sakrament der Erlösung«) vom März 2004 den Anspruch der katholischen

---

51. Näheres zu diesem Text s. u. S. 140 f.
52. K.-H. Bieritz (2004), S. 315.
53. J. Roloff (2003), S. 59. Mit »Stiftungsbericht« meint Roloff jene Abendmahlsüberlieferung, wie sie Paulus im 1. Korintherbrief in Kapitel 11 zitiert hat und wie sie noch heute in den Abendmahlsliturgien enthalten ist.

Kirche unterstrichen, in ihrer Messliturgie die »Eucharistie in ihrer authentischen Gestalt als Spiegel und Zeugnis der einen und universalen Kirche zu feiern.«[54] Nun wissen Kardinal Lehmann und Papst Benedikt XVI. als Theologen sehr wohl, dass es, historisch gesehen, *die authentische Gestalt* der Eucharistie gar nicht gibt, sondern eine sich vielfach verästelnde Entwicklungsgeschichte der Messliturgie und anderer Liturgietypen. Die Jetztgestalt der Liturgien verdankt sich theologischer Entscheidung und der Beschlussfassung kirchenleitender Gremien.

In ganz wenigen Kirchen haben die *Gemeinden* das *ius liturgicum* behalten, also das Recht, die Liturgie in Anknüpfung an die Überlieferung selbständig zu gestalten. Zum Glück kehren aber immer mehr Gemeinden zu dieser Freiheit zurück, ihre Liturgie mit ihrem tatsächlichen Glauben in Übereinstimmung zu bringen bzw. beide Größen in ein Verhältnis der Entsprechung zu setzen. Das ist gerade dann wichtig, wenn es stimmt, dass viele Menschen heute die Liturgie in ihrer Kirche als ganze oder in wichtigen Teilen als fremd empfinden und vieles einfach »über sich ergehen lassen«. Das heißt, sie können den darin zum Ausdruck kommenden Glauben nicht mehr mit dem verbinden, was *sie* – manche inzwischen auch durch Berührungen mit anderen Religionen – von Gott erfahren haben und glauben.

Große Teile der ehedem christlichen Bevölkerung Europas haben daraus die Konsequenz gezogen, den Gottesdiensten der Kirchen den Rücken zu kehren. Dass das nicht immer auf einen Kirchenaustritt hinausläuft, liegt daran, dass viele den Kirchen durchaus noch eine ethisch-soziale Rolle zugestehen, weil sie Angst haben vor einem Wertevakuum und vor noch »kälteren« Zeiten, die allein von ökonomischen Mechanismen bestimmt werden. Auch wenn sich manche dann trotzdem bei Taufen, Trauungen oder Beerdigungen in den Kirchen noch angesprochen fühlen – da ist der Lebensbezug ja auch vorgegeben –, kommt der ›normale‹ Gottesdienst für sie nicht mehr als eine Veranstaltung infrage, die sie aus eigenem Antrieb oder gar regelmäßig besuchen würden. Was für den Gottesdienst im Allgemeinen gilt, gilt für den Abendmahlsgottesdienst im Besonderen. Man täusche sich nicht: Die von vielen Kirchenleitenden bejubelte »Rückkehr von Religion« wird, aufs Ganze gesehen, schnell verfliegen, wenn das Zentrum der jetzigen Liturgie, die Abend-

---

54. Kardinal Lehmann in einer einführenden Information im Internetportal der Katholischen Kirche in Deutschland vom 24. 4. 2004. Vgl. zum Zusammenhang *Notwendige Abschiede*, S. 363 f.

mahls- bzw. Eucharistiefeier, den Menschen fremd bleibt oder gar als etwas empfunden wird, was gegen ihr Gottes- und Selbstverständnis verstößt. Erst wenn die Kirchen lernen ernst zu nehmen, was die Menschen heute wirklich glauben, und das Leben in die Gottesdienste zurückkehren lassen, werden auch wieder mehr Menschen daran teilnehmen.

Eine Liturgie verlangt nach authentisch Christlichem und nach Authentizität der Gläubigen

Als Martin Luther nach langem Zögern 1526 die »Deutsche Messe« geschrieben hat, hat er in der Vorrede noch einmal die Freiheit in liturgischen Dingen betont: »Vor allen Dingen will ich auch um Gottes willen alle, die diese unsere Gottesdienstordnung sehen und ihr folgen wollen, ganz freundlich gebeten haben, dass sie ja kein zwingendes Gesetz daraus machen noch jemandes Gewissen damit fesseln oder gefangen nehmen, sondern sie entsprechend der christlichen Freiheit nach ihrem Belieben verwenden, wie, wo, wann und wie lange die Verhältnisse es mit sich bringen und erfordern.«[55] Luther ahnte, dass ein Liturgieentwurf von ihm sofort zur Norm erklärt werden würde. Und so ist es, jedenfalls im lutherischen Bereich, dann auch leider gekommen. Doch das Blatt beginnt sich zu wenden. Viele Gemeinden trauen sich wieder zu, selbst wahrzunehmen, »was der Geist den Gemeinden sagt« (Offenbarung des Johannes 2,7 u. ö.).

Dabei bleibt die Regel Prospers von Aquitanien wichtig und richtig. Denn der Grundsatz der *Entsprechung* zwischen einer Liturgie und der Gestalt, die der christliche Glaube in den sich wandelnden kulturellen Gegenwarten gewinnt, gilt fort. Um allerdings das Christliche in diesem Entsprechungsverhältnis festhalten zu können, verstehe ich – mit dem Kirchenvater *Cyprian*[56], der zwei Jahrhunderte vor Prosper von Aquitanien lebte – das Vaterunser als die *lex orandi*. Anders ausgedrückt: Christliche Liturgie muss sich theologisch bei allem Wandel in ihren Grundaussagen am Vaterunser orientieren. Die »Seligpreisungen« (Lukas 6,20-26; Matthäus 5,3-10) und der Weg Jesu insgesamt können dabei als Auslegungshilfe dienen. Beide reden heute sowohl die christlichen Gemeinden als auch die »Welt« an, in der sie leben. Denn durch diesen Zusam-

---

55. M. Luther, Vorrede zur Deutschen Messe (in: 1980), S. 116 f.
56. Ich folge damit K. Lehmann (1980), S. 197-214, hier: S. 202.

menhang kommt in den Blick, dass nicht nur die Liturgie und der Glaube untereinander, sondern beide zusammen der Art korrespondieren müssen, wie Christen miteinander und mit Nichtchristen umgehen. Wenn es an jener und dieser Übereinstimmung fehlt, »stimmt« etwas Wesentliches in der christlichen Kirche nicht.

Das Vaterunser lässt sich – wie die Seligpreisungen – zumindest in Teilen, auf Jesus zurückführen und auf das, was er im Verhältnis der Menschen zu Gott und untereinander für wichtig gehalten hat. Das bleibt wegweisend, auch wenn sich das soziokulturelle Umfeld geändert hat. Dem versuche ich in der vorgestellten Liturgie Rechnung zu tragen, indem ich vor allem dem Vaterunser eine veränderte Position und Funktion zuweise[57].

Dass eine Liturgie »die Sache des Volkes betreibt«, muss das Volk auch erkennen können

»Liturgie« ist ein griechisches Wort, das ursprünglich keinen liturgischen Spezialbegriff darstellte. Wörtlich meint *leiturgia* etwas, »was die Sache des Volkes betreibt«. Wer seiner Polis etwas spendete, stiftete eine »*leiturgia*«, das heißt, er tat seiner Stadt etwas Gutes. Aber auch rechtschaffene Beamte und Priester, ja, auch Apostel und ihre Mitarbeiter konnten als »Liturgen« (Gottes) bezeichnet werden[58]. Soll dieser Begriff im gottesdienstlichen Bereich auch heute Sinn haben, muss »das Volk«, dem ja nach dem Weihnachtsevangelium »große Freude« widerfahren soll (Lukas 2,10), erkennen können, dass in der Liturgie *seine* Sache betrieben wird. Auf eine mir wichtige Formel gebracht, sollen die Menschen durch die Liturgie verstehen können: »Leben ist das Ziel Gottes mit uns« (Dietrich Bonhoeffer). Das kann von jedem Menschen verstanden werden, wenn es im Gottesdienst erkennbar um die Feier der Lebensgaben geht, die Gott uns gibt. Und zwar dadurch, dass Lobpreis und Dank – und als sein Pendant die Bitte – den Grundton des Gottesdienstes bestimmen. Wenn das die Richtschnur liturgischen Handelns ist, bleiben wir auch

---

57. S. u. S. 69-76.151f.157.162f.
58. Paulus spricht im Römerbrief (13,6) von römischen Beamten als »Liturgen Gottes« und nennt im Philipperbrief (2,25) Epaphroditus, seinen Mitarbeiter, einen »Liturgen«: er hat für seinen Lebensunterhalt gesorgt. Für eine jüdisch-priesterliche oder christlich-missionarische Tätigkeit wird der Begriff im Hebräerbrief (8,2) und im Brief an die Römer (15,16) verwendet.

49

auf der Spur, die vom jüdischen Gottesdienst, wie er in den Häusern gefeiert worden ist, zum urchristlichen, noch nicht vom Opfergedanken bestimmten, eucharistischen Gottesdienst geführt hat. Denn in beiden sind Lobpreis, Dank und Bitte konstitutiv[59]. *Eucharistia* ist lobpreisende Danksagung. In diesem Sinn muss christlicher Gottesdienst eucharistischer Gottesdienst sein.

Das Modell des Hofzeremoniells folgt einer überholten Sicht des Menschen und hat den Anfang unserer Liturgien verdorben

Deshalb ist es nicht gut, dass in den Eröffnungsteil der Messliturgie Wechselgesänge integriert worden sind, die an antike Hofzeremonielle erinnern[60]. Ganz vereinfacht gesagt und dabei die Gestik der Sprache in einzelnen Schritten der Eingangsliturgie beachtend, kann man folgende Gesten erkennen: Die Gläubigen müssen sich am Beginn des Gottesdienstes als schuldige und der Begegnung mit dem Herrscher unwürdige Wesen bezeichnen, eine Art verbaler Proskynese[61] vor dem als omnipotenter Herrscher auf seinem himmlischen Thron sitzenden Gott vollziehen, um Gnade bitten und die lossprechende Gnadenzusage abwarten, die ihnen dann – aufgrund des stellvertretenden Leidens Christi – auch gewährt wird. Erst dann dürfen sie innerlich aufrecht dastehen und im Gottesdienst Gott Lob und Dank sagen und Fürbitte tun. Auch die neuesten kirchlichen Liturgien sind voll von sprachlichen Figuren, die diesem Zeremoniell entspringen und es letztlich reproduzieren.

59. J. Roloff (2003), S. 58.
60. Da nach K.-H. Bieritz (2004), S. 137. 393, das Kyrie um 500 aus dem Osten kommend in die Messe integriert worden ist, kann ein Einfluss des byzantinischen Hofstils nicht ausgeschlossen werden.
61. Die Proskynese war ein antiker Gestus der Verehrung, der in der griechisch-römischen Antike in Verbindung mit bestimmten Körperbewegungen (Verneigung etc.) Gottheiten erwiesen wurde und eine Art Handkuss darstellte. Im Alten Orient wurde die Proskynese auch vor dem Herrscher vollzogen und war zum Teil mit einem Fußfall verbunden – vor allem Angehörige niedriger Stände und griechische Bittsteller mussten sie praktizieren. Als Alexander sie in Persien auch für sich beanspruchte, erntete er Widerstand von den Griechen. Doch diese Praxis hat sich bald auf die hellenistische Welt ausgedehnt und auch in Rom Einzug gehalten (vgl. J. Wiesehöfer [2001]). Vom römischen Herrscherkult her hat sie auf die Verehrung kirchlicher Würdenträger, vor allem im Kirchenstaat, abgefärbt und bis heute ein merkwürdiges Missverhältnis zwischen der dienenden Gestalt Jesu und dem Auftreten kirchlicher Würdenträger einschließlich der Art ihrer Verehrung (Handbzw. Ringkuss!) etabliert.

Dass dieses Hofzeremoniell auf den christlichen Gottesdienst und den Umgang mit Kirchenoberen überhaupt hat übertragen werden können, hat viele Gründe. Zum einen die Verschränkung von politischen und religiösen Strukturen, die in der ganzen Alten Welt üblich war, und die von Byzanz ausgehende kosmische Überhöhung Jesu Christi als Pantokrator[62]. Zum anderen aber hat nach meiner Sicht ganz wesentlich dazu beigetragen, dass der Mensch in weiten Teilen der Bibel ein durch und durch sündiges Wesen ist, das von sich aus keine Möglichkeit hat, sich als Gottes würdig zu erweisen. Denn er bleibt den von ihm geforderten *absoluten* Gehorsam gegenüber Gottes Geboten und Verboten schuldig und hat dadurch im Grunde nicht einmal ein wirkliches Existenzrecht vor Gott. Ja, selbst seine Sterblichkeit wird schon als Sündenfolge und -strafe interpretiert. Dieses Menschenbild ist Teil einer ausgeprägten »Sündekultur«, wie es Jan Assmann formuliert hat[63]. »Sünde« setzt als Verstoß gegen eine absolute Forderung immer alles, also auch das Lebensrecht, aufs Spiel und bedarf in den jüdischen Vorschriften einer Sühnung – durch Opfer bzw. Opferstellvertretung und deren gnädige Annahme durch Gott. Dass eine absolute Gehorsamsforderung an den Menschen überhaupt sinnvoll, ja, lebensdienlich ist, bezweifele ich allerdings.

Jesus hat Gottes Verhältnis zu den Menschen nicht von einer Forderung nach absolutem Gehorsam her beurteilt und beschrieben und keine Ersatzleistungen gefordert. Entscheidend ist für ihn gerade die Unbedingtheit der Liebe Gottes, die ganz aus Gott selbst kommt. *Sie* ist es denn auch, die den Menschen seinerseits zur Liebe überwindet. Der liebevolle Mensch *wird* also in der Begegnung mit dem grundlos und bedingungslos liebenden Gott. Gott ist hier bei Jesus – das ist evident – ein anderer, als der Gott, der zur Sündekultur gehört. Aber auch der Mensch wird hier anders, nämlich liebevoll, gesehen. Bei Jesus spürt man: Er hat wahrgenommen, dass das Leben schwer ist und dass die Menschen mit anderem beschäftigt sind, als Idealbildern vom Menschen nachzueifern, die andere für sie entworfen haben. Viele wollen überhaupt nur überleben, und die meisten versuchen, Lebensbeziehungen zu finden, in denen sie als sie selbst wahrgenommen werden und sich geborgen fühlen. Das hat die Menschen für Jesus liebenswert gemacht. Aber klar ist auch:

62. Ich danke K.-H. Bieritz besonders für das Gespräch zu diesem Punkt.
63. J. Assmann (2000), S. 149-153. 174-179.

Diese Bedürftigkeit hat gerade arme Menschen immer schon verführbar und empfänglich gemacht für diejenigen, die ihnen »Brot und Spiele« gegeben haben.

Weil das so ist, halte ich es für besonders wichtig, dass die Menschen im Gottesdienst *von Anfang* an spüren können, dass Gott ihnen nicht als Herrscher entgegenkommt, sondern sie mit *Jesu* Augen sieht und versteht. Und dass er ihnen von sich aus zugewandt ist und nicht erst nach und aufgrund der »Proskynese«. Wo Menschen dies glauben, können sie den Gottesdienst gleich nach der Begrüßung mit dem Gotteslob beginnen, wie das in frühen Liturgien auch war.

Dank, ohne die Leiden in der Welt zu sehen, ist lieblos

Das heißt nun aber nicht, dass die Schattenseiten des Lebens in einem christlichen Gottesdienst, der sich vom antiken Opferritual gelöst hat, ausgeblendet werden sollten. Wer gegen die Sühnopfervorstellung im Messgottesdienst argumentiert, verdrängt das Böse in der Welt nicht. Aber er nimmt Gott aus dem alten System von Gewalt und Gegengewalt heraus. Und er bestreitet, unter Berufung auf die Verkündigung Jesu, dass dem Bösen und seinen Folgen in der Welt nach jenem alten System beizukommen wäre und Gott mit seinem Handeln dafür als Berufungsgrund herhalten müsste. Gerade, wenn das Sterben Jesu wieder als das wahrgenommen und ausgehalten werden kann, was es war: eine grausame Hinrichtung, wenn also wieder gesagt werden kann, dass Jesus in diesen Tod nicht von Gott, sondern von politischen und religiösen Strategen, hinein*gezwungen* worden ist, wenn auch in der Liturgie gesagt werden kann, dass er den Kelch des Leidens lieber an sich hätte vorübergehen sehen (Markus 14,36 und Parallelen) – erst dann ist »das Kreuz« der Ort der tiefsten Leiden und Verlassenheiten, ja, des Unheils. Von ihnen gilt, dass nicht nur Jesus, sondern auch unendlich viele andere Menschen sie erlitten haben und täglich erleiden. Von den Leiden, die wir den Tieren und Pflanzen zufügen, ganz zu schweigen. Dann ist das Kreuz auf Golgotha aber auch der Ort, an den Gott, aus allen antiken Himmeln heraus, hinabgestiegen ist zu seinen Geschöpfen, um uns in den Leiden der Welt und in der Klage darüber nahe zu sein. Und dann begreifen wir Ostern als Gottes Leben schaffende Antwort darauf.

Deshalb enthält die hier vorgeschlagene Liturgie eine »Kreuzesmeditation«. Und ich bin dankbar, dass *Cordelia Heymann* (Frankfurt/Main) mit ihren Zeichnungen – liturgiegeschichtlich gesehen – ungewohnte Zugänge zu heutigen Leidenswirklichkeiten dargestellt hat.

Im nächsten Teil des Buches versuche ich nun zusammenzustellen, was ich als Vorgaben Jesu für eine christliche Liturgie bezeichne – wohl wissend, dass es Jesus nirgends um eine solche Liturgie zu tun gewesen ist. Aber vieles aus seinem Leben und seinen Worten kann trotzdem wegweisend für liturgische Arbeit sein. Vor allem aber sollen diese Vorgaben dann den kritischen Rückblick auf die Anfänge der Liturgiegeschichte, den der dritte Teil bringen wird, begleiten. Erst danach führe ich dann im vierten Teil die neue Liturgie ein und diskutiere sie anschließend im Blick auf die Ökumene der Konfessionen und Religionen.

Zweiter Teil:
Vorgaben Jesu für eine christliche Liturgie

Im zweiten Teil des Buches sollen nun die Vorgaben angesprochen werden, die Jesus für eine christliche Liturgie gemacht hat – also für eine Liturgie, die sich zu Recht auf ihn beruft und zugleich seiner vergegenwärtigend gedenken will. Das macht es nötig, zuerst einmal eine Frage zu beantworten, vor die uns die historische Kritik biblischer Überlieferungen stellt.

1. Von welchem Jesus reden wir?

Seit es eine historisch-kritische Erforschung biblischer Überlieferungen gibt, ist klar, dass wir es auch bei allen Jesus-Überlieferungen mit Dokumenten zu tun haben, die wiedergeben, was Menschen aus seiner Umgebung von ihm wahrgenommen, weitererzählt und schließlich in eine literarische Gestalt gebracht oder bereits aus Textquellen zitiert haben[1]. Authentisch sind Jesus-Überlieferungen also zuerst einmal im Blick auf die Authentizität, die *Zeugen* und ihre Zeugnisse beanspruchen können. Darum müssen wir prinzipiell davon ausgehen, dass der uns in den Evangelien begegnende Jesus eine *Wahrnehmungsgestalt* ist, wie Viktor von Weizsäcker das Endprodukt eines Wahrnehmungsgeschehens nennt. In der Wahrnehmungsgestalt Jesu hat sich das, was Menschen in der Begegnung mit Jesus wahrgenommen hatten, mit den Wahrnehmungsmus-

---

1. Ich folge hier wie in meinem Buch *Notwendige Abschiede* (S. 120-129) der Wahrnehmungstheorie von Viktor von Weizsäcker.

tern verbunden, die aus ihrer bisherigen religiösen Biographie und Glaubensgeschichte stammten. An den hoheitlichen Titeln, die Jesus in den Evangelien trägt (Davids Sohn, Christus = Messias, Sohn Gottes, Menschensohn, Kyrios = Herr, Soter = Heiland), kann man sehr schön ablesen, aus welchen religiösen Hintergründen die Zeugen Jesu kamen. Denn mit den sprachlichen Mitteln, die ihnen in ihrem religiösen Kontext jeweils zur Verfügung standen, haben seine Anhänger ausgedrückt, was er ihnen bedeutete. Was seine Weggenossen von ihm wahrgenommen und erzählt haben, ist von deren Hörern aber wiederum mit Bildern verschmolzen worden, die sie vor der Begegnung mit den Jesus-Zeugen schon in sich hatten. Und so ging es weiter bis zur schriftlichen Fixierung der mündlichen Überlieferungen. Das heißt: Keiner der Evangelisten liefert uns historisch getreue Reproduktionen der Jesus-Gestalt. Sondern *so* ist es: Jeder der Evangelisten hat uns mit seinem jeweiligen Evangelium eine eigene und unverwechselbare Wahrnehmungsgestalt Jesu *geschaffen*. In ihr sind letztlich alle Stationen der Tradition irgendwie enthalten: Jesus selbst *und* die ersten und dann alle weiteren *Zeugen*, die ihre Wahrnehmungen von Jesus weitergegeben, gehört und wieder weitererzählt haben, und schließlich die theologisch reflektierenden *Evangelisten*. Und von jedem kam ein Stück seiner kulturellen und religiösen Herkunft mit hinein in die Wahrnehmungsgestalt Jesu, wie wir sie heute in den Evangelien vorfinden. Alle Jesus-Gestalten der Evangelisten und der anderen Apostel sind also Wahrnehmungs*originale*. Hinter diese unterschiedlichen Wahrnehmungsoriginale Jesu können wir grundsätzlich nicht zurück. Denn da Jesus selbst nichts geschrieben hat, sind wir auf die Zeugen Jesu angewiesen. Und das ist gut so. Denn damit ist zugleich klar, dass auch unser *heutiges* Zeugnis von Jesus ein Wahrnehmungsoriginal ist, in das *unsere* kulturellen Vorprägungen mit eingehen und das neben den frühchristlichen Wahrnehmungsoriginalen Jesu durchaus bestehen kann.

Es ist höchste Zeit, dass die Wahrnehmungstheorie in der Theologie stärker beachtet wird

Nun sagen manche, diese Überlegungen liefen auf den reinen Subjektivismus hinaus. Wer diesen Vorwurf erhebt, tut so, als gäbe es eine Möglichkeit, an den Aussagen der Zeugen *vorbei* zu Jesus und zu ›jesuanischen‹ Original-Tönen zu kommen – und irrt damit. Er bestreitet im Grunde auch den vier Evangelisten das Recht, in vielem ein jeweils eigenes Jesus-Verständnis gehabt und dargestellt zu haben[2]. Und er übersieht, was nicht übersehen werden darf: Nur durch das, was Menschen nach Ostern in den Begegnungen mit dem Auferstandenen wahrgenommen haben, gibt es eine glaubwürdige Botschaft von der Auferstehung Jesu[3]. Ihr Zeugnis erfüllt das Kriterium der Objektivität gerade dadurch, dass es *authentisches* Zeugnis einer Begegnung ist und *zugleich* biographisch-subjektive Wahrnehmungselemente beinhaltet[4]. Das war im 1. Jahrhundert nach Christi Geburt genauso, wie es heute ist. Denn es stellt die erfahrbare Seite der Inkarnation, also des Hineinkommens Jesu in unsere menschliche Existenz und ihre Lebensbedingungen, dar.

Zu diesen Lebensbedingungen gehören die Möglichkeiten, die wir selber im Akt der Wahrnehmung haben. Wie es mit ihnen bestellt ist, hat Viktor von Weizsäcker für mich überzeugend beschrieben. Jenseits dessen, was Menschen mit ihren Sinnen wahrnehmen können, gibt es weder Offenbarung noch irgendwelche Sonderwahrnehmungen. Gäbe es sie, würde Gott seine eigene Schöpfung missachten. Wir haben aber keinen Grund anzunehmen, dass der Geist Gottes im Blick auf die Jesus-Überlieferung etwas anderes getan hat, als was er sonst tut: den Bezeugten (den Wahrgenommenen) und die Zeugen (die Wahrnehmenden) in ihrem Zeugnis (der Wahrnehmungsgestalt des Wahrgenommenen) zu verbinden. Ich gehe davon aus, dass solche Verbindungen auch heute von Gott bewirkt werden, so wahr er gegenwärtig ist und wirkt.

Damit keine Missverständnisse entstehen, sei betont: Bei dem *Wahrnehmungsvorgang*, wie ich ihn verstehe, geht es nicht um das, was man normalerweise *Deutung* nennt. Denn was auf der Ebene der unmittelbaren Wahrnehmung geschieht, meint noch *nicht* einen willentlich gesteuerten Vorgang der Deutung. Der kann erst eingeleitet werden, wenn der Wahrnehmungsvorgang von irgendeinem uns tatsächlich begegnenden Phänomen bereits geschehen ist. *Unter Deutung verstehe ich also eine reflektierend vollzogene Erinnerung von vorher gemachten Wahrnehmungen.* Deshalb stimmt es nicht, dass wir im Neuen Testament *nur* Deutungen vor uns hätten. Der Wahrnehmungsvorgang, der zur Begegnung der

2. Vgl. dazu ausführlich in *Notwendige Abschiede* S. 107-111.
3. Dieser Tatsache zollt Paulus im 1. Korintherbrief Respekt, indem er die Zeugen namentlich aufführt, denen der Auferstandene vor ihm bereits erschienen war (15,1-11). Immer wieder wird aber betont, dass der Auferstandene der vorher gekreuzigte Jesus ist: Lukas 24,28-35. 36-40; Johannes 20,24-29 u. ö.
4. Auch der Katholische Erwachsenenkatechismus (1989), S. 185, sagt deutlich: In alle Jesus-Überlieferungen »sind bereits Deutungen der Urgemeinde mit eingeflossen.«

ersten Jünger und Jüngerinnen mit Jesus gehört[5], ist durchaus von einer theologisch reflektierenden Deutung zu unterscheiden[6].

Die historische Kritik kann uns helfen, den wahrgenommenen Jesus von den Wahrnehmenden zu unterscheiden

Hilft uns diese Wahrnehmungstheorie aber nun auch, das, was Menschen von Jesus entgegen gekommen ist, im Nachhinein von den Wahrnehmungsmustern zu unterscheiden, die sie aus ihren früheren religiösen Prägungen in sich hatten und die sich mit ihren Wahrnehmungen von Jesus verbunden haben? In der Theorie schon. In der Praxis kommt man bei solchen Unterscheidungen allerdings zumeist über Wahrscheinlichkeiten nicht hinaus. Immerhin ist es prinzipiell möglich, ein gutes Stück durch die überlieferten Texte »hindurch« – also nicht an ihnen *vorbei* – etwas näher an den historischen Jesus heranzukommen. Das ist der Fall,

- wenn Jesus sich in den Evangelien von seiner eigenen religiösen Herkunft, dem Judentum und dessen theologisch-kultischen wie ethischen Standards, deutlich abhebt; dabei wird davon ausgegangen, dass Jesus sich in den meisten Bereichen genauso wie seine Zeitgenossen verhalten hat, aber in anderen vom Traditionellen abgewichen ist, um seinem Auftrag zu folgen[7]; als Beispiel dafür nenne ich die Auseinan-

5. Dazu rechne ich Berichte wie diesen: Am Ende der Heilung des Gelähmten (Markus 2,1-12) heißt es, dass »alle staunten, Gott priesen und sagten: Solches haben wir noch nie gesehen.«
6. In derselben Geschichte von der Heilung des Gelähmten findet sich diese deutende Ebene in V. 10: »Damit ihr aber wisst, dass der Sohn des Menschen auf Erden Macht hat, Sünden zu vergeben, sagt er zu dem Gelähmten ...«. Deutung kann auch als reflektierendes und zugleich selbstbezogenes Erinnern von Wahrgenommenem beschrieben werden. Vgl. dazu H. Welzer (2002). Die Trias Begegnen – Wahrnehmen – (deutendes) Erinnern enthält klar unterscheidbare Schritte. Vgl. dazu in *Notwendige Abschiede* S. 127-142. – Der Begriff der Erfahrung ist in diesem Zusammenhang wenig hilfreich, weil er eine andere Dimension ins Spiel bringt.
7. Weil mir von einem Kritiker unterstellt worden ist, ich zeige »antijudaistische« Tendenzen, betone ich, dass es mir darum geht, mit den Mitteln historischer Kritik aufweisbare Eigenheiten Jesu herauszustellen und von seinen Zeitgenossen abzugrenzen. Auch wenn ich mich gegen theologische Deutungen des Todes Jesu wende, die traditionelle jüdische Vorstellungen vom Sühnopfer benutzt haben, hat das nichts mit Antijudaismus zu tun, sondern damit, dass diese Deutungen nicht mit der Verkündigung Jesu zu verbinden vermag. Ich entscheide mich gegen sie, weil sie theologisch hinter Jesus zurückgehen, und nicht, weil sie jüdisch sind. Dass ich in anderem Kontext der jüdischen und nicht der kirchlichen Tradition folge,

dersetzungen um die Sabbatgebote und Jesu Grund-Satz, dass göttliche Gebote für den Menschen geschaffen worden sind und nicht der Mensch für die Gebote (Markus 2,27); ein zweites Beispiel ist, dass Jesus die Liebe Gottes zu uns Menschen als etwas Unbedingtes und Grenzenloses versteht und im Gleichnis vom »verlorenen Sohn« an einem Vater verdeutlicht, der seinem moralisch missratenen Sohn voll Freude entgegenläuft, als er zerlumpt nach Hause kommt, und ein Fest für ihn gibt (Lukas 15,11-32);

- wo wir Überlieferungen vor uns haben, die Jesus nach Maßstäben seiner zeitgenössischen Kultur eher als fragwürdige Gestalt erscheinen lassen, weil es ihm nicht um religiöse Reputation zu tun war; Beispiel dafür ist seine Praxis, mit Zöllnern und »Sündern« zu Tisch zu sitzen (Lukas 15,1 f.);
- wo es zwischen Jesus und seinen Verwandten oder Anhängern zu Konflikten gekommen ist und diese Konflikte nicht vertuscht worden sind (Markus 3,20 f. 31-35; 8,31-33; 9,33-37; 10,35-45 und öfter).

Eher nicht haben wir es mit dem historischen Jesus zu tun,

- wo in Jesus-Überlieferungen hellenistische Wahrnehmungsmuster auftauchen, die nicht zu der semitischen Ursprungsszene gehört haben können;
- wo Aussprüche Jesu überliefert werden, die zu dem Gesamtbild seiner Verkündigung nicht passen, also zum Beispiel seine Gewaltfreiheit infrage stellen.

Von den literarischen Wachstumsregeln her ist es wahrscheinlicher, dem historischen Jesus in nachweisbar frühen Überlieferungsstadien der Evangelien zu begegnen als in späten; denn die späten können eher auf die Redaktion eines Evangelisten zurückgeführt werden.

Der Versuch, die beiden in der Wahrnehmung verbundenen Ebenen durch die genannten Kriterien zu unterscheiden, wird allerdings durch die Tatsache erschwert, dass keines dieser Jesus-Zeugnisse in der Sprache verfasst ist, die Jesus mit seinen Jüngern und mit anderen Zeitgenossen gesprochen hat. Die Evangelien sind wie das ganze Neue Testament nicht auf Aramäisch, sondern auf Griechisch geschrieben worden. Das aber heißt: Sie sind auch bereits in der griechisch-hellenistischen Weltsprache

kann meine Argumentation in der Abendmahlsliturgie möglichen Kritikern verdeutlichen. Und was die Erwählungstheologie und andere biblische Topoi der Dogmatik angeht, folge ich in *Notwendige Abschiede* oft genug weder jüdisch-biblischen noch christlich-biblischen Vorstellungen.

gedacht und für eine Griechisch sprechende Leser- und Hörerschaft geschrieben worden. Alle Zeugnisse haben in der uns vorliegenden Gestalt also bereits einen gewaltigen Kulturwechsel hinter sich. Dieser Wechsel hat sie von dem Aramäisch sprechenden Jesus tendenziell entfernt und zur hellenistischen Welt hin geöffnet. Abweichungen von der jüdisch-aramäischen Kultur können deshalb auch von diesem *generellen* Kulturwechsel ins Griechisch-Hellenistische hinein bedingt sein.

Der Wechsel vom semitischen in den griechischen Kultur- und Sprachbereich macht es generell schwer, mit Sicherheit zu sagen, was Jesus gesagt hat und was nicht. Zumindest lässt der Weg der Rückübersetzung in eine Sprache mit völlig anderer Grammatik oft mehrere Ausdrucksmöglichkeiten zu.

Ich rechne jedenfalls damit, dass der Jesus-Glaube sehr bald die Kraft entfaltet hat, ursprünglich fremde, im Hellenismus beheimatete religiöse Vorstellungen an sich zu binden und mit den frühen Wahrnehmungen zu verschmelzen. Solche Entwicklungen sind, um es gleich zu sagen, keinesfalls von vornherein negativ zu bewerten. Sie werfen nur die Frage auf, welche der Wahrnehmungsgestalten Jesu *wir* heute theologisch in dem Sinn akzeptieren können, dass wir sie als für unseren Glauben *verbindlich* ansehen.

Die Wahrnehmungstheorie nötigt uns dazu, die historische Kritik durch eine theologische Kritik unserer Überlieferungen zu Ende zu führen

Von welchem Jesus reden wir also, wenn wir von Jesus reden? Immer von dem von Menschen bezeugten Jesus. Das Wissen darum, dass uns in den Evangelien unterschiedliche Wahrnehmungsgestalten Jesu und keine lebensfernen Reproduktionen begegnen, zwingt uns allerdings dazu, bei Jesus-Worten zu fragen, in welchen Zusammenhängen, von wem und mit welcher Funktion sie überliefert worden sind. Es ist nicht nur historisch, sondern auch für den Glauben und die Glaubwürdigkeit unseres Redens und gottesdienstlichen Handelns von Bedeutung, diesen Fragen nachzugehen. Eine Kirche, sie sich bis in die Liturgie hinein ausdrücklich auf den historischen Jesus beruft und den Gemeinden nahe legt, dies auch für bare Münze zu nehmen (»Unser Herr Jesus Christus, in der Nacht, in der er verraten wurde, ...«), muss berücksichtigen, was sie historisch von ihm weiß und von Wahrnehmungsmustern unterscheiden kann, die mit seinen Reden verbunden worden sind. Die Zeiten sind zum Glück vorbei, in denen wir uns durch dogmatische Fesseln daran gehindert sahen (bzw. haben), kritischen Rückfragen an die frühkirchliche Jesus-Rezeption im Neuen Testament nachzugehen.

Wenn wir aber erkennen können, dass Jesu Verkündigung im Prozess ihrer Wahrnehmung, Deutung und Überlieferung verändert oder gar ins Gegenteil ihrer ursprünglichen Aussage verkehrt worden ist, müssen wir Position beziehen. Dabei geht es nicht um richtig oder falsch, sondern darum, ob wir diese Veränderungen von *unserem* Jesus-Verständnis her als hilfreich für den Glauben ansehen oder nicht. Um ein Beispiel zu nennen, das uns beschäftigen wird: Wir müssen fragen, ob uns überlieferte theologische Interpretationen seiner Hinrichtung im Neuen Testament oder in christlichen Liturgien mit dem zusammenstimmen, was wir summarisch und nach eigener historischer und theologischer Reflexion die »Verkündigung Jesu« nennen. Dann müssen wir die historische Kritik unserer Überlieferungen in einer theologischen Kritik fort- und zu Ende führen.

Alles zu harmonisieren, was wir vorfinden, ist nicht unsere Aufgabe. Vielmehr müssen wir theologisch selbst verantworten, was wir heute bezeugen. Und da wir Heutigen – das sage ich im Vertrauen auf den Heiligen Geist – auch Zeugen des Auferstandenen sind, kann es durchaus sein, dass wir die theologische Gestalt biblischer Zeugnisse zwar respektieren, aber für uns nicht mehr akzeptieren können. Das kann dann im Einzelfall heißen: Theologische Deutungen der Jesus-Überlieferung, die nach eigener Einsicht nicht zu Jesu Verkündigung stimmen, sind unter historischem Aspekt wichtig, aber weder für den Glauben noch für die Liturgie verbindlich. Wenn das so ist, können wir sie im Gottesdienst auch nicht kritiklos »verkündigen« oder gar innerhalb der Liturgie ständig reproduzieren. Im Gottesdienst sagen wir Gott Dank dafür, dass Jesus für uns gelebt hat, in sich und durch sich Gott als Liebe und Geist offenbar gemacht, seinen Weg auch unter der Drohung, dafür getötet zu werden, nicht verlassen hat und auferstanden ist. Wer und was Gott ist, wissen wir durch ihn. *Das* muss im Gottesdienst erkennbar sein und darf nicht durch theologische Konzepte aus der frühen Zeit der Jesus-Rezeption verwischt werden.

Ich gehe nun so vor, dass ich in den folgenden Kapiteln wesentliche Vorgaben Jesu für eine christliche Liturgie nenne.

2. Jesus hat beim Leiden der Menschen angesetzt

Jesus hat, das steht fest, für seine Botschaft und seine Handlungen leiden müssen. Die weit ausgestaltete Passionsgeschichte hat letztlich dafür gesorgt, dass er im Mittelalter als »Schmerzensmann« zu einer Schlüsselfigur der Imagination in Europa hat werden können[8]. Diese Nähe zum Leiden beginnt nun aber nicht erst in Jesu letzter Lebenswoche in Jerusalem. Es gibt eine große Zahl von Geschichten, die belegen, dass ihn nichts so berührt hat wie das Leiden der Menschen unter seelischen und körperlichen Nöten. Das gilt vor allem für Leiden, durch die Menschen aus der Gemeinschaft der anderen de facto verbannt worden sind, weil sie aufgrund von religiösen Vorschriften – zeitweilig oder dauerhaft – gemieden werden mussten. Heilungs- und Auferweckungsgeschichten erzählen, dass Jesus (ausschließlich) in solchen Fällen interveniert und die Gemiedenen oder Vereinsamten in ihre jeweilige Lebensgemeinschaft zurückgeführt hat.

Der »Heilandsruf«: Jesus hat die Religionsgeschädigten eingeladen, über Gott nichts Liebloses mehr zu glauben

Deshalb hat der so genannte »Heilandsruf« Jesu (Mt 11, 28-30) tatsächlich etwas Programmatisches an sich. Es spricht einiges dafür, dass sein Kern auf Jesus zurückgeht[9]. Aber selbst, wenn er »nur« die Summe der christologischen Ethik des Matthäusevangeliums zur Sprache bringt[10], wird er in der Sache doch von vielen anderen Jesus-Überlieferungen gestützt. Denn Jesus erscheint als einer, der im Judentum verankert ist und die Tora durchaus als den Weg des Lebens versteht. Andererseits aber setzt er sich von den jüdischen Autoritäten ab, wenn er alle einlädt, zu ihm zu kommen, die sich mit den religiösen Geboten und Verboten vergeblich abmühen und dadurch belastet sind, ja, leiden. Den Schriftgelehrten wirft er vor, dass sie selbst nicht halten, was sie lehren (23,4).

---

8. Vgl. dazu den Beitrag von P. Dinzelbacher (2004), S. 200-225.
9. Vgl. dazu den Kommentar von U. Luz (1990), S. 218 Anm. 130.
10. So U. Luz (1990), S. 224.

Ihnen fehle es an Demut (23,5-7), sie seien herrschsüchtig. Seine Einladung an alle, zu ihm zu kommen, heißt, sie sollen an ihn und seine besondere Autorität glauben und von seinem Weg lernen. Er nämlich tut den Willen Gottes, weil er »sanftmütig und von Herzen demütig«[11] ist. Und das liegt an seiner unbedingten Liebe zu den Menschen. Seine religiösen Kontrahenten aber bezeugen keinen liebevollen, sondern verwalten einen unerbittlichen Gott. Den Leidenden will Jesus helfen, will ihr Leben erleichtern, ihnen vermitteln, dass Gottes Weisungen nicht dazu da sind, ihnen ihr Leben zur Hölle zu machen; Gottes Ordnungen sind *für* die Menschen gemacht. Seine Gaben sind Lebensgaben. Eine Religion, die so tut, als seien göttliche Ordnungen dazu da, Gehorsam zu erzwingen und um ihrer selbst willen erfüllt zu werden, ist eine lieblose Religion (Markus 2,27).

Von Gott muss man aber nichts Liebloses glauben. Jesus verkündet einen Gott, der weiß, dass das Leben schwer ist, gerade für diejenigen, die aus irgendeinem Grund benachteiligt sind. Wir sollen Gott im Gebet anreden, »wie die lieben Kinder ihren lieben Vater« (Luther). Das ist die Wahrheit, für die Jesus eingetreten ist und für die er hat sterben müssen, weil er sich von ihr nicht hat abbringen lassen. Mit Paul Tillich gesprochen, hat Jesus wahrgenommen: Der einzelne Mensch steht »dauernd unter dem Anspruch, Dinge glauben zu sollen, die er nicht glauben kann«[12], und leidet darunter. Allen, die sich nach einem Gott sehnten, der endlich wahrnimmt, wie sie unter der organisierten Religion leiden, hat Jesus einen wahrnehmenden, aufmerksamen, liebevollen Gott offenbar gemacht, indem *er* ihnen sanftmütig und als jemand entgegenkam, der ihnen dienen wollte. »Des Menschen Sohn ist nicht gekommen, dass er sich dienen lasse, sondern dass er diene« (Markus 10,45[13]). Das soll und kann man glauben, wenn man den Weg Jesu sieht.

11. Das ist natürlich eine Aussage der Gemeinde.
12. P. Tillich (1952), S. 92 f. Diesen Hinweis verdanke ich U. Luz (1990), S. 222, genauso wie denjenigen darauf, dass bereits Erasmus von Rotterdam zu Mt 11,28-30 an die Lasten gedacht hat, die seinerzeit die (katholische) Kirche und ihre Würdenträger den Menschen auferlegt haben.
13. Die Fortsetzung »und sein Leben gebe als Lösegeld für viele« ist ein späterer Zusatz. Er bricht den antithetischen Parallelismus des Basiswortes auf, indem er weit vor der Passion eine Sinnebene hinzufügt, die den Tod Jesu als Lösegeldzahlung deutet.

Jesus hat damit eine Spur verlängert und erheblich vertieft, die wir schon im Kult des Asklepios finden, der zur Zeit Jesu rund ums Mittelmeer seine Kult- und Heilstätten hatte[14]. Ihn hatte Sophokles im 5. Jahrhundert vor Christus in Athen verbreitet. Auch Asklepios ging es darum, die Leiden der Menschen wahrzunehmen und zu heilen: Er ist der erste Gott im griechisch-hellenistischen Bereich gewesen, dessen Wirkungsfeld ausschließlich die Therapie von Menschen war. Bei Apollon und anderen griechischen Göttinnen und Göttern schon vorher vorhandene therapeutische Züge hat er in sich – und seiner Gefährtin Hygieia – gebündelt. Sophokles intervenierte als Dramatiker, wo hartherzige und machtorientierte Spielregeln das Leben bestimmten[15]. Entsprechend antworten die Tragödien des Sophokles auf lebensfeindliche Mächte wie den Krieg, die sich als die wahren Herren und gottgesandtes Schicksal ausgeben, mit damals unerhörten Antworten[16]. Der Satz aus der »Antigone«: »Nicht mitzuhassen, mitzulieben bin ich da«, hätte auch gut zu den Reden Jesu passen können. Bei beiden wird Abschied genommen von einer politischen und religiösen Herrschaftspraxis, die nicht wahrnimmt, was sie den Menschen durch ihre Lieblosigkeit aufbürdet.

Es ist interessant und traurig zugleich, dass diese Spur der Religionsgeschichte immer noch wenig erforscht ist. Wir wissen, dass das Christentum den Asklepioskult als seinen Feind bekämpft und, wo es nur ging, ausgerottet hat. Die Ermahnung Jesu an seine Jünger, Konkurrenten, die den Menschen als Dämonenaustreiber Gutes taten und sich dabei auf Jesus beriefen, allein nach ihrem Tun und nicht danach zu beurteilen, ob sie sich zur Jüngerschar halten (Markus 9,38-40), hat die Kirche auch in diesem Fall nicht geschert. Das mögliche gemeinsame Potential[17], die Religionen auf den Weg des Friedens, des Dienens und Heilens zu führen,

---

14. Mit dem Asklepioskult konnten sich auch diejenigen therapeutischen Elemente verbinden, die es in der altägyptischen Religion zur Genüge gegeben hat: Ich nenne Isis vor allem, die ihren Bruder Osiris auferstehen lässt, und Serapis. In dem Namen Serapis war deutlich zu hören, dass in seinem Kult wie in dem Asklepioskult die Schlange eine wichtige Rolle spielte.
15. S. unten S. 231-233 im kleinen Lektionar außerbiblischer Lesungen den Auszug aus der »Antigone«.
16. So zum Beispiel in der Tragödie »Ajas«.
17. Wie stark der Einfluss der Asklepios-Gestalt auf die Darstellung Jesu in den Evangelien gewesen ist, wissen wir dagegen noch immer nicht genau, können es nur ahnen.

ist nicht genutzt worden. Umso mehr ist es Zeit, sich heute, nach zweitausend Jahren, endlich darauf zu besinnen und im Zentrum der eigenen Religion, im Gottesdienst, Konsequenzen zu ziehen und der Gewalt eine Absage zu erteilen. Ach, wenn doch die Kirchen und Religionen endlich so denken und reden könnten wie Jesus! Stattdessen: Abgrenzung, Abstufung, Alleinvertretungsanspruch, wo es nur geht.

Jesus hat sich mit den Leidenden identifiziert

Die äußerste Steigerung erfährt Jesu Nähe zu den Leidenden im so genannten Gleichnis vom Weltgericht (Matthäus 25,31-45[18]). Denn in ihm identifiziert sich der Erzähler, Jesus, mit dem Weltenrichter. Und der erklärt den erstaunten Menschen, was den Ausschlag dafür gegeben habe, jemanden zum Erben des Reiches seines Vaters zu machen: »Denn ich war hungrig, und ihr habt mir zu essen gegeben; ich war durstig, und ihr habt mich getränkt; ich war fremd, und ihr habt mich beherbergt; ich war nackt, und ihr habt mich bekleidet; ich war krank, und ihr habt mich besucht; ich war im Gefängnis, und ihr seid zu mir gekommen.« Völlig überrascht und ungläubig fragen die Geehrten, wann und wo das denn alles geschehen sein solle, weil sie sich nicht erinnern können, *ihm* in solchen Situationen begegnet zu sein. Und er antwortet: »Was ihr einem meiner geringsten Brüder und einer meiner geringsten Schwestern[19] getan habt, habt ihr mir getan.« Weil Gott die Menschen liebt, ist er selbst der Liebe bedürftig, wenn ein Mensch leidet. Und das Gleichnis nennt solche Situationen, die das Leben schwermachen und Menschen an den Rand bringen können.

Daraus, dass Jesus die Leiden der Menschen wahrnimmt und den Seinen das Beispiel der dienenden Liebe gibt (Johannes 13), folgt zum einen eine christologische Ethik: Die Tora wird nur erfüllt, wenn sie verstanden wird als *Gottes Dienst* am Leben seiner Geschöpfe. Nur Liebe macht einen Menschen »vollkommen« (Matthäus 7,43-48) – und wer aus Liebe handelt, *ist* »vollkommen wie euer Vater im Himmel« (7,48). Das ist ein derart ungeheurer Satz, dass man ihn nicht erfinden und wohl getrost auf

18. V. 46 ist ein späterer Zusatz, der das Gleichnis aus Interesse an Ermahnung negativ konturiert.
19. In dieser Übersetzung habe ich die maskulin-feminine Inklusivform des maskulinen Plurals aufgelöst.

Jesus zurückführen kann[20]. Denn er steht neben anderen, mit denen Jesus die geläufige Theologie auf den Kopf gestellt hat.

Die Liturgik muss die einfache Wahrheit ernst nehmen und wie Jesus darauf eingehen, dass das *Leben schwer ist*. Dass Gott uns in Glück und Leiden wahrnimmt, ja, sich mit uns gerade im Leiden identifiziert, gehört zu dem täglichen Brot, von dem wir leben. Dank und Bitte verbinden sich damit ganz von selbst. Und das Achten auf die Leiden von Menschen und von anderen Geschöpfen Gottes auch. Das Kreuz des leidend sterbenden Jesus schärft *dafür* den Blick. Es lässt erkennen, dass der Schöpfer sich mit seinen Geschöpfen nicht nur beschäftigt, sondern identifiziert. Gott und wir leben in *einer* Wirklichkeit, in der Leben mit Leiden verbunden ist. Ausgehalten werden kann das nur im Licht von Ostern, von Gottes Leben schaffender Antwort auf das Leiden, her. Das muss im Gottesdienst erkennbar und spürbar sein.

20. Wobei ich, wegen des Wechsels von der aramäischen in die griechische Sprache, nicht ausschließen möchte, dass Jesus – jüdischen Vorstellungen folgend – von »gerecht« und nicht von »vollkommen« gesprochen hat. Denkbar ist auch, dass das hebräische Wort für »ungeteilt« im Hintergrund zu finden ist (Hinweis von G. Herold).

3. Jesus hat seine Jünger bevollmächtigt, als Söhne und Töchter Gottes die ›Gottessohnschaft‹ anzunehmen und einander Sünden zu vergeben

Von den Seligpreisungen Jesu am Anfang der Bergpredigt hat mich anfangs immer die erste besonders beschäftigt – und beunruhigt. Mit ihr spricht Jesus denen das Himmelreich zu, die – wie ich den Spruch übersetze[21] – »durch den Geist die Armut gewählt haben« (Matthäus 5,3; vgl. Lukas 6,20).

Jesus hat die Gottessohnschaft auf die Friedensstifter und anderen Geisteskinder Gottes übertragen

Später hat mich mehr und mehr fasziniert, dass Jesus denen, die Frieden stiften, zuspricht, dass sie »Söhne Gottes« heißen sollen. Übersetzt man das Futur Passiv am Ende der Zeile in dem von Jesus wohl gemeinten personalen und aktiven Sinn, heißt diese Seligpreisung: »Selig sind die Friedensstifter, denn Gott wird sie seine Söhne (wörtlich: Söhne Gottes) nennen[22].« Das Unerhörte dieser Seligpreisung liegt darin, dass hier der Titel »Gottes Sohn« in den Plural gesetzt und damit von der jüdischen Messiasvorstellung, die ja nur *einen* kennt, abgelöst worden ist. Auch im alten Ägypten, das die jüdische Rede vom Gottessohn wohl beeinflusst haben wird, war der jeweilige Pharao der Einzige, der, als Mittler zwischen Gott und Menschen, diesen Titel führen konnte. Nun gibt es in der Literatur sonst keinen Beleg für die Verbindung der Mahnung zum Friedenstiften mit der eschatologischen Verheißung der Gotteskindschaft[23]. Deshalb neige ich, von der Vergebungsbitte im Vaterunser ausgehend, dazu, die Seligpreisung der Friedensstifter doch näher an Jesus

21. Vgl. dazu K.-P. Jörns (1988), S. 63-73. Dass es ursprünglich um die gute Botschaft für die Leidenden ging, habe ich als wohlhabender Mensch erst spät hören können.
22. Das Futur weist voraus, weil die Seligpreisung ja Menschen zum Friedenstiften einlädt. Die Hineinnahme in die Gottessohnschaft hängt also von der bereits geschehenen Friedensstiftung ab.
23. So U. Luz (1985), S. 213.

heranzurücken als die Kommentare und sie mit der Vergebungsgewissheit einerseits und dem darin gründenden Auftrag zur Vergebung andererseits zu verbinden.

Denn auch das andere ist unerhört: Jesus sah sich von Gott bevollmächtigt, die Gottessohnschaft nicht auf andere außergewöhnliche Personen (wie er selbst eine war) zu übertragen, sondern auf die gesellschaftlich und religiös unbedeutenden Jünger, die ihm auf seinem Weg folgten und folgen würden. Da man im Griechischen mit der maskulinen Pluralform Männer und Frauen zusammenfassend meinen konnte, ist es erlaubt und sachlich angemessen, das Unerhörte noch auf einer dritten Steigerungsstufe zu finden: Jesus übertrug den Titel »Gottes Sohn« auf Männer *und Frauen*, so dass man, die Inklusivform auflösend, übersetzen kann: »Selig sind diejenigen, die Frieden stiften, denn sie werden Söhne und Töchter Gottes heißen« (oder: »Gott wird sie seine Söhne und Töchter nennen«). Dazu passt, dass Martin Luther gesagt hat, wir sollten einander zu »Christussen« werden – was auch Frauen einschließt.

Offenbar hat auch Paulus die ungewöhnliche Art und Weise gekannt, in der Jesus mit dem Titel »Gottes Sohn« umgegangen ist: »Denn alle, die vom Geist Gottes getrieben werden, die sind Söhne und Töchter[24] Gottes«, hat er der Gemeinde in Rom geschrieben. »Denn ihr habt nicht den Geist der Knechtschaft empfangen, so dass ihr euch abermals fürchten müsstet; sondern ihr habt empfangen den Geist der Annahme an Sohnesstatt; in diesem rufen wir: Abba, Vater. Eben dieser Geist bezeugt (samt) unserem Geist, dass wir Gottes Kinder sind. Sind wir aber Kinder, so sind wir auch Erben, nämlich Erben Gottes und Miterben Christi« (Römerbrief 8,14-17). Geht man von der kindlich-vertrauensvollen Anrede »Abba« aus, so kann im Hintergrund als Verbindungslinie zu Jesus das Vaterunser gesehen werden, das die Jesusgläubigen als Söhne und Töchter dieses Vaters wie er bzw. mit ihm beten sollten. Ist Jesus der »erstgeborene« Sohn Gottes, so sind die Christen die an Kindesstatt angenommenen Söhne und Töchter, die dazu bestimmt sind, »gleichgestaltet zu sein dem Bilde seines Sohnes, damit er der erstgeborene sei unter vielen Brüdern und Schwestern« (Römerbrief 8,29).

---

24. Auch hier ergänze ich, die Inklusivform des maskulinen Plurals auflösend, »und Töchter«. Sachlicher Grund dafür ist, was Paulus im Brief an die Galater geschrieben hat: »Denn ihr alle, die ihr auf Christus getauft worden seid, habt Christus angezogen. Da ist nicht Jude noch Grieche, da ist nicht Sklave noch Freier, da ist nicht Mann und Frau; denn ihr alle seid einer in Christus Jesus« (3,27 f.).

Es ist sicher nicht zu viel gesagt, diese Ausweitung der Gottessohnschaft auf eine im Geist Gottes begründete Geschwisterschaft von Brüdern und Schwestern Jesu etwas Revolutionäres zu nennen. Sie muss sich auch in der Liturgie spiegeln und darf nicht durch Hierarchisierung verdeckt werden.

Sünden zu vergeben, heißt Frieden zu stiften, und hängt von keinem Ritus oder Amt ab

Das wird ganz deutlich, wenn wir fragen, welcher Auftrag sich mit dieser Annahme an Sohnesstatt verbunden hat. Denn um den Titel Gottessohn allein ging es ja nicht. Zur Antwort weist das Vaterunser den Weg: Es geht um die Vollmacht, Sünden zu vergeben. Denn sowohl in der von Lukas (Kurzform) als auch in der von Matthäus (Langform) überlieferten Gestalt dieses Gebetes spielt die Vergebung der Sünden bzw. der Schuld(en) eine zentrale Rolle. Bei Lukas heißt die »Vergebungsbitte«: »Und vergib uns unsere Sünden, denn auch wir vergeben jedem, der gegen uns in der Schuld ist.« (11,4) Bei Matthäus lautet sie: »Und vergib uns unsere Schulden, wie auch wir vergeben haben unseren Schuldigern.« (6,12) Der Wechsel von »Schuld(en)« zu »Sünde(n)« bzw. umgekehrt im griechischen Sprachgebrauch macht deutlich, dass es Jesus um ein und dieselbe »Sache« geht: um die Vergebung dessen, was wir Gott und Menschen schuldig bleiben. Wieder lässt sich wegen des großen Wechsels vom Aramäischen bei Jesus zum Griechischen in den Evangelien nicht genau ausmachen, was Jesus gesagt hat. Klar ist: Wer Gott vertrauensvoll darum bittet, dass Gott ihm das, was er schuldig geblieben ist, vergibt, soll wissen, dass das liebevolle Gottesverhältnis nicht dazu benutzt werden darf, aus der sozialen Wirklichkeit auszusteigen. Anders formuliert: Wer von Gott Vergebung sucht, muss sie auch seinen menschlichen Geschwistern gewähren, ja, bei Matthäus: vorher bereits gewährt haben.

Die Vergebungsbitte des Vaterunsers verbindet also die Gott-Mensch-Ebene mit der Ebene zwischen den Menschen. Darin folgt sie einem im hellenistischen Judentum schon *vor* Jesus belegten Gedanken, wie eine neue Untersuchung gezeigt hat[25]. Denn während in der griechischen Übersetzung des Alten Testaments Sündenvergebung ausschließlich ein Geschehen zwischen *Gott* und Menschen meint, wird dasselbe grie-

25. J. Park (2006).

chische Verb im antiken Griechentum für den Erlass von Schulden und Strafen unter den Menschen verwendet, also in der sozialen Ebene. Angesichts dessen ist es eine ganz neue Entwicklung gewesen, »wenn göttliche und zwischenmenschliche Sündenvergebung in hellenistischer Zeit, als griechische und biblische Traditionen im Judentum aufeinander einwirkten, verbunden wurden. Diese Verbindung begegnet zum ersten Mal in der jüdisch-hellenistischen Schrift *Jesus Sirach*: ›Vergib das Unrecht deinem Nächsten, dann werden dir, wenn du darum bittest, auch deine Sünden vergeben werden.‹«[26] Man kann nun von einem Vergebungsethos reden, das sowohl als Ethos für den barmherzigen Herrscher als auch für das Verhalten zwischen Menschen gelten sollte, die sich als Brüder und Schwestern verstehen. Das Vergebungsethos wird so zu einem Bestandteil sowohl des neuen Herrschafts- als auch des Bruderschaftsethos[27] und im jüdisch-hellenistischen »Testament der 12 Patriarchen« am Beispiel Josefs verdeutlicht: Josef ist der humane Herrscher, »der sich selbst erniedrigt, um ein Bruder unter Brüdern zu sein«[28]; und er vergibt beispielhaft seinen Brüdern, was sie ihm einst angetan hatten. Jeongsoo Park hat gezeigt, wie diese Denkfigur auf die Gemeindeethik eingewirkt hat, die wir im Matthäusevangelium erkennen können (Matthäus 18,15.35, vgl. Lukas 17,3 f.). In ihm ist nun nämlich Jesus »der messianische Herrscher, der seine Vollmacht zur Sündenvergebung auf eine Gemeinschaft von Brüdern überträgt.«[29]

Aber auch unabhängig von der Konzeption, der der Judenchrist Matthäus bei dem Entwurf seiner Gemeindeordnung gefolgt ist, finden wir den Willen Jesu belegt, dass Sündenvergebung zwischen den Menschen geschehen soll. Dafür können die von Matthäus benutzten älteren Jesus-Überlieferungen stehen[30]. Sie zeigen, dass Jesus im Unterschied zu Johannes dem Täufer die Vollmacht zur Sündenvergebung nicht nur auf jedermann und jedefrau unter seinen Jüngern ausgeweitet, sondern auch von jedem besonderen Ritus gelöst hat. Bei Johannes war dieser Ritus die Taufe im Jordan, der ein Sündenbekenntnis vorausgehen musste. Jesus bindet die Sündenvergebung an keinerlei Art von Ritus mehr. Weder an die Taufe noch an ein Opfer im Tempel. Aber er setzt – wie schon im

---

26. J. Park (2006), S. 211.
27. Im »Testament der 12 Patriarchen« finden wir den wohl ersten Beleg dafür.
28. J. Park (2006), S. 213.
29. J. Park (2006), S. 213.
30. Die eine ist das Markusevangelium und die andere die so genannte Sammlung (Quelle) Q. Ich folge hier wieder J. Park (2006), S. 215-216.

Buch Jesus Sirach – die eigene Bereitschaft, dem Bruder und der Schwester zu vergeben, vor die Bitte um Sündenvergebung durch Gott. Bei Matthäus (6,14 f.) wird diese Regel außerhalb des Vaterunsers noch gesondert formuliert: »Denn wenn ihr den Menschen ihre Verfehlungen vergebt, so wird euch euer himmlischer Vater auch vergeben. Wenn ihr aber den Menschen nicht vergebt, so wird euch euer himmlischer Vater eure Verfehlungen auch nicht vergeben.« Wie im Vaterunser sind hier Subjekt und Objekt der Sündenvergebung im Plural angesprochen: Beides, die Übertragung der Vollmacht zur Sündenvergebung von dem Einen, Jesus, auf die Menschen in der Gemeinde, und ihre Abkoppelung von einem kultischen Akt, ist vollzogen.

Sündenvergebung ist für das Leben so wichtig wie das tägliche Brot, um das im Vaterunser in der Bitte zuvor gebetet wird. Und will man erklären, welch große Bedeutung die Vergebungsbereitschaft und -praxis für das Zusammenleben der Menschen hat, so kann man sie mit der schon angesprochenen Seligpreisung derer, die Frieden stiften, beschreiben: Sündenvergebung ist die konkrete Möglichkeit, die wir Menschen haben, Frieden zu schaffen da, wo wir leben. Wie wichtig es ist, dass wir diese Möglichkeit nutzen, geht für mich daraus hervor, dass der Auferstandene im Johannesevangelium mit der Sendung und Geistbegabung der Jünger nur einen *einzigen* Auftrag verbindet (20,23): »Wenn ihr jemandem die Sünden vergebt, so sind sie ihm vergeben; wenn ihr sie jemandem nicht vergebt, so sind sie ihm nicht vergeben.« Die negative Möglichkeit ist nur scheinbar ins Belieben gestellt. Nach meinem Verständnis unterstreicht sie vielmehr, was geschieht, wenn Sündenvergebung verweigert wird: Dann lassen wir die Menschen in der Gefangenschaft durch das, was sie Gott und Menschen schuldig geblieben sind. Und das heißt: Wir stiften dann nicht nur keinen Frieden, sondern missbrauchen unsere Christus-Vollmacht in liebloser Herrschaft. Von Geschwisterlichkeit kann dann keine Rede sein.

Um einzuprägen, wie wichtig Vergebung ist, hat Jesus das Thema auch in Gleichnissen behandelt. Das Gleichnis vom so genannten »Schalksknecht« sticht dabei besonders hervor. Denn es macht klar, wie verrückt nicht nur, sondern eben lieblos es ist, für sich selbst Vergebung von Sünden und Schuld(en) haben zu wollen, dieselbe Güte und Barmherzigkeit aber den Mitmenschen zu verweigern (Matthäus 18,23-35).

Es darf nun allerdings nicht übersehen werden, dass die im Matthäusevangelium beginnende neue Hierarchisierung, die Petrus an die Spitze der Gemeinde stellt, die Vollmacht »zu binden und zu lösen« bereits auf *ihn* übertragen hat (Matthäus 16,19). Zwar blieb die Sündenvergebung weiterhin Sache der ganzen matthäischen Gemeinde (Matthäus 18,18). Aber Züge des alten Herrschaftsdenkens waren in die Gemeinde zurückgekehrt.

Sündenvergebung bezeugt Gottes unmittelbare Gegenwart im Geist und bedarf keiner Stellvertretung oder Sühneleistung

Ein Letztes kommt hinzu, und auch dessen liturgische Bedeutung ist evident. Jesus hat die Vergebung nicht nur in den Alltag geholt, er hat auch betont, dass jede – in Gottes Namen und Auftrag – ausgesprochene Vergebung unmittelbar gültig ist. Mit anderen Worten: Sie ist wirklich auf die Menschen übertragen. Deshalb braucht kein Dritter mehr stellvertretend oder sühnend zwischen diejenigen zu treten, die dadurch miteinander zu tun haben, dass Menschen einer oder einem anderen – Gott oder Menschen – etwas schuldig geblieben sind. Die Bevollmächtigung durch den irdischen Jesus genauso wie die durch den Auferstandenen macht Ernst mit der Geistesgegenwart Gottes in der Welt. Sie schließt die unmittelbare Gültigkeit der Vergebung ein, denn die Gotteskindschaft stellt jeden Einzelnen und jede Einzelne in die unmittelbare Gottesbeziehung hinein. Die Vollmacht zur Vergebung lebt allein von Gottes grenzenloser und bedingungsloser Liebe und ist dazu da, den Frieden auf der Erde (Lukas 2,14) auszubreiten. Sie bezeugt Gott von Mensch zu Mensch und ist als solche Stellvertretung *Gottes*.

Eine christliche Liturgie muss berücksichtigen, dass Jesus die Vergebung der Sünden von *speziellen* priesterlichen Riten, Personen und Ämtern abgelöst und denen übertragen hat, die sich von ihm senden lassen, wie er vom Vater gesandt worden war (Johannes 20,21-23). Sie muss deshalb das Priestertum gerade in Verbindung mit der Vergebung der Sünden als Sache der ganzen Gemeinde inszenieren.

4. Das Vaterunser ist die betende Einübung in die Gotteskindschaft

Dass das Vaterunser zum christlichen Gottesdienst gehört, braucht hier nicht diskutiert zu werden. Nachgedacht werden muss aber darüber, an welcher Stelle und in welchem Zusammenhang dieses Gebet in der Liturgie gesprochen werden soll. Die gegenwärtige Praxis, es als summarischen Abschluss des Fürbittgebetes oder im Abendmahl nach Einsetzungsworten und Abendmahlsgebet zu benutzen, ist mehr als unbefriedigend und wird seiner großen inhaltlichen Dichte und Weite nicht gerecht. Da es im Plural gehalten ist, sollen es die zum Gottesdienst Versammelten gemeinsam sprechen. Aber es schließt auch diejenigen, die es alleine sprechen, mit den anderen zusammen, die sich vom Auferstandenen gesandt wissen, so, wie Jesus vom Vater gesandt worden ist – um Frieden zu wirken (Johannes 20,21).

Es ist richtig, das Vaterunser als die *lex orandi*, die Grundordnung des Gottesdienstes, und zugleich als die kürzeste Zusammenfassung des christlichen Glaubens *(lex credendi)* zu bezeichnen. Da es die Vergebungsbitte enthält, und da diese die Bereitschaft voraussetzt, den Mitmenschen zu vergeben und dadurch Frieden zu stiften, nennt es auch die Grundordnung friedlichen Zusammenlebens *(lex convivendi)*. Es stellt alles, was der Mensch braucht, in den Zusammenhang der Gottesbeziehung. Und alles, worum Gott in diesem Gebet gebeten wird, sind Lebensgaben Gottes. Das muss im Gottesdienst entfaltet werden und von der Struktur der Liturgie her zu erkennen sein. Darum darf das Vaterunser nicht erst am Schluss der Liturgie vorkommen. Vielmehr muss es einen Teil der Liturgie einleiten, der dieses Gebet als Friedensdienst der im Gottesdienst Versammelten und als Wahrnehmung der Gotteskindschaft kenntlich macht. Wer das Vaterunser betet, übernimmt Verantwortung für sich und das Zusammenleben mit Menschen und anderen Geschöpfen.

Einem alten Brauch folgend, füge ich an dieser Stelle eine Auslegung der Bitten des Vaterunsers ein. Es ist eine wichtige Aufgabe, die Hauptteile des Gottesdienstes immer wieder auszulegen. In der Liturgie kann die Vaterunser-Auslegung – auch beschränkt auf einzelne Bitten – in die eucharistischen Gebete einbezogen werden, wobei dann natürlich sprachliche Umformungen nötig sind.

Kurze Auslegung des Vaterunsers

»*Vater unser im Himmel*«: Gott wird als *Vater* angeredet. Das war keine Erfindung Jesu. Sie ist aber geeignet, das Grundvertrauen in die unbedingte Liebe Gottes auszudrücken, zu dem Jesus die Menschen eingeladen hat. Heute können wir Gott auch als unsere Mutter anreden. Denn es geht um das Vertrauen und die liebevolle Gottesbeziehung.

Das *Wir* schließt die Betenden zur Gemeinschaft der Söhne und Töchter Gottes zusammen. Sie nehmen ernst, dass sie sich als Menschen verstehen sollen, die Gott an Kindesstatt angenommen hat. Mit der Zustimmung zur *Gottessohnschaft*[31] stimmen die Betenden aber auch der Bürde zu, die sich mit dieser Würde nicht nur im Gottesdienst verbindet: mitzuwirken im Friedensdienst Gottes.

Die Lokalisation »*im Himmel*« ist heute – für sich genommen – eher problematisch als hilfreich, weil sie Gott in einem separaten Bereich außerhalb der Welt angesiedelt sein lässt. Da scheint keine Verbindung zu bestehen zum Glauben, dass Gott Geist und als Geist gegenwärtig ist in unserer Lebenswelt. Für manche wird durch die Wendung »im Himmel« das antike mehrstufige Weltbild wieder aktiviert. Andererseits sollten wir beachten, dass die Vater-Anrede ganz eng mit der Wendung »im Himmel« verbunden ist: *Der* Vater, der hier angeredet wird, ist der Vater für alle, heißt das. Er kann auch denen Vater sein, die mit ihren irdischen Vätern Schwierigkeiten haben. Die Lukas-Version ist allen Problemen – und Chancen – aus dem Weg gegangen und hat den Zusatz »im Himmel« nicht. Beide Anredeformen können im Gottesdienst benutzt werden.

»*Geheiligt werde dein Name*«: Heute wird *Gott* überwiegend selbst als *Name* Gottes verstanden. In der ersten Bitte geht es darum, dass wir Gott bei uns wirklich Gott sein lassen und an ihn als die Seele des Lebens und aller Geschöpfe glauben: Er ist der Eine und Einzige. Und er ist auch von

---

31. Eine besonders schöne Auslegung das Vaterunsers bietet E. Biser (2003). Der maskuline Begriff »Gottessohnschaft« soll hier die Provokation ausdrücken, die es bedeutete, dass Jesus die messianische Würde auf die Menschen in seiner Nachfolge übertragen hat. Der Begriff »Gotteskindschaft« ist uns geläufiger, lässt aber diese Provokation nicht mehr erkennen.

den anderen Religionen auf der Erde wahrgenommen worden, die zu anderen Kulturen gehören und uns immer noch weitgehend fremd sind.

»*Dein Reich komme*«: Die zweite Bitte hofft, dass Gott unseren Sinn öffnet für die Kraft der Liebe, mit der Jesus die Welt der Angst überwunden hat[32]. An Reichen ist uns nichts mehr gelegen, und auch nicht daran, Gott als Weltherrscher in einem Gottesstaat zu etablieren. Die zweite Bitte hofft vielmehr darauf, dass Gott sich selbst als Geist[33] und Liebe[34] durchsetzt und uns die Angst austreibt[35], durch die wir unseren Lebensmut verlieren.

»*Dein Wille geschehe, wie im Himmel, so auf Erden*«: Die dritte Bitte möchte wieder *verbunden* haben, was sich im Laufe der Kirchengeschichte – trotz der Inkarnation! – so unendlich weit voneinander entfernt hat: »*Himmel und Erde*«, also: *Gott und Menschen*. Sie bittet darum, dass Gottes Geist uns endlich ernst nehmen lässt, dass Gott und Menschen und alle anderen Geschöpfe in *einer* Wirklichkeit leben, und dass zu ihr auch die Andersgläubigen gehören.

»*Unser tägliches Brot gibt uns heute*«: Die vierte Bitte bittet um das *Brot des Lebens*. Sie bittet um Nahrung in vielerlei leiblicher und seelischer Gestalt, um spürbare Erfahrungen von Geistesgegenwart und Liebe in unserem Leben.

»*Und vergib uns unsere Schuld, wie auch wir vergeben (haben) unsern Schuldigern*«: Die fünfte Bitte ist die Mitte des Gebets. Sie bittet Gott um die Lebensgabe der *Vergebung*: dass Gott uns freilässt aus der Gefangenschaft, in der uns festhält, was wir Gott und Menschen an Liebe schuldig geblieben sind. Wir bitten aber auch um Gottes Vergebung für diejenigen, die an *uns* schuldig geworden sind, und geben sie von uns aus frei. Mit dieser Bitte lassen wir uns hineinnehmen in Gottes Friedensdienst in der Welt.

»*Und führe uns nicht in Versuchung, …*«: In der sechsten Bitte überlassen wir uns Gott auch für alle Stunden, in denen wir nichts von seiner Gegenwart und Liebe spüren und *versucht* sind zu glauben, diese Welt sei rettungslos ausgeliefert an lebensfeindliche Mächte. Wir bitten darum,

---

32. Johannesevangelium 16,33: »In der Welt habt ihr Angst. Aber seid getrost, ich habe die Welt überwunden.«
33. »Gott ist Geist«, Johannesevangelium 4,24.
34. 1. Johannesbrief 4,16: »Gott ist Liebe, und wer in der Liebe bleibt, der bleibt in Gott und Gott in ihm.«
35. 1. Johannesbrief 4,18: »Furcht ist nicht in der Liebe. Die vollkommene Liebe treibt die Furcht aus.«

dass Gottes Geist und liebevolle Menschen an uns festhalten, auch wenn uns scheinbar alle guten Geister verlassen haben.

»... sondern erlöse uns von dem Bösen«: In der letzten Bitte bitten wir um die *Erlösung von dem Bösen,* von allem also, was in uns und um uns dagegen streitet, dass Gott Liebe ist. Wir bitten Gottes Geist um die Gewissheit, dass wir uns auf Jesu Verkündigung verlassen können.

»Denn dein ist das Reich und die Kraft und die Herrlichkeit in Ewigkeit. Amen«: Ohne Doxologie, ohne Lobpreis Gottes, soll kein Gebet zu Ende gehen. Denn was wir von Gott erbitten, ist und hat er in sich. Jede Bitte ist Dank dafür, dass Gott selbst die grenzenlose Fülle der Lebensgaben ist.

5. Die frühchristliche Mahlpraxis schloss an die Mahlfeiern Jesu und seiner Jünger an

In den meisten Arbeiten zur Liturgiegeschichte wird die Meinung vertreten, dass der Grundbestand der frühkirchlichen Eucharistie-Feiern auf das jüdische Gast- oder Festmahl zurückgeführt werden kann. Allerdings sind sich keinesfalls alle Exegeten sicher, dass das letzte Mahl Jesu ein *Pessach*mahl gewesen ist. Die christliche Liturgie aber geht davon aus, weil das letzte Mahl in die Leidensgeschichte Jesu eingearbeitet worden ist.

Die jüdische Pessachmahlfeier ist eine mit einem Mahl verbundene Danksagung für die Lebensgaben, die Gott als Schöpfer und als derjenige gibt, der die Heilsgeschichte mit Israel beim Auszug aus Ägypten begonnen hat und in Jerusalem bzw. am Zion zum Ziel führen wird. Da das Pessachfest in seinem altertümlichen Grundbestand mit einem Blutritus zu tun hatte, ist es später an den Tempel gebunden (5. Buch Mose 16,1-7) und zu einem Wallfahrtsfest geworden. Am Nachmittag des 14. Nisan wurden die Pessach- bzw. (griechisch) Passalämmer im Vorhof des Tempels geschlachtet, dann zubereitet und nach Sonnenuntergang in den Familien oder anderen Festgemeinschaften als Hauptgang des Festmahls verzehrt.

Das jüdische Fest- oder Gastmahl wird ganz von der *lobpreisenden Danksagung* bestimmt. Die Festgemeinschaft dankt Gott, nach dem Festkalender geordnet, für Taten, die er in der Heilsgeschichte für Israel getan hat. Das Gedenken der Heilstaten ist nicht einfache Erinnerung, sondern eine Vergegenwärtigung: Die Feiernden feiern Pessach deshalb so, als seien sie selbst aus Ägypten ausgezogen.

Neue Arbeiten zur frühchristlichen Mahlfeier (M. Klinghardt; P. Wick) betonen zu Recht den Einfluss, den hellenistische Symposien und Vereinsmähler auf die Mahlfeier ausgeübt haben. Mehr als unwahrscheinlich ist aber, dass solcher Einfluss die jüdischen Wurzeln völlig verdrängt haben sollte.

Mit der Zuordnung des letzten Mahles Jesu zum jüdischen Gast- bzw. Festmahl ist natürlich nicht schon entschieden, ob und wieweit sich Jesus als »Festvorstand« an das Ritual gehalten oder es verändert hat. Trotzdem ist es nötig, dass wir uns die einzelnen Stationen dieser jüdischen Mahlfeier vor Augen führen. Nur weil die Evangelien vom letzten Mahl Jesu als einem Pessachmahl reden – und nicht, weil ich davon überzeugt wäre, dass es so war –, wähle ich für die Darstellung des jüdischen Gastmahls auch eine für das Pessachfestmahl gebräuchliche Form[36].

Jüdisches Festmahl in den Häusern – hier aus Anlaß des Pessachfestes

Vorbereitung:
Bereiten der Speisen, Decken des Tisches, Lobspruch (Berakah) über das Sabbatlicht: Die Mahlfeier beginnt nach Sonnenuntergang.

A. Vorbereitung der Mahlzeit
Berakah des Festvorstehers über dem ersten (gemeinsamen) Becher Wein (Kiddusch-Becher) für den Festtag und den Wein.
Die Teilnehmer trinken den ersten Becher.
Bereiten der Vorspeise aus Grünkräutern, Bitterkräutern und Fruchtmustunke.
Das Brot wird gebrochen.
Über dem Brechen des Brotes wird die – aramäische – Einladung zum Mahl gesprochen, die die Mahlgemeinschaft konstituiert und die Feier mithilfe von »Deuteworten« in den Bogen der Heilsgeschichte zwischen Vergangenheit und Zukunft stellt:
Dies ist das Brot der Armut, das unsere Väter im Lande Ägypten aßen. Jeder, der hungrig ist, komme und esse mit uns, jeder, der bedürftig ist, komme und feiere Pessach mit uns. Dieses Jahr hier, nächstes Jahr im Land Israel, dieses Jahr als Knechte, im nächsten Jahr als freie Menschen.
Das Mahl wird aufgetragen, aber noch nicht gegessen, der zweite Becher (Haggada-Becher) wird gemischt und vorgesetzt, aber noch nicht getrunken.

---

36. Ich folge den Ausführungen von J. Jeremias (1960), S. 79 f., und K.-H. Bieritz (2004), S. 285-287. Zu jedem Teil der Vorspeise und der Hauptmahlzeit gehören Lobsprüche, Berakoth, die im folgenden Aufriss nicht alle verzeichnet sind. Ein Überblick über die Geschichte des jüdischen Gottesdienstes zeigt mir, dass jeder Versuch, das Gastmahl in der zur Zeit Jesu üblichen Form *genau* zu rekonstruieren, kaum gelingen kann. Die hier genannte Abfolge geht schon von einer späteren Zeit und einer Feier aus, die außerhalb Jerusalems / Israels üblich wurde.

B. Pessachliturgie

Der jüngste Teilnehmer am Mahl fragt: »Warum ist diese Nacht anders als alle anderen Nächte?« Der Vorsteher antwortet mit der Pessach-Haggada, der Festlegende vom Auszug aus Ägypten (nach 5. Buch Mose 26,5-11), und lädt ein, dessen zu gedenken und Dank zu sagen:

In jeder Generation soll sich jeder so ansehen, als wäre er selbst aus Ägypten ausgezogen ... Nicht unsere Väter allein erlöste der Heilige, gepriesen sei Er, sondern mit ihnen auch uns, wie es heißt: Uns hat er von dort hinweggeführt, um uns hierher zu bringen und uns das Land zu geben, welches er unseren Vätern zugeschworen hat.

Danach singen alle den ersten Teil des Lobgesangs (Hallel, Psalm 113 bzw. 113-114 auf Hebräisch) und trinken den zweiten (Haggada-)Becher.

C. Hauptmahl

Der Festvorsteher spricht die Berakah über dem ungesäuerten Brot (Mazza) und gibt jedem davon. Hinzu kommen Bitterkräuter (2. Buch Mose 12,8) und Fruchtmus.

Das Hauptmahl bestand ursprünglich aus dem Passalamm, den Mazzen, Bitterkräutern, dem Fruchtmus und Wein. Heute wird das Lamm durch den *Afikoman* (ein zu Beginn der Mahlfeier ›verstecktes‹ Stück Mazza) ersetzt.

Nach dem Hauptmahl wird der dritte Becher (Segensbecher) gefüllt und der Nachtischsegen (birkat hammazzon) darüber gesprochen.

D. Abschluss

Danach wird der zweite Teil des Hallel rezitiert und – nach der Berakah – der vierte Becher (der Hallel-Becher) getrunken (den es zur Zeit Jesu vielleicht noch nicht gab).

Die Mahlfeier endet mit Gesängen und dem Gruß, der in die Zukunft weist: »Nächstes Jahr in Jerusalem!«

Es schließt sich ein Beisammensein beim Wein an.

Der Ablauf der Mahlfeier zeigt, dass sowohl die Gott dankenden Lobsprüche (Berakoth) als auch die »Deuteworte« zu Wein, Brot und Kräutern Gelegenheit geben, eigene Formulierungen und Gedanken des Festvorstandes in das Mahlgeschehen mit einzubeziehen. Nur die eigentliche Festerzählung (Haggada) des jeweiligen Festtages war und ist ritualisiert.

Die Verfeindung zwischen Juden und (Juden-)Christen hat eine eigenständige christliche Festpraxis nötig gemacht

Das Christentum ist von Anfang an »nicht nur als ›Erinnerungs- und Erzählgemeinschaft‹, sondern auch (schon) als (eigenständige) Mahl- und Tischgemeinschaft in die Geschichte« eingetreten[37]. Die Rede von der Mahl- und Tischgemeinschaft der Christen schließt aus, dass die zum Glauben an den auferstandenen Jesus Christus Gekommenen weiterhin Mitglieder der jüdischen Kultusgemeinde im Tempel und in den Synagogen am jeweiligen Ort gewesen sind. Die Feindschaft zwischen Juden und Judenchristen muss wohl sehr bald sehr tief gewesen sein. Der gewandelte Paulus hat offen davon gesprochen (Galaterbrief 1,13 f.), mit welcher Schärfe er die Christen anfangs verfolgt hatte (Apostelgeschichte 9,1 f.). Die vielen, inzwischen in neutestamentlichen Schriften aufgedeckten Äußerungen tiefgehender Feindschaft gegenüber den Juden sprechen dieselbe Sprache. Diese wechselseitige Feindschaft deutet nicht auf ein längeres schiedlich-friedliches Nebeneinander oder gar Miteinander von Juden und Judenchristen[38] hin. Denkbar ist das allenfalls für eine kurze Übergangszeit. Spätestens in dem Moment, in dem Christen beanspruchten, den Juden gegebene Verheißungen auf sich allein zu beziehen, betraf die Konkurrenz das Zentrum der Heilsverheißung und -gewissheit *beider* Gruppen. Beispielhaft dafür kann die christliche Rede vom *neuen Bund* sein, der durch Jesu Blut begründet worden sei. Denn was »neu« ist, macht das, was bisher war, »alt« und erhebt den Anspruch, es abzulösen. Es ging also um ein Entweder-Oder, ums Ganze, und ein Kompromiss war ausgeschlossen[39]. Trotzdem hat die kulturelle und religiöse Vorprä-

---

37. K.-H. Bieritz (2004), S. 292. Die Wörter in den Klammern sind Ergänzungen von mir.

38. Szenen wie die Lukas 12,8-12 berichtete spiegeln meiner Ansicht nach schon die Situation der Christen, die mit den jüdischen Autoritäten auch im kultischen Bereich in heftige Konflikte geraten waren.

39. Paulus hat sich allerdings im Römerbrief (9-11) um einen theologischen Kompromiss bemüht.

gung der Judenchristen dafür gesorgt, dass sich das Neue auf liturgischer Ebene mit dem Alten verbunden hat.

Das »Brotbrechen« als Begriff für die Mahlfeier spricht von einer Mahlfeier, die nichts mit der späteren »Abendmahlstradition« zu tun hatte

Wenn wir nach Verbindungen suchen zwischen der jüdischen Mahlpraxis Jesu und einer frühen christlichen Mahlfeier, dürfen wir nicht schon bei den neutestamentlichen »Einsetzungsberichten« vom letzten Mahl Jesu ansetzen, wie sie Paulus und die ersten drei Evangelien kennen. Denn schon bevor das Abendmahl als Opfermahl gefeiert worden ist, hat es christliche Mahlfeiern gegeben. Das belegen einige Spuren, die beachtet sein wollen, weil sie nicht in jene Richtung weisen wie die Abendmahlsüberlieferung, die Paulus in seinem 1. Brief an die Korinther angesprochen hat: »Denn ich habe vom Herrn her empfangen, was ich euch auch überliefert habe« (11,23)[40]. Zwischen dem Herrn (Jesus), der zur weitgehend unerreichbaren Ursprungsszene gehört, und seinem Brief muss demnach noch eine weitere Instanz angenommen werden, die Paulus den »Einsetzungsbericht« vermittelt hatte. Mit ihr müssen auch die ersten drei Evangelien in Verbindung gestanden haben, wie die Auslegung zeigen wird[41].

Zu den Spuren, die von eigenen christlichen Kultfeiern zeugen, zählen Berichte davon, dass man sich am »Herrentag«[42] (Offenbarung des Johannes 1,10; Didaché 14,1) bzw. »dem ersten Tag der Woche« (Apostelgeschichte 20,7; vgl. 1. Korintherbrief 16,2) in den eigenen Häusern zu abendlichen Mahlfeiern (Lukas 24,29) versammelt hat. Lukas bezeichnet in der Apostelgeschichte diese Mahlfeiern als »Brotbrechen« (2,42.46; 20,7.[11]; vgl. Lukas 24,35). Damit wurde vermutlich an den Brotritus angeknüpft, der die jüdische Mahlfeier konstituierte. Ob bei dieser Mahlfeier ein, und wenn ja, welches, formelhafte Christusgedächtnis (»Anam-

---

40. Die Formulierung erinnert stark an den Überlieferungsvorgang, den Paulus im Blick auf die Glauben erweckende Predigt und ihre Herkunft aus dem Wort Christi beschrieben hat: »Also kommt der Glaube aus dem Hören der Predigt, das lebendige Wort der Predigt aber aus dem Wort Christi«. Es ist ein Hören-Sagen, was sich da vollzieht (Römerbrief 10,17).
41. S. u. S. 112 ff.
42. 1. Korintherbrief 11,20 ist vom »Herrenmahl« die Rede.

nese«) verwendet worden ist, ist unklar. Wichtig aber ist, dass der Begriff »Brotbrechen« für das Ganze der Mahlfeier stehen konnte.

Für besonders interessant halte ich Erzählungen, die von Mahlfeiern des Auferstandenen mit seinen ehemaligen Jüngern berichten. Sie weisen ja direkt in die Zeit der sich bildenden Urgemeinde, denn sie geben sich nicht mehr als Feiern aus, die der irdische Jesus mit den Seinen gehalten habe, um im Sinne einer Stiftungshandlung das kirchliche »Herrenmahl« zu begründen, wie es bei den so genannten »Einsetzungsberichten« der Fall ist. Folgt man der Erzählung des Lukasevangeliums von dem am Abend nach Sonnenuntergang (»der Tag hat sich geneigt«[43]) gefeierten Mahl in Emmaus (24,28-35), so kann man auch daraus schließen, dass »das Brotbrechen« der eindeutige Begriff sowohl für das mit Jesus als auch für das nach Ostern mit dem Auferstandenen gefeierte Mahl gewesen ist. Denn Jesus wird als Auferstandener von den Jüngern einzig daran erkannt, dass er bei diesem nachösterlichen Mahl tut, wie er vorher immer getan hatte: »Und es begab sich, als er mit ihnen zu Tische saß, nahm er das Brot, sprach das Dankgebet darüber, brach es und gab es ihnen. Da wurden ihnen die Augen aufgetan, und sie erkannten ihn ...«. Später erzählen sie anderen, »wie er beim Brechen des Brotes erkannt worden war.« (24,30.35)

Er ist also daran erkannt worden, dass er in ihrer gewohnten Runde wie selbstverständlich die ebenfalls gewohnte Rolle des Familienoberhauptes oder »Festvorstehers« ausgeübt hat, der durch das Brechen des Brotes die Gemeinschaft derer konstituiert, die an der Mahlfeier teilnehmen werden. Das heißt im Blick auf das Mahl nicht, dass es nur aus dem Brechen und Essen von Brot bestanden hätte. Es kann sehr wohl auch eine Vorspeise gegessen und Wein getrunken worden sein – wie es üblich war in mehreren Gängen. Entscheidend ist, dass der Auferstandene die Mahlgemeinschaft durch das Brotbrechen und -austeilen weiterhin *konstituiert* hat. Darum reichte der *eine* Begriff zur Kennzeichnung aus. Die spätere abendländische Praxis, bei der Eucharistie nur Brot zu geben *(communio sub una)*, kann aber von diesem Sprachgebrauch beeinflusst oder zumindest nachträglich begründet worden sein.

Umgekehrt ist aus dem Sprachgebrauch aber zu schließen, dass Kelchritus und Weingenuss bei den durch Lukas repräsentierten Christen offenbar nicht von einer das Mahl kennzeichnenden Bedeutung gewesen sind. Vielmehr war, nachdem die Mahlgemeinschaft durch das Brotbre-

---

43. Das jüdische Festmahl durfte auch erst nach Sonnenuntergang begonnen werden.

chen konstituiert worden war, das Entscheidende geschehen. Dieses Argument wird auch dadurch gestützt, dass in der Abendmahlsparadosis der Brotritus am Anfang des Herrenmahls steht – weil *er* die Mahlgemeinschaft der Essenden konstituiert.

Das bisher Behandelte heißt nun aber auch: Die ersten Christen sind nach Ostern davon ausgegangen, dass ihre Mahlgemeinschaft weiterhin durch den Auferstandenen konstituiert wurde, dass *er* eingeladen hat. Davon weiß auch das Johannesevangelium in einem Nachtrag eine schöne und zugleich für die johanneische Theologie typische Geschichte zu erzählen (21,9-15a). Nachdem der Auferstandene den Jüngern beim Fischfang – es handelt sich um eine Variante der Geschichte vom Fischzug des Petrus (Lukas 5,1-11) – durch eine eher unglaubliche Anweisung geholfen hatte (21,1-8), erweist sich der Auferstandene auch hier als der Hausvorstand: Er bereitet den Seinen das Mahl und bittet sie zu Tisch: »Als sie ans Ufer kommen, sehen sie ein Feuer am Boden und einen Fisch darauf braten, und Brot.« Er ordnet an, die gefangenen Fische dazuzutun, und lädt sie ein: »Kommt, haltet das Mahl! Keiner der Jünger aber wagte ihn auszuforschen ›Wer bist du?‹, weil sie wussten, dass es der Herr war. Jesus kommt und nimmt das Brot und gibt es ihnen, und ebenso den Fisch.« Die Einladung und das Brotbrechen, das er natürlich vor dem Austeilen vollzogen hatte, stehen voran und begründen auch hier die Mahlgemeinschaft. Dass hier noch Fische – und nicht etwa Wein – hinzukommen, ist nicht metaphorisch zu überfrachten, sondern dient nach meinem Verständnis gerade dazu, eine falsche Metaphorisierung des Brotes zu vermeiden. Das Brot sollte gerade nicht mit dem »Leib Christi« in Verbindung gebracht werden, wie es in der Opfermahlfeier bei den anderen Evangelisten und bei Paulus im 1. Korintherbrief schon Brauch geworden war. Das »Fleisch«, das hier gegessen wird, ist *Fischfleisch*[44]. Denn Johannes hatte sich für eine andere Art Mahlfeier entschieden, bei der nicht mehr das Essen die Hauptrolle spielte, sondern die in die Mahlfeier eingebettete *Fußwaschung*[45]. Als Tat der dienenden Liebe soll sie fortan die Gemeinschaft der Christen konstituieren.

44. Vgl. die schöne Darstellung der Szene von K.-H. Bieritz (2005), S. 285 f.
45. S. u. S. 98-101.

SOESTER BÜCHERSTUBE
ELLINGHAUS

Dritter Teil:
Wie Jesus in den ersten christlichen Liturgien wahrgenommen und erinnert wurde

1. Jesu ganzes Leben als Offenbarung der Liebe Gottes

In diesem Teil des Buches stelle ich dar, wie Jesus (Christus) in einigen uns überlieferten frühen liturgischen Texten *wahrgenommen* und vergegenwärtigend *erinnert* wurde. Dieser geschichtliche Rückblick ist nötig, weil damals die Weichen für die liturgische Entwicklung bis heute gestellt worden sind. Das *Wahrnehmen* bezieht sich auf die Auswahl der Jesus-Überlieferungen, die in den Liturgien überhaupt Beachtung fanden, und das *Erinnern* darauf, wie diese Überlieferungen theologisch reflektiert und rituell aufbereitet wurden. Dabei lassen sich zwei Linien deutlich voneinander unterscheiden. Die eine Linie wird von der nichtkanonischen Schrift Didaché und dem Johannesevangelium repräsentiert. Sie vergegenwärtigt Jesus von seinem ganzen Leben als einem Heilsgeschehen her, ohne das Sterben besonders zu betonen. Und sie übernimmt die eschatologische Perspektive aus der jüdischen Vorlage. Dieser Linie widmet sich das 1. Kapitel des dritten Teils.

Die andere Linie hat das liturgische Gedenken bereits ganz auf die Wahrnehmung und Deutung seines Sterbens konzentriert, endet aber ebenfalls mit einem Ausblick auf das Reich Gottes. Von den verwendeten Basisriten her ist die erste Tradition eine durch und durch unblutige und die zweite eine fest mit einem Blutritus verbundene Tradition. Der Unterschied macht sich natürlicherweise vor allem beim Ritus zum Becher Wein bemerkbar. Diese andere Linie werde ich im 2. Kapitel des dritten Teils behandeln.

1.1. Die Eucharistie-Feier der Didaché ist der Mahlpraxis Jesu von der Struktur her verwandt[1]

Wenn wir beachten, dass der Grundton des jüdischen Gast- oder Fest-mahls am Abend (genauer: am Vorabend des Sabbat oder eines Festtages) die lobpreisende Danksagung ist, steht ihr keine frühe christliche Liturgie so nahe wie diejenige, die im 9. und 10. Kapitel der Didaché, der »Zwölf-apostellehre«, mitgeteilt wird. Ich gehe auf sie ausführlich ein, weil sie in vielem die Vorgaben Jesu für eine christliche Liturgie aufgenommen hat. Diese Schrift ist um die Wende vom 1. zum 2. Jahrhundert vielleicht in Ägypten, vielleicht auch in Syrien geschrieben worden. In Ägypten war sie jedenfalls sehr früh verbreitet. Will man den Charakter dieser Schrift kennzeichnen, kann man in Anlehnung an einen in der Reformationszeit gebräuchlichen Literaturtyp von einer Kirchenordnung sprechen. Sie weist die Leser auf den »Weg des Lebens« (Kap. 1-4) – ein Begriff, der aus Ägypten stammt. Die Konturen dieses Weges werden geschärft, in-dem die Didaché einen »Weg des Todes« (Kap. 5) daneben stellt. Zum Weg des Lebens gehören Verhaltensweisen, die in vielem wie ein Referat dessen klingen, *was von Jesus in den Evangelien erzählt wird.* Es gibt aber auch detaillierte Anweisungen für die liturgische Praxis der Gemeinde. Da wird die Taufe geregelt (Kap. 7) und das Vaterunser (mit Doxologie am Schluss) als das zentrale Gebet genannt (8,2-3). In den Kapiteln 9 und 10 geht es dann um die »Eucharistie«. Hier wird in der christlichen Lite-ratur die erste, »Eucharistie« genannte Mahlfeier als zweiteilige Liturgie mitgeteilt.

Das griechische Verb *eucharistein* heißt »Dank sagen«. Wir haben hier also so etwas wie die Ur-Eucharistie vor uns[2]. Zugleich ist dieser Text aber »unverkennbar von jüdischem Mahlbrauch geprägt und ein un-

---

1. Vgl. zu diesem Abschnitt auch: *Notwendige Abschiede,* S. 301-303.
2. In der Fachliteratur wird darauf hingewiesen, dass in anderen liturgischen Texten (oder solchen, die darauf anspielen) das Sprechen des hebräischen Lob- und Dank-spruches (barak) mit dem griech. Verb *eulogein* wiedergegeben wird. So etwa bei Paulus im 1. Korintherbrief 10,16 (vgl. dazu W. Schrage [1995], S. 458 f.). In den Abendmahlsworten bei Matthäus und Markus werden *eucharistein* und *eulogein* unmittelbar nebeneinander verwendet. Also ist schon im Neuen Testament der Sprachgebrauch nicht eindeutig. K.-H. Bieritz [2004], S. 295, plädiert dafür, *eucha-ristein* nicht mit der jüdischen Berakah in Verbindung zu bringen, sondern mit der Todah, dem Dankopferlied und -gebet. Mir sieht es so aus, als wenn der Wechsel vom Aramäischen bzw. Hebräischen zum hellenistischen Griechisch auch für den wechselnden Sprachgebrauch im Griechischen verantwortlich gemacht werden kann.

schätzbares Beispiel für dessen christliche Überformung«.[3] Um in die deutsche Übersetzung mit hinein zu nehmen, was im jüdischen Lobpreis, der Berakah, anklang, übersetze ich das Verb *eucharistein* in den liturgischen Texten mit »Lob und Dank sagen«.

Mit Hans Bernhard Meyer und Karl-Heinrich Bieritz gehe ich davon aus, dass hinter den Texten in den Kapiteln 9 und 10 der Didaché eine Feier gestanden hat, die noch eine richtige Mahlzeit *einschloss*. Das geht auch aus Did 10,1 klar hervor. Die Argumente dafür, dass die *ganze* Feier eine festliche Mahlzeit und keine Eucharistie im kirchlich-liturgischen Sinne gewesen sei, überzeugen mich schon vom Denkansatz her nicht[4]. Denn dabei wird zurückgeschlossen von einer kirchlichen Form der Eucharistie, zu der auf jeden Fall ein Einsetzungsbericht nach dem Muster der bei Paulus (1. Korintherbrief 11,23-25[26]) mitgeteilten Abendmahlsüberlieferung gehört. Es wird also nicht damit gerechnet, dass es andere Entwicklungslinien gab. Im Unterschied dazu sehe ich in der hier überlieferten Feier das Dokument einer anderen *Art* von – judenchristlicher – Eucharistiefeier als derjenigen, die in die Messe geführt hat. Die »Eucharistie«-Feier beginnt mit dem lobpreisenden Dank über Kelch[5] (zuerst!) und Brot und folgt damit dem Aufriss des Kiddusch-Ritus am Anfang des jüdischen Gastmahls[6].

Kelch- und Brotsegen und die Bitte um die Sammlung der Kirche in das Reich Gottes nennen in knappen Formulierungen die Heilsgüter, für die gedankt bzw. um die gebeten wird. Das Kelchwort steht voran. Damit wird daran angeknüpft, dass beim jüdischen Gastmahl vor dem Brotbrechen und Brotsegen der erste Wein- und Festtagssegen (Kiddusch) gesprochen wird. Die Doxologien, die sich jeweils anschließen, sind vermutlich von der Gemeinde als Antwort gesprochen worden. Der Schluss-

---

3. H. B. Meyer (1989), S. 93.
4. Vgl. dazu K. Niederwimmer (1989), S. 178-180.
5. Gelegentlich wird heute der *Becher* bzw. *Kelch* strikt vom *Wein* unterschieden. Mit der Rede vom Kelch sollen Gemeinschaft und Einheit beim Mahl betont werden (so M. Klinghardt [2000], S. 65). Das leuchtet ein. Und trotzdem wird der »Becher« bzw. »Kelch« als das Gefäß, *in* dem Wein gereicht und *aus* dem Wein getrunken wird, auch als Begriff für seinen Inhalt verwendet – wie heute. Das bestätigen die Abendmahlsworte selbst, indem sie da, wo vom *Nehmen* die Rede ist, vom »Kelch« sprechen (man kann den Wein ja nur so *nehmen*), und da, wo es ums *Trinken* und Vergießen geht, vom »Blut« reden (anders Paulus: V. 26). Ich werde vorwiegend von »Becher Wein« oder »Kelch Wein« sprechen.
6. Der Didaché-Text folgt, abgesehen von der Wiedergabe von *eucharistein*, der Übersetzung von K. Niederwimmer (1989), S. 180 f.

(9.1) Was die Eucharistie betrifft, so sagt folgendermaßen Lob und
Dank:

(9.2) Zuerst in Bezug auf den Kelch:
Wir sagen dir Lob und Dank, unser Vater,
für den heiligen Weinstock Davids, deines Knechtes,
den du uns offenbart hast durch Jesus, deinen Knecht.
Dir gehört die Herrlichkeit in Ewigkeit. [Amen]

(9.3) In Bezug auf das (gebrochene) Brot aber (sagt folgendermaßen
Lob und Dank):
Wir sagen dir Lob und Dank, unser Vater,
für das Leben (und die Erkenntnis),
das du uns offenbart hast durch Jesus, deinen Knecht.
Dir gehört die Herrlichkeit in Ewigkeit.

(9.4) Wie dies (Korn) zerstreut war auf den Bergen
und zusammengebracht ein Brot geworden ist,
so soll deine Kirche zusammengebracht werden
von den Enden der Erde in dein Reich!
Denn dir gehören die Herrlichkeit und die Kraft in Ewigkeit. [Amen]

(9.5) Keiner aber esse oder trinke von eurer Eucharistie, außer den
auf den Namen des Herrn Getauften; denn auch in Bezug darauf
hat der Herr gesagt: ›Gebt nicht das Heilige den Hunden‹.

spruch grenzt in scharfen Worten, die wir auch aus der Johannesoffenbarung kennen (22,13-15), nach außen ab.

Im Zentrum geht es um den »Weinstock Davids« und das Brot des
Lebens. Der Kelchsegen spricht mit dem Begriff »Weinstock Davids« das
dem David verheißene und nun den Christen durch Jesus, den Knecht
Gottes, geschenkte messianische Heil an. Elementarer betrachtet, ist der
Weinstock das Lebenssymbol schlechthin. Der johanneische Jesus be-
nutzt den Weinstock als Bild, um die Leben sichernde Abhängigkeit der
Gläubigen von Jesus auszusprechen: »Ich bin der Weinstock, ihr seid die
Reben. Wer in mir bleibt und ich in ihm, der trägt viel Frucht. Denn ohne
mich könnt ihr nichts tun.« (Johannes 15,5) Ob jemand in Jesus bleibt,
entscheidet sich daran, ob er seine neuen Gebote hält und in seiner Liebe

bleibt (15,10). Ziel der Gemeinschaft mit Jesus ist, »dass meine Freude in euch sei und eure Freude vollkommen werde.« (15,11) Weinstock und Wein sind also Symbol für alle Lebens- und Heilsgaben. Mit der Erwähnung Davids greift der Kelchsegen die eschatologische Bitte des jüdischen Nachtischgebets (s. u. im zweiten Teil) gleich am Anfang der Eucharistie auf; sie ist durch Jesus erfüllt worden. Die doppelte Verwendung des Begriffes »Knecht« parallelisiert David und Jesus.

Der *Brotsegen* preist die Gabe des Lebens und der Erkenntnis, die Jesus *offenbart* hat. Auch hier lässt sich im Hintergrund die bei Johannes in der Brotrede verwendete christologische Bezeichnung Jesu als »das Brot des Lebens« (6,35.48) ausmachen. Mit Erkenntnis hat dieses Brot zu tun, weil der Bezeichnete, Jesus, ja in der johanneischen Theologie der Logos, das Wort Gottes, ist.

Der Brotspruch wird in knappster Form mit der eschatologischen Dimension des Eucharistiegebetes verbunden: In schöner Metaphorik wird das Werden des Brotes aus den einzelnen Getreidekörnern übertragen auf das Werden und Wachsen der Kirche »von den Enden der Erde in dein Reich«. Bild und gemeinte Heilsgabe haben in diesem Gebet eine gegenständliche und eine metaphorische Seite. Die eine öffnet den Weg zu der anderen, ist aber zugleich selbst als Schöpfungsgabe gemeint: Der Wein ist Wein und das Brot ist Brot, und doch weisen beide über sich hinaus auf Jesus, den Offenbarer, und das ihnen durch ihn eröffnete Leben. Eine Transsubstantiation der »Elemente« ist damit aber gerade *nicht* verbunden, und auch keinerlei Beziehung der Eucharistie zu Jesu Sterben oder gar zu seinem Leib und Blut. Die Gemeinschaft mit Jesus kommt nicht erst durch das Essen zustande, sondern ist lebendig durch die Beziehung im Geist. Beim Essen wird die Gemeinschaft mit dem im Geist präsenten Jesus über die Lebensgaben Brot und Wein aber *lobpreisend bedankt*.

Nach der Eucharistie folgt das gemeinsame Essen. Und danach geht die Liturgie weiter, wie in Kapitel 10 mitgeteilt. Ich nehme an dieser Stelle die Anregung von Karl-Heinrich Bieritz[7] auf und drucke das Dankgebet nach der Mahlzeit parallel mit dem jüdischen Nachtischgebet, der *Birkat-ha-mazzon*, so dass die gemeinsamen Elemente und die neuen Inhalte des christlichen Gebets besser zu erkennen sind:

---

7. K.-H. Bieritz (2004), S. 298.

Didaché 10: Gebet nach dem Mahl	Jüdisches Gastmahl: Birkat-ha-mazzon
(10,1) Nach dem Sättigungsmahl aber sagt folgendermaßen Lob und Dank:	
(2) Wir sagen dir, heiliger Vater, Lob und Dank für deinen heiligen Namen, den du hast wohnen lassen in unseren Herzen, und für die Erkenntnis und den Glauben und die Unsterblichkeit, die du uns offenbart hast durch Jesus, deinen Knecht. Dir sei Ehre in Ewigkeit.	(2) Wir danken dir, o Herr, unser Gott, …
(3) Du, Herr, Allherrscher, hast alles geschaffen um deines Namens willen, Speise und Trank hast du den Menschen gegeben zum Genuss, damit sie dir danken;	(1) Gepriesen bist du, o Herr, unser Gott, König des Alls, der du die ganze Welt mit Güte, mit Gnade und mit Barmherzigkeit nährst. Gepriesen bist du, o Herr, der du alle ernährst.
uns aber hast du (außerdem) geistliche Speise und Trank und ewiges Leben geschenkt durch (Jesus) deinen Knecht.	(2 Fortsetzung) … dass du uns auserwählt hast, ein gutes und schönes Land zu besitzen, den Bund, die Tora, Leben und Nahrung.
(4) Für alles sagen wir dir Lob und Dank, weil du mächtig bist. Dir sei Ehre in Ewigkeit.	Für alle diese Dinge danken wir dir und preisen deinen Namen ewiglich. Gepriesen bist du, o Herr, für das Land und für die Nahrung.
(5) Gedenke, Herr, deiner Kirche, sie zu erretten von allem Bösen, und sie zu vollenden in deiner Liebe, und führe sie zusammen aus den vier Winden ... in dein Reich, das du ihr bereitet hast. Denn dein ist die Kraft und die Ehre in Ewigkeit.	(3) Übe Barmherzigkeit, o Herr, unser Gott, an deinem Volk Israel und an deiner Stadt Jerusalem, an deinem Tempel und deiner Wohnung auf Zion, deinem Ruheort, und an dem großen und hohen Heiligtum, über dem dein Name ausgerufen ist. Mögest du das Königreich Davids in unseren Tagen wieder aufrichten und Jerusalem bald erbauen.
(6) Es komme die Gnade und es vergehe die Welt! Hosanna dem Gott Davids!	Gepriesen bist du, o Herr, der du Jerusalem wieder erbauen wirst.
Wenn einer heilig ist, komme er. Wenn er es nicht ist, tue er Buße. Maranatha. Amen.	
(7) Den Propheten aber erlaubt, Lob und Dank zu sagen, wie viel sie wollen.	

Die rechte Spalte kennzeichnet mit den Zahlen (1) bis (3) keine Verse, sondern die ursprüngliche Reihenfolge der Gedanken im jüdischen Nachtischgebet *(birkath-ha-mazzon)*. Daraus wird ersichtlich, dass das jüdische Gebet mit einer *Berakah* beginnt – die zur Gottes-Anrede (antwortend) hinzugehört. In der Didaché dominiert nun – wie ja auch die schon zum festen Terminus gewordene Bezeichnung »Eucharistie« sagt – der *lobpreisende Dank*.

Die zweite wesentliche Änderung betrifft eine inhaltliche Seite. Im jüdischen Gebet steht der Lobpreis des Schöpfers, Erbarmers und Ernährers (1) voran. Ihm folgen der Dank für die Erwählung und die damit verbundenen Heilsgüter Land, Bund, Tora, Leben und Nahrung (2) und die Bitte um Israels und Jerusalems Erneuerung und die Errichtung des messianischen Königreiches Davids (3). Der Dank wird in der Didaché anders positioniert. Er steht eingefügt zwischen lobpreisenden Aussagen, die das *besondere Gottesverhältnis* der Christen rühmen: Gott hat seinen Namen (also sich selbst) in den Herzen der Christen wohnen lassen (V. 2a), ihnen Erkenntnis, Glauben und Unsterblichkeit offenbart[8] (V. 2b), und über die leibliche Nahrung hinaus den Gläubigen »geistliche Speise und Trank und ewiges Leben geschenkt durch Jesus« (V. 3b).

Bei näherem Hinsehen gibt sich dieser Teil des Nachtischgebetes als eine Übernahme des jüdischen *Erwählungsgedankens* zu erkennen, auch wenn der Begriff der Erwählung in der Didaché nicht verwendet wird. Im Unterschied zu den Juden beziehen die Christen die Erwählung zwar von den verwendeten Begriffen her nicht auf Land, Bund, Tora, Leben und Nahrung, sondern auf die Einwohnung Gottes in den Herzen der Gläubigen[9], auf Erkenntnis, Glaube, Unsterblichkeit (V. 2) bzw. auf (die) *geistliche Speise und Trank* und ewiges Leben (V. 3b). Und doch ist die Übereinstimmung in der Sachebene größer, als auf den ersten Blick sichtbar. Mit der zuerst genannten Einwohnung des Namens Gottes in den Herzen der Christusgläubigen sind nämlich der Bundesgedanke, die Tora und das Stichwort Leben aus der jüdischen Vorlage *implizit* aufgenommen. Und zwar dann, wenn man im Hintergrund die große Verheißung des *neuen Bundes* beim Propheten Jeremia (31,31-34) sieht. Stellt man Didaché 10 und Jeremia 31 nebeneinander, fällt die Übereinstimmung der Themen an den Stellen auf, die ich in Didaché 10 kursiv gesetzt habe:

---

8. Das benutzte Verb heißt eigentlich: bekannt machen, zu erkennen geben, offenbaren.
9. K.-H. Bieritz denkt hierbei an die Taufe ([2004], S. 296).

Didaché 10,1-3	Jeremia 31, 31-34
(10,1) Nach dem Sättigungsmahl aber sagt folgendermaßen Lob und Dank:	(31) Siehe, es kommen Tage, spricht der Herr, da schließe ich mit dem Hause Juda einen neuen Bund. (32) Nicht einen Bund, wie ich ihn mit ihren Vätern schloss zu der Zeit, da ich sie bei der Hand nahm, sie aus dem Lande Ägypten herauszuführen; denn sie haben meinen Bund gebrochen; ich aber habe sie verworfen, spricht der Herr.
(2) Wir sagen dir, heiliger Vater, Lob und Dank für deinen *heiligen Namen*, *den du hast wohnen lassen in unseren Herzen,*	(33) Nein, das ist der Bund, den ich nach jenen Tagen mit dem Hause Israel schließen will, spricht der Herr: Ich werde mein Gesetz in ihr Inneres legen und es ihnen ins Herz schreiben. Ich werde ihr Gott sein und sie werden mein Volk sein.
und für die *Erkenntnis* und den Glauben	(34) Da wird keiner mehr den anderen, keiner seinen Bruder belehren und sprechen: »Erkennet den Herrn!«, sondern sie werden mich alle erkennen, klein und groß, spricht der Herr.
und die *Unsterblichkeit*, die du uns offenbart hast durch Jesus, deinen Knecht. Dir sei Ehre in Ewigkeit. (3) Du, Herr, Allherrscher, hast alles geschaffen um deines Namens willen, Speise und Trank hast du den Menschen gegeben zum Genuss, damit sie dir danken; uns aber hast du (außerdem) geistliche Speise und Trank und ewiges Leben geschenkt durch (Jesus) deinen Knecht.	Denn ich werde ihre Schuld verzeihen, und ihrer Sünden nimmermehr gedenken.

Zuerst wird im Nachtischgebet der Didaché Gott dafür Lob und Dank gesagt, dass er seinen heiligen Namen hat »wohnen lassen in unseren Herzen«. Die Parallelität zu Jeremia 31 ist unverkennbar, wenn man den Namen Gottes für Gott selbst nimmt und die Verheißung des neuen Bundes bei Jeremia ansieht: In der neuen, damals noch ausstehenden Heilszeit sollte Gottes Gesetz Israel *ins Herz geschrieben werden*. Dies würde die Basis eines neuen und nicht mehr – wie bei den Vätern – mit Blut begründeten Bundes zwischen Gott und seinem Volk sein (V. 33). Vielmehr sollte es durch die ins Herz der Menschen geschriebene Tora zu einer neuen und alle erreichenden Gotteserkenntnis kommen (V. 34).

Auch dieses Stichwort *Erkenntnis* nimmt die Didaché auf und verbindet es mit dem Stichwort *Glauben*. Am Ende von V. 34 wurde von Jeremia verheißen, Gott werde den Menschen in seinem Volk »ihre Schuld verzeihen und ihrer Sünden nicht mehr gedenken«. Diesen Gedanken übernimmt die Didaché, entwickelt ihn aber weiter auf ein Heilsgut hin, das sich nach jüdischer Vorstellung mit der Vergebung von Schuld und Sünde (die Begriffe werden parallel gebraucht!) verbunden hat: die *Unsterblichkeit* (V. 2) beziehungsweise *ewiges Leben* (V. 3). Denn die Sterblichkeit wurde – wie auch Paulus noch geglaubt hat (Römerbrief 6,23) – nach damals herrschender theologischer Auffassung als »der Sünde Sold«, und das heißt als Strafe Gottes für die sündige, ungehorsame Menschheit verstanden. Also konnte nur eine *umfassende Sündenvergebung* den Weg zur Unsterblichkeit wieder freimachen. Von der Sündenvergebung wusste die Gemeinde aus Jesu Verkündigung von Gottes unbedingter Liebe, und so gehört für die Didaché die Unsterblichkeit zu den durch Jesus gebrachten Heilsgaben, die im Eucharistiegebet von der Gemeinde lobpreisend bedankt werden. Außerdem verlangt Didaché 14 von den Christen, dass sie vor der Eucharistie – die hier auch als »Brotbrechen« bezeichnet wird – ihre Übertretungen bekennen und nur dann an der Eucharistie teilnehmen dürfen, wenn sie sich vorher untereinander versöhnt haben, sofern sie Streit miteinander hatten (V. 2). Sie schöpfen also aus der Vergebung Gottes und geben sie sich – außerkultisch – weiter.

Die Anknüpfung des judenchristlichen Eucharistiegebetes an die Verheißung des neuen Bundes bei Jeremia bedeutet aber zugleich auch die schärfste Unterscheidung, ja, Trennung von Israel: Den neuen Bund hat Gott nach der Auffassung der Judenchristen der Didaché ja nicht mehr mit Israel geschlossen, sondern mit der Kirche. Sie ist das neue Volk Gottes, alle Verheißungen gelten ihr. Und entsprechend bittet das Fürbittgebet in Didaché 10,5 für die Kirche und ihre Sammlung »aus den vier Winden ... in dein Reich«, und nicht mehr – wie das Nachtischgebet der Juden – für Israel, Jerusalem, Tempel und Zion und die Wiedererrichtung des Königreiches Davids[10]. Das Ziel der Hoffnung, das Kommen des Reiches Gottes und die Wiederkehr Jesu, hat – im Unterschied etwa zur Johannesoffenbarung (21,1-22,5) – keine solche Lokalisierung mehr nötig.

---

10. Die Davidsverheißungen bezieht die Didaché aber auch auf die Kirche: den »heiligen Weinstock Davids« hat Gott durch Jesus offenbart, sagt das Eucharistiegebet 9,2.

Dass das Eucharistie- und das Nachtischgebet der Didaché in eine große Liturgie hineingehören, daran ist aufgrund von parallelen Strukturen, Stilelementen und Begriffen, die als Heilsgüter erwähnt werden, nicht zu zweifeln[11]. Umstritten ist aber, ob die Eucharistie mit Wein und Brot *vor* dem Sättigungsmahl oder im Anschluss an die Gebete, den Schlussdialog und das mit einem apokalyptisch-bedrohlichen Ton gesprochene Maranatha[12] gefeiert worden ist[13]. Für beide Lösungen gibt es gute Argumente – nur dafür nicht, dass es für ein solches, eucharistisches Mahl neben 9,1-5 zusätzlicher »Einsetzungsworte« bedurft hätte. Denn es »ist – für das gesamte frühe Christentum in den ersten beiden Jahrhunderten – nicht erkennbar, daß der Einsetzungsbericht zitiert wurde.«[14]

Der Grund dafür, dass diese Projektion immer wieder vorgenommen worden ist und wird, liegt auf der Hand: Die Didaché präsentiert »unblutige« Eucharistietexte, die sich radikal von der von Paulus und den Synoptikern geläufigen Abendmahlsüberlieferung unterscheiden. Die Eucharistie der Didaché hat keinen Bezug zur Hinrichtung Jesu. Sie verbindet den Kelch nicht mit dem Blut und das Brot nicht mit dem Leib Christi, sondern hat einen eigenen Bezugsrahmen für das Mahl: Die Verheißung des *neuen* Bundes beim Propheten Jeremia, die sich in Jesu Leben erfüllt hat – und zwar nicht mehr durch Blutvergießen wie in der jüdischen Väterzeit.

Die Gemeinde, zu der die Didaché gehört, hat – so schließe ich aus ihrem Anderssein – eine absolute Hemmung gehabt, sich der paulinischen Abendmahlstheologie und -praxis anzuschließen. Dabei mag der jüdische Horror vor dem Genuss von Blut, und sei er auch nur symbolisch gemeint, eine wichtige Rolle gespielt haben.

Die Didaché kann auch ohne Rekurs auf Jesu Sterben und Tod gewichtige Heilsgüter nennen, die ihm die Kirche als neues Gottesvolk verdankt. Doch sie bindet den Bundesschluss Gottes mit der Kirche nicht an den Tod Jesu, sondern an das, was er der Kirche »zu erkennen gegeben hat«, »offenbar gemacht hat« – mithin an seine Verkündigung in Wort und Leben. Mit ihm ist die Verheißung von einem wirklich *neuen* Bund Wirklichkeit geworden. Und der Blick der Gemeinde geht voraus auf das Reich Gottes bei der Wiederkehr des Herrn, auf die Errettung vom Bösen und

11. So auch K. Niederwimmer (1989), S. 195 f.
12. K. Niederwimmer stellt ([1989], S. 203 f.) Didaché 10,6 und 1. Korintherbrief 16,22 nebeneinander – das überzeugt.
13. K. Niederwimmer (1989), S. 201-205.
14. M. Klinghardt (2000), S. 64.

die Vollendung in (bzw. durch) Gottes Liebe (10,5). Dieses – absolut gebrauchte – Stichwort Liebe signalisiert wiederum eine große Nähe zur johanneischen Theologie (vgl. 1. Johannesbrief 4,16).

Die Gebete zur Eucharistie in der Didaché sind also in Kontinuität und zugleich Diskontinuität mit den jüdischen Gastmahlsgebeten verbunden. Sie bleiben nah an der Mahlpraxis Jesu, weil sie dem jüdischen Formular folgen. Sie sind offen und unverdeckt *Gebete der Kirche* und geben sich nicht als vom irdischen Jesus gestiftet aus. Trotz der Nähe zum Judentum, dem die Gemeinde in offen zutage liegender kultureller Kohärenz verbunden ist, ist eine unüberwindliche Trennung vom Judentum vollzogen. Denn nunmehr sind es das Kommen Jesu, seine Verkündigung in Wort und Tat und schließlich seine eschatologische Wiederkehr, die als Heilsgaben Gottes gefeiert werden; mit ihnen ist der neue Bund Wirklichkeit geworden, und durch Gottes Liebe wird er sich vollenden.

Dass »der (neue) Bund« in den Didaché-Gebeten trotzdem nicht als Stichwort erscheint, hängt für mich damit zusammen, dass er auch in der Verkündigung Jesu nicht vorkommt. Nur in den »Verba testamenti« taucht der Begriff im Zusammenhang mit Jesus auf, und nur in der Verbindung mit dem Blut des altisraelischen Bundesopfers[15]. Die Theologie der Didaché hat sich offenbar davor gehütet, den Sprachgebrauch derer zu übernehmen, die eine auf das Bundesblut gegründete Bundestheologie mit dem Sterben Jesu und dem Abendmahl verbunden haben. Dass die Didaché den Begriff *eucharistia* für das Abendmahl gewählt hat, kann deshalb durchaus als programmatische Aussage zugunsten einer nicht aufs Blutvergießen gründenden Mahlfeier verstanden werden.

Dagegen spricht nicht, dass in Kapitel 14 der Didaché dennoch dreimal im Zusammenhang mit dem Brotbrechen am Herrentag von einer *thysia* gesprochen wird. Dieses Wort wird allgemein mit »Opfer« übersetzt. Nach Niederwimmer[16] und anderen stammt dieses Kapitel vom

---

15. Außerhalb der Abendmahlstradition, die vom *Bundes*blut geprägt worden ist, findet sich das Stichwort »Bund« in den Evangelien nur noch Lukas 1,72 im Lobgesang des Zacharias in einer jüdisch geprägten Rückschau auf die Heilsgeschichte. Auf den Bund Gottes mit Israel beziehen sich Apostelgeschichte 3,25 und Römerbrief 11,27 (unter Zitierung von Jeremia 31,31-34), auf den neuen Bund mit der Kirche 2. Korintherbrief 3,6. Im Epheserbrief wird der neue Bund der Verheißung als im Blut Christi begründet genannt: 2,12 f. Alle Belege im Hebräerbrief – und das sind weitaus die meisten – behandeln das Thema des neuen, viel besseren Bundes durch Jesu Blut – im Verhältnis zum alten, mit Israel geschlossenen: 7,22; 8,6; 9,15; 12,24, und außerdem 8,7.8.9.13; 9,1.4.15.18; 13,20. In der Johannesoffenbarung gibt es eine Stelle, an der von der Bundeslade Israels die Rede ist: 11,19.
16. K. Niederwimmer (1989), S. 234-240. Es geht in Kap. 14 darum, die jüdisch-kulti-

Redaktor des Buches (»Didachist«). Für ihn seien die eucharistischen Gebete, um die es in diesem Kapitel nur mittelbar geht, das unblutige »Opfer« gewesen, das die Gemeinde Gott darbringt. Nimmt man die Erwägungen von Bieritz hinzu, dass es eine Verbindung von *eucharistein* zur jüdischen Todah, speziell dem Dankopferlied und -gebet, gegeben hat, dann schließt sich hier ein Kreis. »Opfer« meint dann summarisch die lobpreisenden Dankgebete[17]. In dieselbe Richtung kann deuten, dass *thyein* im Griechischen auch ganz allgemein die Festfeier bezeichnen kann[18].

Bei diesen Erwägungen kann mit berücksichtigt werden, dass, als die Didaché entstand, der Opferkult im Jerusalemer Tempel schon eine Generation lang beendet war. Vorausgesetzt, *thyein* ist so richtig verstanden, hätte der Didachist sich damit der unblutigen Opferform angeschlossen, wie es sie im westsemitischen und griechisch-römischen Bereich *neben* der blutigen gegeben hat. Denn dort gab es ein doppeltes Opfersystem: Vor dem Tempel, am Altar, wurden Tiere geschlachtet, *innerhalb* des Tempels wurden, vor dem Kultbild der Gottheit, *unblutige* Gaben *dargebracht:* Speisegaben für die Göttinnen und Götter. Im Laufe der Zeit ist man aber davon abgegangen, die Speisegaben als »Ernährung« der Gottheiten zu verstehen, und hat in ihnen *Gaben* gesehen, *die die Götter den Menschen geben.* Die *unblutige* Opfer-Handlung wurde dadurch im Kern ihres Wesens zu einer *lobpreisend-dankenden Gabendarbringung,* für die die traditionellen Begriffe des *blutigen* Opfers und Opferns eigentlich nicht mehr passten.

Die Eucharistiefeier der Didaché erweist sich vor allem dadurch auf der Linie, die die Vorgaben Jesu gewiesen haben, dass sie die Vergebung als außerkultische Angelegenheit der Christen untereinander ansieht. Sie positioniert das Vaterunser Jesu deutlich vor der Eucharistie, indem die Bereitschaft, sich gegenseitig zu vergeben, mit der Bitte um Gottes Vergebung parallelisiert wird (8,2). Dazu passt die Mahnung in Kapitel 14, nicht unversöhnt zur Eucharistie zu gehen. Und diese Mahnung gibt wiederum darüber Auskunft, dass die Teilnahme an der *Eucharistiefeier der Didaché nicht der Vergebung der Sünden diente.* Die Didaché ist also einen eigenen Weg gegangen und nicht den, der vom Hebräerbrief und der so genannten Abendmahlsparadosis, zumindest bei Matthäus, als jüdisches

sche Forderung, dass, wer opfert, »rein« sein muss, in der christlichen Eucharistie auch zu beachten. Erfüllt wird sie dadurch, dass keiner unversöhnt, also im Streit mit einem anderen, an der Eucharistiefeier teilnimmt.

17. So auch K. Niederwimmer (1989), S. 237, und M. Klinghardt (2000), S. 273.
18. W. Bauer (1988), Sp. 746. Vgl. zu *thysia* auch Paulus im Römerbrief 12,1 f.

Erbe festgehalten worden war: »dass es ohne Blutvergießen keine Vergebung gibt.« (Hebräerbrief 9,22) Alles, was die Menschen nach damaliger Vorstellung zum Heil brauchten, hatten die Christen der Didaché aus der »Offenbarung durch Jesus« bekommen: die Vollmacht zur Sündenvergebung, Einwohnung Gottes in ihren Herzen, die Erkenntnis des »Weges zum Leben«, den Glauben, die Bewahrung vor dem Bösen und die Unsterblichkeit. Dafür dankt und lobt ihre Eucharistie Gott. Und was noch unvollendet war, würde Gott in der Wiederkehr Jesu *durch seine Liebe* vollenden. So erweist sich diese Eucharistie auch dadurch als das Modell einer Abendmahlsfeier, zu dem wir – nach kritischer Würdigung der Liturgiegeschichte von den Vorgaben Jesu aus – zurückkehren sollten. Nach diesem Modell können die Lebensgaben Gottes lobpreisend gefeiert werden[19].

Ich vermute allerdings, dass das Fehlen des als (Bundes-)Opfer verstandenen Abendmahls einer der Gründe dafür gewesen ist, dass die Didaché nicht in den neutestamentlichen Kanon aufgenommen worden ist. Denn als es um den Kanon ging, war die Sühnopfertheologie des Paulus und anderer in der Kirche längst dominant geworden[20].

Nur ein Element in den Eucharistietexten der Didaché ist aus meiner Sicht theologisch hoch problematisch[21]: Die Übernahme bzw. Fortführung der *Erwählungsvorstellung*. Sie gehört zur Struktur des jüdischen Mahlgebetes, das als Vorlage diente. Entscheidend für ihre Übernahme aber ist, dass mit ihrer Hilfe innerhalb des jüdisch geprägten Hintergrundes der Gemeinde ausgedrückt werden konnte, dass die Gemeinde der Judenchristen wirklich Anspruch darauf erheben konnte, legitime Erbin des bei Jeremia verheißenen neuen Bundes zu sein. Das Eine hat das Andere mit sich gebracht. Das liturgische Formular der Eucharistie war in seiner Struktur zwar auch »nach Väterart« gestaltet, aber durch die Verbindung mit der Jesus-Überlieferung als neuer Heilsgeschichte auch kräf-

---

19. Auch eine Gabendarbringung, wie wir sie jetzt schon vom Erntedankfest her kennen, lässt sich damit verbinden.
20. R. Meßner (2001), S. 86, hat (am Beispiel der Taufe) die einleuchtende These vertreten, dass die Didaché der ländlichen Kultur Syriens verhaftet gewesen sei, während die paulinischen Texte eher zum urbanen mediterranen Milieu gehört haben. (Hinweis von K.-H. Bieritz: »Sieg des urbanen, mediterranen Christentums über die Peripherie!«) Es ist sicher richtig, dass Syrien einen eigenen Kulturkreis dargestellt hat, der sehr viel mehr mesopotamische Einflüsse bewahrt hat als die griechisch-hellenistischen Bereiche.
21. Ich verweise dazu auf das Kapitel II. 4 »Abschied von Erwählungs- und Verwerfungsvorstellungen« in *Notwendige Abschiede*, S. 188-216.

tig verändert worden. Doch Veränderung heißt in der Liturgiegeschichte immer: Ein Grundbestand bleibt erhalten und prägt seinerseits die Vorstellungen von demjenigen mit, dem sie nun buchstäblich dienen müssen. Im Falle der Didaché sehe ich diese Umprägung der Jesus-Geschichte dadurch gegeben, dass die Eucharistie – von der Sache her – die Erwählung der Christen zu den durch Jesus vermittelten Heilsgütern rechnet. Immerhin ist schon in dem Basistext Jeremia 31,32 auch von der *Verwerfung* der jüdischen Väter die Rede, die den ersten Bund gebrochen hatten. Weil wir die fatale Wirkungsgeschichte von Erwählungs- und Verwerfungsvorstellungen kennen, gehören *beide* in die Vergangenheit der Religionsgeschichte, nicht mehr in den Glauben der Gegenwart[22].

1.2. Das Johannesevangelium stiftet die Fußwaschung als Sakrament der dienenden Liebe und als zentrale Gedächtnisfeier des Beispiels Jesu

Im Johannesevangelium finden wir wie bei den anderen Evangelien eine Mahlfeier am Vorabend des Pessachfestes. Sie leitet die gegenüber den anderen Evangelien erheblich ausgeweiteten Passions- und Ostererzählungen als literarischen Zusammenhang ein (13,1-20,31). Zugleich ist das Mahl aber durch die Abschiedsreden (14-16) und das Abschiedsgebet (17) sehr weit von der eigentlichen Leidensgeschichte entfernt angeordnet, die in Kapitel 18 beginnt. Das Mahl steht deshalb bei Johannes eigentlich *vor* und nicht *in* der Leidensgeschichte. Es ist das Bindeglied zwischen den bisherigen Jesus-Erzählungen in den Kapiteln 1-12 und den Passions- und Ostererzählungen. Darauf weist die thematische Überschrift in V. 13,1 deutlich hin: »Vor dem Pessachfest aber, als Jesus wusste, dass seine Stunde gekommen sei, aus dieser Welt zum Vater zu gehen, erwies er den Seinen in der Welt, wie er sie (bisher) geliebt hatte, seine Liebe bis zum Ende.« Die Art, in der Jesus den Seinen seine Liebe jetzt erweist, ist die *Fußwaschung*, die er während des Mahles vollzieht (13,2-17). Denn die Fußwaschung deutet das, was seine Jünger bisher von Jesus erlebt haben, und zugleich das, was sie am letzten Tag seines irdischen Lebens von ihm noch erleben werden, als Erweis seiner Liebe, ja, seiner

22. Von ethnozentristischen Erwählungsvorstellungen sind allerdings Berufungen zu unterscheiden, mit denen Einzelpersonen beauftragt und – wie Jeremia – auch in schwere Nöte geführt worden sind.

dienenden Liebe. Denn in der Antike wurde die Fußwaschung vor allem als Dienst an Gästen, und zwar in der Regel von Sklaven und Sklavinnen, ausgeführt. Deshalb kleidet sich Jesus zur Waschung auch demonstrativ wie ein Sklave (13,4). Und er legt den Jüngern die Pflicht auf, einander denselben Dienst zu erweisen – mit der Begründung: »Ein Sklave ist nicht größer als sein Herr, noch ein Gesandter größer als der, der ihn gesandt hat« (13,16).

Ich verstehe nicht, wie man diese dienende Liebe ausschließlich oder auch nur in besonderer Weise auf den gewaltsamen Tod Jesu beziehen kann[23]. Dagegen sprechen die Bindegliedfunktion von Vers 13,1, die Platzierung vor der eigentlichen Leidensgeschichte und die Überschrift, die Johannes den Passions- und Ostererzählungen als Einheit – also mit den Abschiedsreden und -gebeten – gibt: Sie sind Jesu Weg heraus aus dieser Welt zum Vater; und das bedeutet: zum endgültigen Einssein mit Gott. Als Auferstandener tritt er an des bisherigen Vatergottes Stelle und sendet seine Jünger in die Welt: »Wie mich der Vater gesandt hat, so sende ich euch« (20,21). Und wie der heilige Geist bisher vom Vatergott auf den Sohn Gottes, Jesus, übergegangen war (1,32-34), so geht er nun vom Auferstandenen auf die Jünger über (20,22): Der Auferstandene *tauft* die Jünger, wie von Johannes dem Täufer angekündigt, *mit heiligem Geist* (1,35). Thomas spricht aus, was mit Jesus durch die Auferstehung, also durch die Vollendung des Weges zum Vater, geschehen ist: »Mein Herr und mein Gott« (20,28) – der Auferstandene ist der *neue Gott der Christen*.

Das Mahl aber findet eindeutig noch *in* der Welt statt. Es hat keine sachliche Verbindung zum »letzten Mahl« bei den Synoptikern und bei Paulus. Ein Brot- und ein Kelchwort, die in der frühkirchlichen Abendmahlsüberlieferung das Zentrum darstellen, gibt es bei Johannes nicht. Das Mahl liefert nur die Szene, um die Fußwaschung vollziehen und deuten zu können. Ja, es ist dazu da, um die Abendmahlspraxis im Gedächtnis der johanneischen Kirche mit der Fußwaschung zu »überschreiben«. Die Fußwaschung nämlich wird ausdrücklich das Beispiel, das *hypodigma*, genannt (13,15), das Jesus den Seinen als Schlüssel zu seinem Leben und zu seinem Weg zum Vater gibt. Deshalb ist es das »neue Gebot« Jesu

---

23. Ich sehe es als eine kirchliche Eisegese an, wenn K. Wengst die Fußwaschung ganz ausdrücklich mit der Kreuzigung Jesu verbindet. Ja, er geht noch weiter und schreibt, der im Gespräch mit den Jüngern verwendete Begriff »rein« lege es nahe, »insbesondere an den durch Jesu Tod bewirkten Aspekt der Sündenvergebung zu denken.« (2001, S. 95).

für die Jünger. Er hat den Jüngern die dienende Liebe vorgelebt, und die dienende Liebe wird nun zu dem »neuen Gebot«, in dem alle anderen, nun automatisch ›alten‹, Gebote aufgehoben und zugleich aufbewahrt sind: »Dass ihr einander lieben sollt, wie ich euch geliebt habe, damit auch ihr einander lieben sollt« (13,34).

Überall, wo Christen dienende Liebe praktizieren, werde der Welt offenbar sein, dass diese Menschen von Jesus gesandt sind: »Daran wird jedermann erkennen, dass ihr meine Jünger seid, wenn ihr Liebe untereinander habt.« (13,35) *Hypodigma* und *Paradigma* können im Griechischen synonym verwendet werden. Die Fußwaschung offenbart also einen Paradigmenwechsel im Blick auf das Verhältnis Gottes zu den Menschen: In Jesus dient Gott den Menschen und erwartet, dass sie diesen Dienst einander weitergeben. Das ist der Sinn seiner und nun auch der Christen Sendung. Mit anderen Worten: Im Gesandten ist Gott gegenwärtig als der, der dienend Liebe übt (vgl. 13,20).

Will man mit dem Begriff der *Reinheit* in unserem Kontext etwas anfangen, so sollte man die Szene als solche ernst nehmen. Und dann lässt sich sagen: Die dienende *Liebe* macht Menschen rein, und zwar außerhalb jedes kultischen Rituals. Denn »rein« heißt doch: würdig für Gott. Darum – so verstehe ich dieses Kapitel – wäre es widersinnig gewesen, das Rein-Werden an den Tod Jesu und an eine *damit* verbundene Vergebung der Sünden zu binden. Eine solche Verbindung hätte ja gerade unkenntlich gemacht, worum es in diesem Kapitel geht: die soziale, zwischenmenschliche Dimension, in der sich die Liebe Gottes und menschliche Liebe verbinden. Die Liebe Gottes setzt sich in der Liebe fort, die die vom Auferstandenen gesandten Menschen einander erweisen.

Das Johannesevangelium stimmt mit der Didaché darin überein, dass der Tod Jesu nicht als Opfer gedeutet wird und die Mahlfeier der Christen nicht den Sinn hat, seinen Tod als Bundesopfer zu vergegenwärtigen. Zu vergegenwärtigen ist das ganze *Leben* Jesu und die darin wirksame dienstbereite Liebe Gottes. Damit hat das Johannesevangelium auf seine Weise die Vorgaben Jesu aufgenommen[24].

---

24. Es soll aber nicht übersehen werden, dass auch das Lukasevangelium Wert darauf legt, den Sühnegedanken nicht zu stark werden zu lassen. Lukas hat ihn nur in den von ihm übernommenen Abendmahlstexten und auch innerhalb der Apostelgeschichte nur da, wo er von der Tradition abhängig ist (20,28). Für Lukas ist wichtiger, dass Jesus das Vorbild des leidenden Gerechten gewesen ist. »Heilsbedeutung hat nach Lukas Jesus selbst, sein Wirken als ganzes.« (G. Schneider [1977], S. 448 f.)

Anders als in der Didaché kommt für das Johannesevangelium aber nur ein Gottesdienst in Frage, »der die Leiblichkeit und den leiblichen Dienst betont«, ja, der »›an die Füße der Glaubensgeschwister‹ gebunden«[25] ist. Ganz offenbar hat die bei Johannes geschilderte Mahlszene, in deren Zentrum die Fußwaschung geschieht, diesem Kriterium entsprochen. Die johanneische Mahlfeier weist allerdings nicht auf das jüdische Festmahl (beim Pessach) zurück, sondern zeigt eher eine Nähe zu hellenistischen Vereinsmählern bzw. Symposien. Matthias Klinghardt hat diese Vereinsmähler inzwischen ganz allgemein mit dem »Ursprung des christlichen Mahls«[26] zusammengesehen, durch das Gemeinschaft und Einheit der Teilnehmenden – untereinander und mit Jesus Christus – konstituiert werden. Das christlich-religiöse Spezifikum habe darin gelegen, dass die christlichen Mahlfeiern »ein Gegenbild gegen die außerhalb der Gemeinde erfahrenen Standesunterschiede und die sonstigen sozialen Differenzierungen«[27] in der Gesellschaft geworden seien. Von daher sieht Klinghardt auch in der Fußwaschungsszene Johannes 13 »die ideale Gemeinschaft«[28] verkörpert[29].

25. P. Wick (2003), S. 333. Wenn Wick (ebd.) sagt, die johanneische Theologie habe ihren Gemeinden einen kultischen Gottesdienst überhaupt nicht mehr ermöglicht, kann das nur gelten, wenn man Kult mit Opferkult gleichsetzt. Für seine These, dass das Herrenmahl eine Art hellenistisches Symposion mit Mahlfeier sei, »keinesfalls aber ein Opfermahl oder eine Kultbegehung« (S. 202), beruft sich Wick auf M. Klinghardt.
26. M. Klinghardt (2000), S. 39ff.
27. M. Klinghardt (2000), S. 69. Der dort gezogene Schluss: »Das frühchristliche Mahl ist … vollständig als Bestandteil der umfassenden Symposienkultur der griechisch-römischen Antike zu verstehen«, kann allerdings aus dem Blick geraten lassen, dass die Wurzeln z. B. der Eucharistie in der Didaché woanders zu finden sind.
28. M. Klinghardt (2000), S. 62.
29. Klinghardt verbindet das hellenistische Vereinsmahl aber vor allem mit der Abendmahlsparadosis, indem er bei Paulus Gemeinschaft und Einheit durch dessen Gedanken ausgedrückt sieht, dass die Kirche der Leib Christi ist (1. Korintherbrief 12,27), und dass Kelch (mit Wein) und Brot beim Mahl die Gemeinschaft des Blutes und Leibes Christi sind (1. Korintherbrief 10,16). Meiner Meinung nach deutet er die Texte aber gegen Paulus, wenn er in dem »für euch« »weder den Sühnegedanken (»für euch geopfert«) noch die Kategorie der Stellvertretung (»an euerer Stelle«) impliziert« findet (a. a. O., S. 66). S. dagegen u. S. 109-115. 125-129.

Durch einen Nachtrag ist versucht worden, das Johannesevangelium der frühkirchlichen Abendmahlsüberlieferung anzupassen

In der exegetischen Forschung ist darüber diskutiert worden, ob das Johannesevangelium »antisakramental« sei[30]. Wie die Fußwaschung (und das Mahl in Kap. 21) zeigt, ist es nicht gegen jeden Ritus. Aber ganz sicher hat der Evangelist nicht gewollt, dass Sterben und Tod Jesu zentraler Inhalt einer sakramentalen Feier nach Art eines antiken (Opfer-)Festmahls würden[31] – oder das letzte Mahl Jesu ritueller Zugang zur Vergebung der Sünden wie im Matthäusevangelium. Es ging ihm darum, dass die soziale Dimension der dienenden Liebe nicht durch einen möglichen egoistischen Missbrauch des Sakraments verdrängt werden konnte.

Gegen diese Aussage scheinen aber wenige Verse im 6. Kapitel des Johannesevangeliums zu sprechen, die derart drastisch sakramental reden, als gelte es, die anderen Evangelien und Paulus, ja, selbst den Hebräerbrief noch an kirchlicher Rechtgläubigkeit zu übertreffen. Doch der Schein trügt. Denn die fraglichen Verse (6,51b-58) sind nach der Meinung vieler Exegeten nachträglich in die so genannte »Brotrede« eingetragen worden. Die Brotrede hat Jesus in einer Synagoge (!) gehalten und sich selbst, in Anspielung auf die vorausgegangene »Speisung der Fünftausend« (6,1-15) und das Mannawunder während der Wüstenwanderung Israels (2. Buch Mose 16,4.13-15), als das »Brot des Lebens« bezeichnet. Der Nachtrag stellt nun eine assoziative Verbindung zwischen Jesus als dem Brot des Lebens und dem frühkirchlichen Abendmahl her: »Das Brot aber, das ich geben werde, ist (zugleich) mein Fleisch …«. Diese Verbindung sprengt nun allerdings den Rahmen der Brotrede völlig und gibt sich dadurch als Nachtrag zu erkennen[32]. Denn plötzlich wird nicht mehr eigentlich vom Brot des Lebens geredet, sondern das Brot wird mit dem Leib, ja, Fleisch, Jesu gleichgesetzt. Vor allem wird nun auch von seinem *Blut* geredet – und zwar in ungeheurer Drastik: »Wenn ihr nicht das Fleisch des Sohnes des Menschen esst und sein Blut trinkt, habt ihr kein Leben in euch. … Wer mein Fleisch isst und mein Blut

---

30. Vgl. bei K. Wengst (2001), S. 87.
31. M. Klinghardts These, dass alle frühchristlichen Mahlgebete »in irgendeiner Weise den Tod Jesu thematisiert haben« müssen (a. a. O., S. 65), ist angesichts des Befundes in der Didaché und bei Johannes nicht zu halten.
32. Wenn man die genannten Verse 51b-58 (ab »Aber das Brot, das ich geben werde, ist zugleich mein Fleisch …« bis »… wird in Ewigkeit leben«) aus der Brotrede herausnimmt, ergibt sich wieder ein klarer Gedankenfluss.

trinkt, bleibt in mir und ich in ihm« (6,53.56). Die Reziprozität der Redeweise – »er in mir und ich in ihm« – ist in den johanneischen Schriften
häufig anzutreffen, etwa in der Bildrede vom Weinstock und den Reben:
»Ich bin der Weinstock, ihr seid die Reben. Wer in mir bleibt und ich in
ihm, der trägt viel Frucht« (Johannes 15,5). Dieser Stil ist für den Nachtrag kopiert worden. Deshalb verstehe ich den Nachtrag als literarische
Verbindung einer im johanneischen Schrifttum geläufigen reziproken
Redefigur mit der frühkirchlichen Abendmahlssprache. Dass er grob-
schlächtig gemacht worden ist, kann man auch daran erkennen, dass
hier – und noch dazu in einer Synagoge – unumwunden dazu aufgefordert wird, (Menschen-)Blut zu trinken. Die Vorstellung, Blut, ja, Menschenblut, zu trinken, war für einen Juden völlig abwegig, denn das
3. Buch Mose verbietet strikt jeglichen Blutgenuss als Greueltat vor Jahwe (17,10-14)[33]: »Ein jeder, der es zu sich nimmt, soll ausgerottet werden« (V. 10.14).

Aber auch sachlich ist der Nachtrag als solcher zu erkennen: Was er
verheißt – das ewige Leben –, haben bereits die vorangegangenen Verse
47 (»Wer glaubt, hat ewiges Leben«) und 51a (»Wenn jemand von diesem
Brot isst, wird er in Ewigkeit leben«) zugesagt. Schon dadurch wird klar,
dass ein solches Sakrament nach der Theologie des Johannesevangeliums
gar nichts gebracht hätte, was für diese Gemeinde erstrebenswert gewesen wäre. Die Verbindung zu Jesus und zum ewigen Leben haben die
Menschen durch den Glauben an *das* Wort, den Logos. Eines anderen
Brotes als des im Glauben und Hören angenommenen Lebensbrotes bedarf es nicht.

Der Sinn des Nachtrages liegt auf der Hand: Er sollte kaschieren, dass
Johannes die mit Opfervorstellungen verschmolzene Abendmahlstraditi-
on nicht in sein Evangelium aufgenommen hatte – genauso wenig wie die
Gleichnisse und das Vaterunser Jesu. Auf diese Weise sollte das in der
Frühzeit durchaus umstrittene Johannesevangelium als kanonisches
Evangelium doch noch als kirchlich akzeptabel erscheinen.

---

33. Auch bei Griechen und Römern gab es keine Mysterienmahlfeiern, bei denen Blut
– gar von Menschen! – getrunken worden wäre. Vgl. *Notwendige Abschiede*, S. 302 f.

Und was ist mit dem »Lamm Gottes« und mit dem einzigen Sohn, den Gott der Welt »gegeben hat«?

Matthias Grünewald hat im Isenheimer Altarbild die Verbindung des Wortes vom »Lamm Gottes, das der Welt Sünde hinwegnimmt« (Johannes 1,29), mit dem gekreuzigten Jesus künstlerisch verewigt. Der Hymnus »Christe, du Lamm Gottes, der du trägst die Sünd' der Welt, erbarm dich unser« tut im Zusammenhang der Abendmahlsliturgie dasselbe. Redet Johannes da etwa nicht vom Sühnetod Jesu? Ich behaupte: Nein, und verstehe die Stelle, die im Zusammenhang mit dem Abschnitt 1,29-34 gesehen werden muss, anders. Sie spricht im Singular von »*der* Sünde der *Welt*« und nicht von *den* Sünden der *Menschen*, wie es Sühnetheologie tut. *Die* Sünde der Welt ist ihre Gottferne und Geistferne. Und die ist durch das Kommen Jesu in die Welt, durch die Inkarnation des Logos Gottes, hinweggenommen worden, weil er nun *in* der Welt ist.

Johannes 3,16 spricht von Gottes Liebe und bezieht sich auf dasselbe, in Johannes 1 angesprochene Wunder der Menschwerdung des Logos: »Also hat Gott die Welt geliebt, dass er seinen einzigen Sohn gab, damit jeder, der an ihn glaubt, nicht verloren gehe, sondern ewiges Leben habe.« Auch hier hat kirchliche Auslegung beharrlich Eisegese betrieben und hineingelegt, Johannes rede mit dem »Geben« vom *Dahingegeben-Werden* Jesu im Opfertod am Kreuz. Aber im Griechischen steht nun wirklich nur »gab« und nicht »dahingab«. Gemeint ist hier wie 1,29 die Menschwerdung des Gottessohnes: ihn hat Gott der geliebten Welt *gegeben*, damit die Menschen durch den Glauben *an* Jesus ewiges Leben erlangen (3,15) – *durch den Glauben* an die Worte des Logos, des Wortes Gottes[34]. Also kann ich auch hier nichts von einer johanneischen Opfertheologie entdecken[35].

---

34. Es geht um das, was wir an Weihnachten feiern: die Inkarnation des Logos.
35. Von einer Opferung Jesu ist im Zusammenhang mit seinem gewaltsamen Tod nur an einer Stelle des Johannesevangeliums die Rede, die man nicht als theologisch geprägt bezeichnen kann: 11,50. S. dazu o. S. 30f.

2. Der Tod Jesu als Opfer und Heilsgabe

Neben der Eucharistiefeier der Didaché und der in eine Mahlfeier einge-
fügten Fußwaschung bei Johannes gibt es aber den Hauptstrang der liturgischen Entwicklung, der später in die Messfeier der Kirche mündet.
Was als »Abendmahlsparadosis« oder »-überlieferung« bezeichnet wird,
ist fest verbunden mit dem Verständnis des gewaltsamen Todes Jesu als
eines blutigen Opfers. Indem Jesu Tod in einem rituellen Mahl als Opfer
vergegenwärtigt wurde, das zugunsten der Kommunikanten geschehen
ist, hat sich das Abendmahl zu einer Opfermahlfeier entwickelt, wie es
sie in den antiken Religionen, die jüdische eingeschlossen, in unterschiedlichsten Gestalten gegeben hat. Denn Opfermahlfeier heißt: Man
feiert ein gemeinsames Mahl, dessen Speise aus einer Opferhandlung
stammt.

Die Frage, die mich in diesem Teil besonders beschäftigt, lautet: Wie ist
die Opfervorstellung in die Abendmahlsüberlieferung überhaupt hinein-
gekommen, wenn sie doch mit Jesu Verkündigung nichts zu tun hat? Um
die Frage besser behandeln zu können, müssen wir zuerst einmal die Ebenen betrachten, auf denen sich die liturgische Entwicklung vom – weitgehend unbekannten – letzten Mahl Jesu mit den Jüngern bis zur Opfermahlfeier vollzogen hat.

2.1. Ebenen, die sich mit der Frage nach der Entwicklung der Mahlfeier zur Opfermahlfeier verbinden

Die Legion gewordenen Forschungsarbeiten und biblischen Kommentare
zum Thema weisen vielfältige und sehr unterschiedliche Einflüsse auf die
Jetzt-Gestalt des »Herrenmahles« nach. Sie machen es schwer, in vielem
auch unmöglich, den Gang der Entwicklung von Jesu letztem Mahl –
wenn es denn überhaupt zu »fassen« ist – bis zur »Abendmahlsparadosis«
nachzuzeichnen. Wir können diese Opfermahlfeier weder einfach mit
einem jüdischen noch mit einem hellenistischen Ritual identifizieren.
Trotz dieser Schwierigkeiten kommen wir nicht daran vorbei, den Entwicklungsprozess wenigstens hypothetisch zu skizzieren. Wir können
uns ja nicht damit begnügen, *dass* es damals diese Entwicklung hin zu

einer Opfermahlfeier gegeben hat. Denn diese Opfermahlfeier bestimmt bis heute den Mahlteil der christlichen Gottesdienste in den großen Kirchen des Westens und des Ostens. Außerdem hat dieser Typ Mahlfeier andere, unblutig begründete, Mahltypen verdrängt. Darum müssen wir versuchen, jenen Entwicklungsprozess einschließlich der darin wirksamen Motive zu verstehen. Erst danach können wir Schlüsse für unsere eigene liturgische Praxis ziehen.

Fest steht für mich, dass der Weg von der jüdischen Mahlfeier zur christlichen Opfermahlfeier Hand in Hand gegangen ist mit der Suche nach einem positiven Sinn der Kreuzes-Katastrophe. Nach der Trennung vom jüdischen Kult musste das Jesus-Gedenken in eine eigene Kultpraxis integriert werden, wobei der gewaltsame Tod Jesu nicht umgangen werden konnte. Anders als die Erfahrungen mit dem Auferstandenen waren die Erfahrungen mit der Hinrichtung Jesu, was ihren Sinn angeht, aus sich selbst heraus nicht evident. Und zwar deshalb nicht, weil es Leidenserfahrungen waren; an ihnen war weder etwas zu beschönigen noch abzulesen, ob überhaupt und – wenn ja – was Gott damit zu tun hatte. Um Jesu Tod in jüdischem Kontext glaubwürdig als Zentrum einer neuen Heilsgeschichte bezeugen zu können, mussten Deutungsmuster zu Hilfe genommen werden, die den Zeitgenossen bekannt waren und Autorität beanspruchen konnten, weil sie der jüdischen Schrift[36] oder dem bisherigen Kultus entnommen wurden. Der große Deutungsaufwand lässt sich daran ablesen, dass die Leidensgeschichte Jesu mit den sie beschließenden Auferstehungserzählungen der Dreh- und Angelpunkt einer neuen judenchristlichen Theologie in hellenistischer Kultur geworden ist. Und entsprechend vielfältig sind die dabei benutzten Deutungsmuster ausgefallen[37].

Wie sich immer klarer zeigt, hat der als Opfermahlfeier verstandene

---

36. Ein wichtiges Beispiel dafür gibt Paulus im 1. Korintherbrief (15,3), wo er die Aussage, »dass Christus für unsere Sünden gestorben ist« mit der Formel begründet und legitimiert »nach den Schriften«. Zu denken ist dabei an Jesaja 53,3-12.

37. Das gilt sowohl für den Aramäisch sprechenden als auch für den hellenistischen Bereich des Judenchristentums: vgl. dazu F. Hahn (2002), S. 152 f. 169 f. Die Deutungsmuster sagen unter anderem, Jesus habe von Gott aus für unsere Sünden leiden müssen, sei also einen stellvertretenden Sühnetod gestorben wie der Gottesknecht bei Jesaja; sein Tod sei das alle anderen Opfer überbietende Opfer; sein Blut habe einen neuen Bund begründet; sein Leiden und Sterben sei ein Lösegeld, um uns aus den Folgen unserer Sünden zu befreien; er sei einen Märtyrertod gestorben wie die religionskritischen Propheten vor ihm; sein Tod sei der Grund dafür, dass Gott die Welt mit sich selbst versöhnt habe; sein Tod sei Geschenk Gottes an die Welt – und so weiter. Die Motive werden auch gerne miteinander verbunden.

und liturgisch gestaltete Mahltyp aber eine hoch problematische Wirkungsgeschichte ausgelöst. Denn er hat der Kirche im Zentrum ihres Denkens und Feierns ein Gewaltproblem und durch die Erwählungstheologie das Problem eines ethnozentristischen Selbstverständnisses beschert.

Deshalb müssen wir heute fragen, was die christliche Opfermahlfeier eigentlich mit demjenigen zu tun hat, auf den sie sich als Urheber und Stifter beruft: Jesus. Das müssen wir umso mehr, als wir in der Didaché eine *unblutige* Abendmahls- bzw. Eucharistietradition dokumentiert finden, die Jesu Mahlpraxis und seiner Verkündigung in vielem nahe gewesen ist.

Um die Frage besser beantworten zu können, nenne ich nun zuerst einmal Ebenen, die von der liturgischen Entwicklung betroffen gewesen sind. Zumindest die folgenden scheinen mir wichtig zu sein:

- Die Entwicklung verband sich mit dem *Wechsel vom irdischen Jesus und seinen Worten und Taten hin zum auferstandenen Christus* und den Erfahrungen mit ihm. Johannes 21, aber auch Lukas 24, reden von einer Mahlgemeinschaft, die der *Auferstandene* konstituiert. Und in der Liturgie der Didaché gibt es keine Worte mehr, die als Rede des irdischen Jesus (miss)verstanden werden konnten. Auch Paulus lässt in seinen Briefen den irdischen Jesus nicht zu Wort kommen, denn für ihn sind eigentlich nur Jesu Tod und Auferstehung als heilsgeschichtliche Ereignisse wichtig. Trotzdem spricht er von der Einsetzung des Mahles wie von einem historischen Ereignis, und zwar unter Verwendung von direkter Rede Jesu. Das liegt daran, dass er im 1. Korintherbrief 11 eine Tradition zitiert, die er im Großen und Ganzen schon vorgefunden und die den Eindruck erweckt hatte, dass da wirklich Jesus redet.

- *Die Entwicklung betraf die literarische Gattung Evangelium*, also die mit den Augen des Glaubens entworfene Quasi-Biographie. Sie ist »erfunden« worden, um die Jesus-Geschichte als neue Heilsgeschichte der Christen zu formulieren. Die Gattung Evangelium aber hat dafür gesorgt, dass aus Wahrnehmungen *von* Jesus und aus Glaubensaussagen von seiner Bedeutung leicht *Selbstaussagen* Jesu haben werden können. Das heißt, dass der irdische Jesus hier noch leichter hinter der *wahrgenommenen* Gestalt Jesu, die nach Ostern in den Christen entstanden war, verdeckt werden konnte. Bestes Beispiel dafür sind die Ich-bin-Worte Jesu im Johannesevangelium. Da können wir ein gewisses Endstadium dieses Prozesses sehen: Aus dem Bekenntnis »*Er ist das Brot* des Lebens« ist hier »*Ich bin* das Brot des Lebens« geworden. Das ist kein originales Jesus-Wort, weil es bei Johannes – und nur bei ihm – eine ganze Serie von Ich-bin-Worten gibt[38]. Aber trotzdem ist die Rede von Jesus als dem Brot des Lebens eine bezeugte *Glaubens*wahrheit und -erfahrung. Und sie wird uns noch beim Brotwort beschäftigen.

- Die Entwicklung betraf außerdem *das Ritual des jüdischen Festmahls* – nach den Erzählungen der Evangelien – beim Pessachfest und seine Festerzählung. Um es noch einmal festzuhalten: Der Sinn dieses Mahles, das im Anschluss an die Schlachtung bzw. Opferung der Pessachlämmer im Tempel in den Häusern und Festgemeinschaften am Vorabend des Pessachfestes gefeiert wurde, war nicht, Sühne und Schuldvergebung zu erreichen. Es ging vielmehr darum, Gott über den Lebensgaben Brot und Wein mithilfe der Festerzählung und der Deuteworte lobpreisend Dank zu sagen für die Errettung aus der ägyptischen Gefangenschaft; denn sie stellte den eigentlichen Anfang der Heilsgeschichte Israels mit seinem Gott dar. Indem nun aber Jesu Leiden und Tod als *neue* Heilsgeschichte in das Zentrum des Gedenkens der Judenchristen am Pessachfest eintraten, kam es zu einer Verwandlung des Pessachmahls von innen, von der Festerzählung, her. Dabei verschmolzen das Ritual des Pessachfestes mit seinem Mahlritus, zu dem ursprünglich das Essen der Pessachlämmer gehörte, und die Leidens- und Sterbensgeschichte Jesu. Mit Stichwörtern, die später einen ganzen Zweig der Liturgieentwicklung kennzeichnen sollten, ausgedrückt: Es verbanden sich *Passa* (das lateinische Wort für Pessach bzw. griechisch *pascha*) und *passio* (»Leiden«) zur eigenständigen Passa-passio-Tradition. Sie wird in der 2. Hälfte des 2. Jahrhunderts durch die so genannte Passa-Homilie (Predigt) des Meliton von Sardes belegt, der von 166-180 wirkte[39]. Aber im Grunde ist die Passa-passio-Tradition schon bei Paulus zu erkennen, wenn er den Korinthern schrieb, dass »Christus als unser Passalamm geopfert worden ist« (1. Korintherbrief 5,7).
- Wie das sich herausbildende neue Verständnis des Abendmahls als Opfermahlfeier zeigt, hat sich offenbar *die gesellschaftliche Funktion*, die Opferriten in der hellenistischen Kultur hatten, als dominant er-

---

38. 6,35.48; 4,10-15; 8,12; 10,7.9; 10,14; 11,25; 14,6; 5,1.5. Vgl. dazu *Notwendige Abschiede*, S. 108 f.
39. K.-H. Bieritz (2004), S. 75: »Das jüdische Passa ist ›Vorbild‹ des wahren Passa-Mysteriums, wie es sich im Geschick Jesu Christi vollendet«: wie der alte Pessach-Blutritus Verschonung vor dem ›Würgeengel‹ Jahwes gewährte, so der sühnende Tod Jesu vor den Folgen der Sünde.

wiesen gegenüber einer unblutig begründeten Eucharistiefeier. Anders gesagt: Die Verbreitung des Christentums in der hellenistischen Welt ist offenbar einem – in den kulturellen Zentren vielleicht besonders wirksamen – Trend gefolgt. Dabei muss allerdings mit berücksichtigt werden, dass es im Hellenismus als großem kulturellem Kommunikationszusammenhang neben aller Vertrautheit mit den Opferpraxen der unterschiedlichsten Religionen auch eine massive Kritik an den blutigen Tieropfern gegeben hat[40]. Es könnte sein, dass der neue christliche Opferkult für viele Menschen deshalb besonders attraktiv gewesen ist, weil er zwar eines einmaligen *blutigen* Opfers (auf Golgatha) gedachte, dieses Gedächtnis aber in einem *unblutigen* Ritus mit Wein und Brot vollzog.

- Die Entwicklung, die es zu verstehen gilt, verbindet sich aus heutiger Sicht und aufgrund unseres gewandelten Bewusstseins für Geschichte auch mit der Frage, ob wir uns weiterhin auf Jesus als *Stifter* des Altar- sakramentes berufen und in den Einsetzungsworten die sprachliche Gestalt der direkten Rede Jesu benutzen wollen, durch deren liturgische Zitation aus Brot der Leib und aus Wein das Blut Christi werden. Wenn ja, stehen wir vor der Aufgabe, glaubhaft zu machen, dass die Abendmahlsworte Jesu wirklich Worte *Jesu* sind. Sollte das nicht gelingen, müssen wir diese Einsicht auch in der Liturgie berücksichtigen.

direkte Rede?

Die Umformung der christlichen Mahlfeier beginnt, als sie mit der Deutung des Todes Jesu als Opfer verschmolzen wird

Die »Berichte« vom letzten Mahl Jesu mit seinen Jüngern bei Paulus und bei den synoptischen Evangelien Matthäus, Markus und Lukas haben gemeinsam, dass sie bereits ganz in die eigentliche Leidensgeschichte Jesu eingeschmolzen überliefert werden. Das gilt im Grunde auch für Paulus, weil er in seinem 1. Brief an die Korinther eine besondere Einleitung verwendet, die die Ursprungsszene der Mahlfeier ausdrücklich in der Passion verankert: »Der Herr Jesus, in der Nacht, in der er verraten wurde, nahm (er) das Brot, sprach das Dankgebet darüber, brach es und sprach ...« (1. Korintherbrief 11,23 f.). Daraus schließe ich, dass die Mahltradition, auf die sich Paulus beruft (11,23a: »Denn ich habe vom Herrn her empfangen, was ich euch auch überliefert habe«), in *diesem*

---

40. Näheres dazu habe ich in *Notwendige Abschiede*, S. 310-314, ausgeführt.

Punkt dieselbe ist, die wir auch bei den ersten drei Evangelisten antreffen. Trotz der Unterschiede, die offen zutage liegen, hat diese Tradition ein zentrales Thema: Es geht in ihr darum, »den Tod des Herrn zu verkündigen, bis dass er kommt« (1. Korintherbrief 11,26). Alles andere, was mit Jesu *Weg* zu tun hat und was in der Mahlfeier der Didaché oder in der Fußwaschung bei Johannes im Mittelpunkt steht, ist *hier* bereits in den Hintergrund geraten.

Das letzte Mahl Jesu, auf das die Abendmahlsparadosis weist, war nach ihrer Einordnung in die Passionsgeschichte ein Festmahl, das am Vorabend des Pessachfestes gefeiert und in seiner Bedeutung durch die Nähe zum Pessachfest und auch zu Jesu Hinrichtung bestimmt worden ist. Dass das eine *nachösterliche, also redaktionelle* Zuordnung ist, ergibt sich schon daraus, dass es im Mahl dann in keiner Weise (mehr) um eine Pessachfeier geht. Es gibt keine Pessacherzählung, keinen Hinweis auf das Pessachlamm, auf Mazzen und Bitterkräuter[41]. Vom jüdischen Festmahl sind nur das eröffnende Brotbrechen und der abschließende Kelchritus übrig geblieben, bei Paulus und Lukas auch das eigentliche Mahl dazwischen. Das ganze Interesse liegt auf der Deutung des Geschehens durch Jesus selbst und auf der Einrichtung einer Kultpraxis, in der der geopferte Jesus die Rolle des Pessachlamms übernommen hat. Mit anderen Worten: Wir sind auch von der Szene her schon weit weg von der jüdischen Mahlpraxis des historischen Jesus.

Denn der Kern der Handlung weist in der für Paulus und die ersten drei Evangelien verbindlichen Form nicht mehr zurück in die jüdisch-israelitische Heilsgeschichte, sondern, von der Mahlszene aus gesehen, *voraus* auf das Kreuz. Und zugleich weisen die, vom Jetzt der kirchlichen Erinnerungsfeier aus, *zurück* auf den Tod Jesu. Genauer gesagt, weisen die Deuteworte zu Brot und Wein auf die Deutung seines Sterbens und Todes als einer *Opferhandlung.* Und damit legt es sich nahe anzunehmen, dass dieser Typ Mahlfeier am Vorabend des Pessach und parallel zum jüdischen Pessachmahl von denjenigen Judenchristen gefeiert worden ist, die Passa und Jesu Tod als Opfer im Abendmahl theologisch verbinden konnten. Das heißt andersherum: Weil die Passa-passio-Frömmigkeit aber nicht von allen geteilt worden ist, können wir *nicht* annehmen, dass die von Paulus und den drei Evangelisten früh dokumentierte Passa-passio-Frömmigkeit und -Mahlfeier die *einzige* war, die praktiziert worden

---

41. Vgl. auch K.-H. Bieritz (2004), S. 287.

ist. Sie repräsentiert also nicht *das* Herrenmahl schlechthin, sondern einen Typus, der sich durchgesetzt hat.

Von seiner theologischen Denkstruktur erfahren wir mehr, wenn wir einen Hinweis des Lukas und eine wichtige Äußerung zum Thema von Paulus beachten. Am Anfang des Abschnittes, in dem es um die Vorbereitung des Pessachmahles geht (Lukas 22,7-13)[42], steht bei Lukas die Zeitangabe »Es kam aber der Tag der ungesäuerten Brote, an denen man das Pessachlamm schlachten *musste*«. Lukas drückt mit dem Wort »müssen« hier nicht nur aus, dass das Schlachten bzw. Opfern der Lämmer ein üblicher Ritus innerhalb des ganzen Pessachrituals gewesen ist. Wie an anderen Stellen weist das Müssen bei ihm zugleich auf eine noch höhere Notwendigkeit, und zwar auf eine, die den Fortgang des Weges Jesu betrifft[43]. Der Schlacht- bzw. Opferritus des Pessachlammes und die Hinrichtung Jesu sollten zusammen gesehen werden als etwas, was einem *göttlichen* Muss folgte. Das sind Anzeichen theologischer Konstruktion und von Glaubensdidaktik. Damit wurden die Hörer der Erzählung im christlichen Gottesdienst darauf vorbereitet, das Schlachten des Pessachlammes *und* das Sterben Jesu als etwas wahrzunehmen, was durch das Muss der Opferhandlung zusammengebunden worden war. Dazu passt, dass das griechische Wort, das wir mit »schlachten« übersetzen, *thyein*, auch für »opfern« verwendet wird. Es ist ein und dasselbe Geschehen: ein Töten zu heiligem Zweck. Ausgesprochen finden wir diesen Gedanken bei Paulus: »Denn als unser Passalamm ist Christus geopfert (oder: geschlachtet) worden[44]« (1. Korintherbrief 5,7). Doch dieser Satz baut auch die Brücke zur Deutung des gewaltsamen Todes Jesu, wie sie in der judenchristlich-hellenistischen Mahlfeier bei Paulus und den drei Evangelien – unblutig – vergegenwärtigt wird.

Wir haben es bei der Mahlerzählung nicht mit einer eucharistischen *Liturgie* zu tun, sondern mit einem Liturgie*bericht*. Dieser gibt sich bei Paulus und Lukas klar als Kultätiologie zu erkennen: Es ist eine Stiftungsszene, in der Jesus selbst eine in der Kirche zu wiederholende Mahlfeier mit dem Ziel eingesetzt hat, »meiner zu gedenken« (»zu meinem Gedächtnis«). Aber auch bei Matthäus ist der Sinn der Handlung benannt:

---

42. Die Geschichte von der Auffindung des Raumes für die Mahlfeier ist märchenhaft und genau derjenigen nachkonstruiert, die zur Auffindung der Tragtiere für den Einzug in Jerusalem erzählt wird (bei Lukas 19,28-35).
43. Vom göttlichen Muss spricht Lukas (redaktionell) auch 9,22; 13,33; 17,25; 22,37; 24,7.26.
44. Auch dort ist *thyein* verwendet worden.

Es geht in dem Mahl um »Vergebung der Sünden« (26,28). Das aber heißt: Sofern wir in diesen Abendmahlsberichten Jesus begegnen, spricht das, was er sagt, schon die *jeweilige Deutung* des Todes Jesu und den Sinn der sakramentalen Feier aus. Zwischen den Aussagen zum Sinn und der Passion Jesu besteht durch die literarische Verschränkung in der Passionsgeschichte ein wechselseitiger Verweisungszusammenhang: Der Mahlritus interpretiert die Passion Jesu und diese das Mahl. Heraus kommt: Es geht in beiden, ineinander verwoben, um ein Geschehen, das *»für«* Menschen geschehen ist und vergegenwärtigend erinnert werden soll: »für euch« (Paulus und Lukas), »für viele«, also auch für bisherige Nicht-Juden (Markus und Matthäus), »zur Vergebung der Sünden« (Matthäus). Nur ein einziges kultisches Geschehen konnte dieses »für« in Verbindung mit der Vergebung der Sünden bewirken: eine *Opferhandlung*, die stellvertretend für andere und zu ihren Gunsten vollzogen wird.

Der Einfluss des antiken Opfermahlrituals auf die Struktur der Passionsgeschichte und der Abendmahlsüberlieferung

Der Aufbau der Passionsgeschichte bei den ersten drei Evangelien *und* der Aufbau der Abendmahlsszene zeigen, dass beide beeinflusst worden sind von der Struktur des *Opferrituals mit nachfolgendem Festmahl*, das in unterschiedlichsten Religionen anzutreffen ist. Die Struktur dieses Rituals hat ganz offenbar nicht nur die Wahrnehmung der Passion Jesu durch die ersten Christen gelenkt, sondern auch die reflektierte Erinnerung des letzten Mahles *und* des gewaltsamen Todes Jesu in einer parallel strukturierten literarischen Form entstehen lassen.

In der Synopse der Abendmahlsüberlieferungen habe ich einige wenige Wörter kursiv gesetzt[45]. Sie stellen die Pfeiler dar, die die Verbindung zum Opferritual tragen, wie ich es in dem nächsten Schaubild skizziert habe. Es geht um die Tätigkeiten *Nehmen, Schlachten und Teilen*. Sie bilden, wie ich bei Walter Burkert gelernt habe, den *Drei-Schritt* aller religiösen Opferhandlungen[46]. Dieser Dreischritt hat auf die literarische Gestalt der Passion Jesu und zugleich auf die Gestalt des Herrenmahls als kultischer Mahlfeier eingewirkt. Damit war die Mahlüberlieferung für die hellenistische Welt geöffnet und allgemein verständlich geworden.

45. S. u. S. 116f.
46. W. Burkert (1983), S. 16-27.

Doch es gab in der judenchristlich-hellenistischen Abendmahlsüberlieferung gerade über den Opfergedanken auch noch Verbindungslinien zur aramäischsprachigen judenchristlichen Gemeinde und – bis 70 nach Christus – zum Tempelopferkult in Jerusalem. Denn natürlich war auch das jüdische Pessachmahl zusammen mit der vorher im Tempel stattfindenden Schlachtung der Pessachlämmer eine Opfermahlfeier. Es folgte daher ebenfalls der aufgezeigten Struktur. So war die Abendmahlsparadosis, wie wir sie in unserer Tabelle abgebildet haben, auch für diejenigen zugänglich, die der semitischen Kultur Jesu durch Sprache und Glaubensvorstellungen näher standen als der hellenistischen.

Dreischritt antiker Opfermahlfeiern

1. Nehmen
Damit ist das Gefangennehmen des als Opfertier bestimmten Tieres gemeint

*Ehe die Schlachtung durchgeführt wird, kann eine so genannte **Unschuldskomödie** aufgeführt werden: dadurch wird die Schuld an der Tötung auf das Tier geschoben*

2. Schlachten
Das Tier wird geschlachtet, wobei das **Blut** aufgefangen und dann in besonderer Weise behandelt wird: in die Erde gegossen oder aber auch versprengt (in Sühneriten)

3. Teilen
a) Es findet eine grundsätzliche Teilung statt zwischen dem, was der Gottheit zusteht (auch dadurch, dass es verbrannt wird), und dem, was für die feiernde Festgesellschaft (bei den Jägern: für den Clan) gedacht ist

b) Der Ritus des Teilens in der Festgesellschaft kann im **Verteilen (bzw. Geben) von Fleischstücken** bestehen, aber auch in Form eines **Opferfestmahles** vollzogen werden, bei der alle Mitglieder der Festgemeinde berücksichtigt werden

c) Bei Sühnopferriten kann das Teilen geschehen, indem das Volk mit dem Blut des Opfertiers besprengt wird

---

Alle drei Schritte können von Gebeten, Gesängen, Prozessionen etc. begleitet sein

Wir finden den Drei-Schritt als literarisches Gestaltungsprinzip sowohl in der Passionsgeschichte als ganzer als auch in der Einsetzungserzählung des Abendmahls[47]. Die *Passionsgeschichte* beginnt mit der Verabredung und Durchführung der Gefangennahme Jesu (»Nehmen«) und endet mit seiner Hinrichtung (»Schlachten«). *Eingefügt* ist und nicht ans Ende gesetzt – damit der Irdische das Abendmahl selber stiftet – die Mahlfeier am Vorabend des Pessachfestes (»Teilen«). Sie leitet mit ihren Deuteworten, vor allem aber dem Blutwort zum Kelch, dazu an, die Hinrichtung Jesu als Opferhandlung wahrzunehmen und von ihr *Sündenvergebung* – im Sinne der alten Schonung – zu erwarten. *Sie* ist die eigentliche »Speise«, an der alle Kommunikanten Anteil bekommen.

Aber auch die *Einsetzungserzählung* ist nach dem Drei-Schritt aufgebaut: In der Zusammenstellung der Überlieferungen habe ich die Verben »nehmen«, »brechen« und »geben« kursiv gesetzt, damit die Struktur gut zu erkennen ist[48]. »Geben« wird dabei mit den Empfängern verbunden verwendet, aber auch in der Form des Perfekts Passiv: »für euch gegeben«. »Für euch vergossen« bezeichnet denselben Schritt. So wird mit der doppelt angewandten literarischen Struktur des Drei-Schritts erreicht, dass die Hörer und Hörerinnen sowohl die Passionserzählung als Ganze als auch das Abendmahl in jeder wiederholenden Erinnerung auf *sich selbst* beziehen können.

Dass sich die im Hellenismus geläufige Opferstruktur mit der Passionserzählung verbunden hat, kann man auch daran erkennen, dass in der Passionsgeschichte unübersehbare Elemente einer »Unschuldskomödie« enthalten sind, die es in den jüdischen Überlieferungen nicht gibt: Pilatus beteuert seine Unschuld (Matthäus 27,24), ja, Pilatus und Herodes halten sich aus der Verurteilung Jesu heraus (Lukas 23,4.14 f.). Noch mit der Tafel »Jesus von Nazareth, (der) König der Juden« (Matthäus 27,37), die am Kreuz befestigt wird, versuchen die Autoritäten ihre Schuld auf den Hingerichteten abzuschieben, indem sie ihm Hochverrat unterstellen. Und das soll heißen: Er ist selber schuld an seiner Hinrichtung!

Und schließlich deutet die Rede vom »Blut, das für euch vergossen wurde« auf ein Opferritual. Wir finden sie bei Markus, Matthäus und Lukas beim Kelchwort. Sie stellt eine Wendung dar, die nicht zur Kreuzi-

---

47. Vgl. dazu in *Notwendige Abschiede*, S. 289-295.
48. Man hätte die Mahlszene literarisch auch ohne das Herausstreichen des Dreischrittes gestalten können. Man vergleiche nebeneinander Lukas 24,30 (alle drei Schritte) und Johannes 21,13 (nur Nehmen und Geben).

gung als Todesart passt, sondern aus Opferriten stammt, bei denen das Blut geopferter Tiere in oder auf den Boden, oder auf den Altar *gegossen* oder auch versprengt worden ist[49]. Zum »Vergießen« im Deutewort zum Becher Wein gibt es keinerlei jüdisches Äquivalent, denn Wein wurde in Israel nicht vergossen. Wenn, dann ist hier griechisch-hellenistischer Einfluss wirksam: Im Dionysos-Kult zum Beispiel gab es einen entsprechenden Umgang mit Wein.

Die drei Schritte des Opferrituals einschließlich des Opfermahls stellen zwar zuerst einmal drei Akte des Brot- bzw. des Kelchritus dar. Im Zusammenhang der ebenfalls nach dem Dreischritt gestalteten Passionsgeschichte gewinnen diese drei Akte aber eine Konnotation, durch die sie mit dem Dreischritt des Opferrituals verschmelzen. Sehr viel später haben sich die einzelnen Gesten dann so weit verselbstständigt, dass das demonstrative Brechen der Hostie auf die Tötung Jesu bezogen werden konnte.

Die judenchristlich-hellenistische Abendmahlsüberlieferung und ihre vier Perspektiven

An dieser Stelle ist es sinnvoll, die Abendmahlsüberlieferungen des Neuen Testamentes in einer Synopse (»Zusammenschau«) zu betrachten. Der Paulustext wird im Allgemeinen als literarisch ältester, der Markustext als in vielem ursprünglicher eingeschätzt. Matthäus kommt für die Frage nach einer möglichst alten Fassung nicht infrage, denn er hat bereits den fertigen Markustext gekannt und bearbeitet. Lukas hat wohl auf dieselbe Überlieferungsstufe zurückgreifen können wie Paulus, aber im Blick auf den eschatologischen Ausblick (Lukas 22,18 vgl. 16) auch Markus (14,25) benutzt und seine eigene Fassung in einen selbst gestalteten Pessachfestrahmen hineinkomponiert.

---

49. Innerhalb der Opfergesetze im 3. Buch Mose 1-17 findet sich das Vergießen des Blutes vor allem in Kap. 4 (V. 5-7.16-18.25.30.34) beim Sündopfer. Sonst ist immer wieder vom Besprengen des Altars, in Richtung des Tempelvorhangs und vom Bestreichen der Hörner des Altars mit Blut die Rede.

Markus 14, 22-25

22 Und während sie aßen, *nahm* er Brot, sprach den Lobpreis, *brach* es und *gab es ihnen* und sprach: Nehmt, dies ist mein Leib.

Matthäus 26, 26-29

26 Während sie aber aßen, *nahm* Jesus das Brot, sprach den Lobpreis, *brach* es und *gab es den Jüngern* und sprach: Nehmt, esst! Dies ist mein Leib.

Lukas 22, 15-20

15 Und er sprach zu ihnen: Mich hat sehnlich verlangt, vor meinem Leiden mit euch dieses Passa zu essen. 16 Denn ich sage euch: Ich werde es nicht mehr essen, bis es seine Erfüllung findet im Reich Gottes. 17 Und er nahm einen Kelch, sprach das Dankgebet und sagte: Nehmt diesen und teilt ihn unter euch. 18 Denn ich sage euch: Von jetzt an werde ich von der Frucht des Weinstocks nicht mehr trinken, bis das Reich Gottes kommt. 19 Und er *nahm* Brot, sprach das Dankgebet, *brach* es und *gab es ihnen* und sprach:

Dies ist mein Leib, der *für euch gegeben wurde.* Dies tut zum Gedenken an mich.

1. Korinther 11, 23-25

23 Der Herr Jesus, in der Nacht, in der er verraten wurde, *nahm* das Brot, 24 und als er das Dankgebet darüber gesprochen, *brach* er es und sagte:

Das ist mein Leib, *für euch.* Das tut zum Gedenken an mich.

Evangelisches Gottesdienstbuch

Unser Herr Jesus Christus, in der Nacht, da er verraten ward, nahm er das Brot, dankte, brach's und gab's seinen Jüngern und sprach: Nehmet hin und esset. Das ist mein Leib, der für euch gegeben wird. Solches tut zu meinem Gedächtnis.

23 Und er *nahm* den Kelch, sprach das Dankgebet und *gab ihnen den,* und sie *tranken alle daraus.* 24 Und er sprach zu ihnen: Dies ist mein Blut des Bundes, das vergossen wurde für viele. 25 Amen, ich sage euch: Ich werde von der Frucht des Weinstocks nicht mehr trinken bis zu dem Tag, da ich neu mit euch davon trinken werde im Reich Gottes.

27 Und er *nahm* einen Kelch und sprach das Dankgebet, *gab ihnen den* und sprach: Trinket alle daraus! 28 Denn dies ist mein Blut des Bundes, das für viele vergossen wurde zur Vergebung der Sünden. 29 Ich sage euch aber: Ich werde von dieser Frucht des Weinstocks nicht mehr trinken von nun an bis zum Tag, da ich neu mit euch davon trinken werde im Reich meines Vaters.

20 Und ebenso *nahm* er den Kelch nach dem Mahl und sprach: Dieser Kelch ist der neue Bund durch mein (in meinem) Blut, das vergossen wurde *für euch.*

25 Ebenso auch den Kelch nach dem Mahl, indem er sagte: Dieser Kelch ist der neue Bund durch mein (in meinem) Blut. Das tut, sooft ihr daraus trinkt, zum Gedenken an mich. [26 Denn sooft ihr dieses Brot esst und den Kelch trinkt, verkündigt ihr den Tod des Herrn, bis er kommt.]

Desgleichen nahm er auch den Kelch nach dem Abendmahl, dankte und gab ihnen den und sprach: Nehmet hin und trinket alle daraus, dieser Kelch ist der neue Bund / das neue Testament in meinem Blut, das für euch vergossen wurde zur Vergebung der Sünden. Solches tut, sooft ihr's trinket, zu meinem Gedächtnis.

Wenn wir die nebeneinander gestellten Abendmahlstexte jetzt näher betrachten, müssen wir uns für eine Möglichkeit offen halten: Da die Erzählung vom letzten Mahl *redaktionell* in den Pessachrahmen eingefügt und mit der Deutung des Todes Jesu als Opfer verbunden worden ist, *muss sich das letzte Mahl Jesu nicht von Anfang an auf den Tod Jesu bezogen haben.* Es kann eine Stufe in der Entwicklung des Abendmahls gegeben haben, die *davor* lag. Und möglicherweise hat es gar keine gemeinsame Ausgangsbasis für die später auseinander laufende Entwicklung von Eucharistietypen gegeben. Aus den uns aus den ersten hundert Jahren nach Jesu Tod vorliegenden Überlieferungen können wir aber sagen, dass es bald nebeneinander eine unblutig und eine blutig begründete Mahlfeier gegeben hat. Darum ist es wichtig zu fragen, wie wohl die Fassungen der Mahlerzählung ausgesehen haben werden, die den drei Evangelisten und Paulus als Vorlagen für ihre Mahl»berichte« gedient haben.

Ich gehe zwar von der Hypothese aus, dass die hinter *allen* Mahlverständnissen stehenden Gemeinden ihre Praxis in einer Verbindung zu den Mahlfeiern gesehen haben, die Jesus mit seinen Jüngern feierte. Trotzdem müssen wir damit rechnen, dass sich schon in Jerusalem zwischen den Aramäisch und den Griechisch sprechenden Judenchristen sehr unterschiedliche Kultfeiern herausgebildet haben. Zu den Kultfeiern gehörten aber in Jerusalem und in anderen kulturellen Zentren auch unterschiedlich ansetzende Jesusüberlieferungen, die sich bald als Variationen der neuen christlichen Heilsgeschichte herausgebildet und im Hellenismus als einem großen Kommunikationszusammenhang von unterschiedlichen Kulturen verbreitet haben[50]. Paulus und sicher auch die Evangelien mit ihren Passionsgeschichten haben für die Verbreitung dieser judenchristlich-hellenistischen Tradition gesorgt. Offenbar war Antiochia in Syrien dabei ein wichtiger theologischer Umschlagplatz.

Wenn wir nun die parallelen Traditionsstränge befragen, kann dabei kein »Urtext« einer von Jesus eingeführten kirchlichen Abendmahlsliturgie herauskommen. Jesus hat kein kirchliches Interesse verfolgt und keine kirchliche Liturgie entworfen. Und umgekehrt hat die frühe Kirche kein in unserem Sinn historisches Interesse gehabt und Aussprüche Jesu archivieren wollen. Aber wir können fragen, was in den vier Abendmahlstexten auf Jesus zurückgehen *könnte* und was eher nicht. Und wir können von den vier biblischen Perspektiven auf das Mahl lernen, welche Motive

---

50. Die *Res gestae Divi Augusti* stellten im Übrigen im römischen Reich ein Konkurrenzevangelium dar! S. dazu ausführlicher in *Notwendige Abschiede*, S. 154. 170 f.

die Entwicklung hin zu der judenchristlich-hellenistischen Abendmahlsüberlieferung vorangetrieben haben.

Ein Motiv habe ich schon angesprochen: Jesu Sterben und Tod sollten als heilvolles Geschehen verstanden werden können. Ein anderes kommt hinzu: Die Judenchristen mussten eigene liturgische Feiern gestalten, die von ihrer Funktion her einen vollwertigen »Ersatz« für das boten, was sie bisher im jüdischen Kult – vor allem am Pessachfest – gefunden hatten. Fragen, die sich für Judenchristen damals ergaben, können gelautet haben: Sollten sie sich als außerhalb des Bundes Gottes mit Israel und als abgeschnitten von der Erwählung Israels als Gottes Volk und von der Heilsgeschichte verstehen? Sollten sie ohne Versöhnungstag und ohne die Früchte des Versöhnungsrituals leben, durch das das jüdische Volk einmal im Jahr als Gesamtheit von seinen Sünden befreit wurde (3. Buch Mose 16)?[51] Für Christen *ohne* jüdische Herkunft ergaben sich ähnliche Fragen im Blick auf die ihnen geläufigen Kulte und Kultfeiern. Die Abendmahlsüberlieferung zeigt jedenfalls, dass die alten Traditionen mit dem neuen Glauben verbunden worden sind. Manche Einzelheiten dazu lässt unsere Synopse erkennen[52].

Die Tabelle mit der Zusammenschau der biblischen Herrenmahlsüberlieferungen soll *von links nach rechts gelesen werden*, beginnend bei der ältesten Evangelientradition (Markus). Die Bearbeitungen, die Matthäus daran vorgenommen hat, sind unterstrichen worden. Dasselbe gilt für diejenigen Abweichungen von der Markus-Überlieferung, die wir bei Paulus und Lukas finden und die – im gemeinsamen Teil – einen anderen Überlieferungsstrang repräsentieren. Doch sehen wir wieder auf die Synopse und achten zuerst auf die *Struktur*.

- Das *Brot* wird vor dem Becher Wein gereicht, anders als in der Didaché. Nur Lukas hat vor dem Brot- und dem Kelchritus noch einen *zusätzlichen* Kelchritus (22,17 f.). Das entspricht dem jüdischen Brauch, das Festmahl vor dem konstituierenden Brotritus mit einem ersten Kelch Wein und der lobpreisenden Danksagung (Berakah) für den Wein und den Festanlass zu beginnen. Doch danach folgt die mit der paulinischen fast identische Abendmahlsparadosis.

---

51. Schließlich kam nach 70, nach der Zerstörung des Tempels und Tempelkultes in Jerusalem durch die Römer, noch eine weitere Frage hinzu: Wo sollten die jüdischen Tempelpriester und -theologen eine Heimat finden? Wo konnten ihre Glaubensschätze bewahrt werden? Nach Apostelgeschichte 6,7 »wurde eine große Menge der Priester dem (scil. judenchristlichen) Glauben gehorsam.«

52. Auf andere weisen vor allem die Arbeiten von M. Klinghardt und P. Wick hin.

- Wie bei der jüdischen Mahlfeier ebenfalls üblich, werden zu den Speisen so genannte »Deuteworte« verwendet, die der Hausherr spricht. Sie stellen im Judentum eine Verbindung zwischen den Speisen als Schöpfungsgaben und Gottes Heilstaten in der jüdischen Geschichte her. Die Eröffnung der Szene bei Lukas in V. 15 ist eine einleuchtende, aber redaktionelle Verknüpfung. V. 18 stellt Markus 14,25 um und V. 16 wiederholt denselben Inhalt, nur aufs ganze Pessachmahl bezogen.

- Bei Lukas und Paulus ist klar zu erkennen, dass »ihre« Mahlfeier noch eine richtige Mahlzeit einschloss – wie im jüdischen Festmahl üblich und wie auch in der Didaché. Denn der Kelch wird ausdrücklich *nach dem Mahl* gereicht. Hier haben wir eine ganz alte Spur. Markus und Matthäus verwenden diese Mahlstruktur schon nicht mehr! Da bilden Brot- und Kelch-Ritus eine Einheit. Es sprechen höchstens der Rahmen, das Pessachmahl, das Jesus mit seinen Jüngern feierte, dafür, dass es auch bei ihnen eine gemeinsame richtige Mahlzeit gegeben hat.

- Paulus, der in einem Brief auf das Abendmahl zu sprechen kommt, stellt die Verbindung zur Passionsgeschichte durch die Einleitung V. 23 her. Der Abschluss in V. 26 schließt stilistisch an die zweite Wiederholungsaufforderung in V. 25 an. Er stammt aber eindeutig von Paulus, da er nun von Jesus als dem »Herrn« redet. Die Verkündigung des Todes Jesu ist ja schließlich auch Sache der Gemeinde, die weiterlebt. Zum irdischen Jesus passt sie nicht – im Grunde genauso wenig wie die Deutung seines Todes als Opfer. Beides ist nur posthum sinnvoll.

- Zum irdischen Jesus passt auch eine Identifizierung von Brot und Leib und von Wein und Blut nicht. Denn Jesus sprach Aramäisch, und in seiner Muttersprache gibt es das Hilfsverb »sein / ist« nicht als Kopula im Hauptsatz. Es war also nur möglich, eine Beziehung herzustellen (»Das: mein Leib«, oder vielleicht: »Denkt bei dem Brot an meinen Leib«), aber nicht, diese Beziehung von der Substanz her zu definieren (»das Brot *ist* mein Leib« oder »der Kelch Wein *ist* mein Blut«). Das Interesse an solchen Definitionen hat sich deshalb immer an den griechischen – und später lateinischen – Text des Neuen Testaments gehalten. Ja, so ist zu sagen: Das Interesse und das kirchliche Beharren auf der Gleichsetzung der »Elemente« Brot und Wein mit Jesu Leib und Blut ist eigentlich erst durch die griechische und lateinische Fassung ausgelöst und schließlich sogar dogmatisiert worden! Denn im Griechischen steht nun einmal das gleichsetzende *estín*. Auch hier zeigt sich, wie stark der Übergang ins Griechische die Überlieferung(en) von Jesus entfernt und eine Wirkungsgeschichte ausgelöst hat, die nur noch wenig, wenn überhaupt etwas, mit ihm zu tun gehabt haben kann.

- Zur Wirkungsgeschichte gehört aber nicht erst die »moderne« Frage nach der Substanz der »Elemente« Brot und Wein. Die Liturgiegeschichte selbst zeigt, wie aus der – im Grunde unangemessenen – Identifizierung der »Elemente« mit Leib und Blut Christi[53] ein eigener und höchst komplizierter Akt innerhalb der Messliturgie hat werden können. Er beinhaltet, je nach kirchlichem Ritus, die Herabrufung des heiligen Geistes (Epiklese) zur Heiligung der Gaben bzw. der Kommunikanten, die (priesterliche) Rezitation der Einsetzungsworte, die (in der katholischen Kirche dadurch bewirkte) *Trans*substantiation der »Elemente« und die durch den (für mich merkwürdigen) Akt der »Konsekration« zustande kommende *Kon*substantiation von Brot und Wein in der evangelischen Kirche[54]. Klar ist nur eins: Wäre die Abendmahlstradition im semitischen Sprachbereich geblieben, hätte es Derartiges nie gegeben. Doch sehen wir uns nun *die einzelnen Fassungen der Überlieferung* an.

Markus und Matthäus

- Es spricht viel dafür, dass Markus mit der stilistisch glatten Parallelisierung des Brot- und des Kelchwortes schon eine überarbeitete Fassung zeigt. Hier wirkt der Text bei Paulus (und Lukas) ursprünglicher, in dem »Leib« und »Blut« nicht völlig parallelisiert stehen[55]. Denn bei Paulus ist ausdrücklich der Kelch das Subjekt und nicht das Blut, so dass Wein und Blut nicht direkt, sondern nur indirekt verbunden werden. Das sieht älter aus. Dafür spricht auch, dass Markus den Kelchritus in V. 23 eigentlich abschließt, indem er schreibt »und sie tranken alle daraus«. Das Kelch*wort* wird bei ihm streng genommen dem schon

53. Um genau zu sein, muss noch erwähnt werden, dass sich das am Anfang der Abendmahlsworte stehende Wort »Das« (ist mein Leib / ist mein Blut) im Griechischen grammatikalisch weder auf das Brot noch auf den Kelch mit Wein bezieht, sondern merkwürdig in der Schwebe bleibt.

54. Ich glaube nicht, dass Nicht-Fachleute damit etwas anfangen können. Aber so ist es nun einmal. In der *Trans*substantiation *verwandeln* sich Brot und Wein in Christi Leib und Blut, in der *Kon*substantiation sind Leib und Blut Christi – nach Luther – »in, mit und unter« Brot und Wein gegenwärtig.

55. S. dazu W. Schrage (1995), S. 12.

getrunkenen Wein hinterher gerufen – was nicht überzeugt. Deshalb kann man daraus schließen, dass die Vorlage, die Markus benutzte, *ursprünglich gar kein Kelchwort Jesu kannte*[56]. Lässt man V. 24 aus, ergibt sich ein klarer Übergang. War es so, hätte die von Markus benutzte und bearbeitete Mahlform nur ein *Brotwort* gekannt – was angesichts der bereits behandelten Belege für die Rede vom »Brotbrechen« immerhin denkbar erscheint. Und das Brotwort hätte dann auch alles Deutende gesagt, was zu sagen war (s. dazu zum Brotwort bei Paulus).

- Doch Markus wollte es anders, war Hellenist und schon an den Elementen interessiert. Wenn Jesus vom Brot gesagt hat »Das ist mein Leib«, musste er nach seiner Ansicht auch den Wein – und nicht den Kelch – mit dem Blut Jesu identifiziert haben. Und so trug er als *Blutwort* ein: »Das ist mein Blut des Bundes, das vergossen wurde für viele.« Matthäus ist ihm darin gefolgt. Vor einem jüdischen Hintergrund ist klar, dass die Formulierung »Das ist mein Blut des Bundes« bei Markus und Matthäus aus dem Ritual stammt, das bei der feierlichen Bundesschließung am Sinai von Mose zelebriert worden war (2. Buch Mose 24). Dabei las Mose dem Volk das Bundesbuch vor, und, nachdem das Volk bekräftigt hatte, alles zu tun, was darin geschrieben steht, nahm Mose das Blut von vorher geopferten Tieren, »besprengte das Volk damit und sprach: Seht, *das ist das Blut des Bundes*, den der Herr aufgrund all dieser Gebote *mit euch* geschlossen hat.« (24,8) Zu der Opferfeier im Zusammenhang der Bundesstiftung scheint auch ein Opferfestmahl gehört zu haben; es wird gesagt, dass »die Vornehmen Israels« nach dem Opfer »aßen und tranken« (24,11).

- Dass es sich bei Markus (14,24) und Matthäus (26,28) um eine Übernahme aus dem Bundesschließungsritual handelt, zeigt sich für mich daran, dass bei beiden vorher vom *Becher Wein* die Rede war – wie auch bei Paulus und Lukas, nun aber ausdrücklich vom »*Blut* des Bundes« gesprochen wird. Außerdem ist der Satz »Dies ist mein Blut des Bundes« in demselben demonstrativen Gestus gehalten wie die Vorlage (2. Buch Mose 24,8). Der Sinn der Übernahme ist klar: Hier wird der Anspruch formuliert, dass der Tod Jesu den alten, mit Israel geschlossenen Bund am Sinai ersetzt. Kurz und knapp gesagt: Die Kirche ist der neue Bundespartner des Gottes Jesu. Und damit gehen alle Verheißungen an Israel auf die Kirche über.

---

56. So habe ich es gefunden bei: H. Wilkens (1984), S. 56 f.

- Und wie bei Mose auf die Bundesschließung als Faktum zurückgeschaut wird (Vergangenheitsform »geschlossen hat«), so gibt sich auch das Blutwort unverstellt als rückschauende theologische Deutung des Kelchritus aus und sagt wörtlich: »Das ist mein Blut des Bundes, das für viele vergossene«. Die übliche Übersetzung »das vergossen *wird* für viele« tut so, als stünde im Griechischen eine Art Präsens oder Futur, um diese Worte als Rede in Jesu Mund glaubwürdig erscheinen zu lassen. Markus aber – und mit ihm Matthäus und Lukas – haben das Partizip Passiv »vergossen« direkt nach dem Substantiv »Bundesblut«, setzen also den Tod Jesu bereits als geschehen voraus[57]. Dass nun die direkte Rede und das Partizip Passiv nicht zueinander passen, weil, von der Mahlszene aus gesehen, der Tod Jesu ja noch gar nicht geschehen ist, hängt mit dem spezifischen literarischen Genus der Evangelien zusammen, das ich schon angesprochen habe[58]. Aber es zeigt auch, dass für die Evangelisten der irdische und der auferstandene Jesus ineinanderfließen konnten.
- Jesus kommt als Autor für das Blutwort jedenfalls nicht infrage, auch wenn alle das Blutwort durch das Wörtchen »mein« beim »Blut« an Jesus binden wollen. Und zwar auch deshalb nicht, weil in seiner ganzen Verkündigung der Begriff »Bund« nirgends auftaucht.
- Noch aus einem anderen Grund passt das Blutwort nicht zum Kelchritus, jedenfalls nicht im Zusammenhang mit der Deutung des Todes Jesu: Die Rede vom »vergossenen« Blut passt nicht zur Todesart der Kreuzigung. Zwar wurden dabei – wenn auch nicht immer – Nägel in Hände und Füße getrieben. Aber der Tod trat nicht durch einen großen Blutverlust ein, sondern durch einen Kreislaufschock. Hier schlägt vielmehr das Formular des Opferrituals durch, das die Vorstellungen generell gelenkt hat. Und auch beim zitierten Bundesopfer (es ging im 2. Buch Mose 24,5-9 um Brand- und Heilsopfer) am Sinai wurde mit dem Blut der geschlachteten Tiere zur einen Hälfte der Altar und zur anderen das Volk besprengt.
- Die Adressaten sind bei Markus nicht mehr die palästinischen Judenchristen, sondern »die vielen« Menschen, die zum römisch-hellenistischen Weltreich gehören. Im Grunde geht es um »alle« Menschen.

---

57. Auf diese Zusammenhänge bin ich durch den Kommentar von W. Schrage (1995), S. 8, und die dort gegebene Übersetzung von 1. Korintherbrief 11 aufmerksam geworden. Schrage ergänzt dort beim Brotwort in Klammern(!) »der für euch (hingegeben wurde)«.
58. S. o. S. 107 f.

Auch diese Adresse verbietet die Rückführung des Blutwortes in eine Ursprungsszene mit Jesus als Sprecher und den Jüngern als Tischgenossen. Denn dieses Wort hätte er ja dann buchstäblich über ihre Köpfe hinweg anderen gesagt.

- Für mich kann aber der *eschatologische Ausblick* in V. 25 durchaus von Jesus sein, vor allem, wenn sich der Mahlbericht – ob nun als Pessachmahl oder letztes Sabbatmahl – auf das letzte Mahl Jesu mit seinen Jüngern bezieht. Der Ausblick aufs Reich Gottes passt in allem zum geahnten Abschied und zur Verkündigung Jesu. Er nimmt im Übrigen eine Formulierung für »Wein« auf, wie wir sie ähnlich aus dem judenchristlichen Milieu der Didaché kennen: »Frucht des Weinstocks«. Über die Zeit zwischen dem Jetzt des letzten Mahles und dem »neu(en) Trinken« im Reich Gottes sagt das Schlusswort Jesu nichts – und erscheint mir auch darin ursprünglich. Wenn man so will, ist der eschatologische Ausblick auf das Neu-Trinken von der Frucht des Weinstocks die älteste Fassung des Kelchwortes, die wir haben.

- *Matthäus* hat die Markus-Fassung überarbeitet in Richtung auf eine parallelisierende Ausgestaltung von Brot- und Kelchwort. Er korrigiert die Fassung des dem getrunkenen Wein nachgerufenen Kelchwortes, indem er aus »und sie tranken alle daraus« eine Aufforderung – wie beim Brot – macht: »Trinket alle daraus!« Und an anderen Stellen bringt er seine eigene Begrifflichkeit ein: statt Reich Gottes heißt es bei ihm »Reich meines Vaters«.

- Die entscheidende Veränderung aber fügt Matthäus an das Blutwort aus dem Sinaibund-Opferritual an: Bei ihm sagt Jesus, sein Blut des Bundes sei für viele vergossen worden »*zur Vergebung der Sünden*« (V. 28). Bei keinem der anderen Zeugen ist dies betont. Matthäus als schriftgelehrter Judenchrist wusste, dass das Sinai-Opfer als Bundesopfer *kein Sühnopfer* gewesen ist. Und so trägt er den ihm wichtigen Gedanken nach – vielleicht aus Jeremia 31,34. Im Rahmen seines Evangeliums heißt das: Das Recht der Christen, sich gegenseitig ihre Sünden zu vergeben, ist im Blutopfer Jesu begründet. Damit hat er, vielleicht unter dem Druck der jüdischen Tradition, Jesu eigentliche Intention verfälscht. Denn bei ihm ist die Vergebung Folge der unbedingten Liebe Gottes und völlig unabhängig vom Tod am Kreuz.

- Die Aufforderung, das Herrenmahl »zu meinem Gedächtnis« zu feiern, hat Paulus beim Brot- *und* beim Kelchwort. Lukas hat sie nur beim Brotwort übernommen. Die wiederholte Aufforderung stammt also von Paulus und dient bei ihm der Verknüpfung mit der die ganze Handlung deutenden Aussage, es gehe um die Verkündigung des Todes des Herrn – natürlich als Heilsereignis. Paulus kannte die Funktion der Deuteworte beim jüdischen Festmahl: die Menschen im Jetzt der Feier mit Ereignissen aus der jüdischen Heilsgeschichte zu verbinden, und zwar so, als erlebten die Feiernden jetzt selbst, was einst geschah. Entsprechend sollte das Mahl die feiernden Christen mit dem Ereignis des Todes Jesu verbinden, und zwar in dem Sinn, dass sie durch das (Essen und) Trinken einbezogen werden in den »neuen Bund«, der »in meinem Blut« bzw. »durch mein Blut« zustande gekommen war.
- Paulus umgeht offenbar deshalb im Griechischen die Festlegung dieser Bundesbegründung in der Vergangenheit: Weder beim Brotwort (»Das ist mein Leib für euch«) verwendet er ein Verb, wie Lukas es dann ergänzt hat (»der für euch gegeben wurde«), noch beim Blut (Lukas dagegen hat: »das vergossen wurde für euch«). Mag sein, dass er aramäisches Sprachempfinden retten wollte, das die griechische Zeitenfolge nicht kannte. Vielleicht hat er sich auch nur an seine Vorlage gehalten. Das Kreuzesgeschehen wird jedenfalls nicht als abgeschlossene Vergangenheit erinnert, sondern soll im Gedenken *vergegenwärtigt* werden. Gerade die Tatsache, dass Paulus mit dem Stichwort »Gedenken« an ein jüdisches kultisches Phänomen – und wohl auch an hellenistische Symposien-Kultur – anknüpft, macht klar, dass Paulus den Tod Jesu als das *heilsgeschichtliche* Ereignis schlechthin ansieht, dessen in der Mahlfeier gedacht werden soll. Und das heißt, dass es die jüdische Heilsgeschichte zumindest überlagert, wenn nicht verdrängt hat.
- Im Unterschied zu Markus und Matthäus, die beim Blutwort den Wortlaut des Sinaibundschlusses übernehmen und vom »Blut des Bundes« sprechen, lesen wir bei Paulus und Lukas »Dieser Kelch ist der *neue* Bund in meinem / durch mein Blut«. Damit wird ausdrücklich Bezug genommen auf die große Verheißung beim Propheten Jeremia (31,31-34), auf die wir schon in der Didaché gestoßen waren. Die Kirche Jesu Christi ist für Paulus also die Einlösung der alten Verheißung. Das aber heißt, dass Gott nun auch die dort verheißenen Heilsgaben

125

mit den Christen realisiert. Das Trinken aus dem einen Becher Wein »integriert ... in den durch Jesu Blut konstituierten neuen Bund«[59].

- Damit kommt als assoziativer Zielpunkt eine neue Dimension von Gottesbeziehung in den Blick. Denn wenn die Christen die Bundespartner Gottes in dem *neuen* Bund sind, dann heißt das automatisch auch, dass *sie* die neuen Erwählten sind. Im Unterschied zu Jeremia 31 wird der neue Bund bei Paulus nicht durch die Einwohnung des Namens Gottes, sondern durch Blut begründet, wie wir es aus dem 2. Buch Mose 24,8 kennen: »Dieser Kelch (Wein) ist der neue Bund in meinem (bzw. durch mein) Blut.« Hier zeigt sich zugleich, was Paulus im Rahmen einer christlichen Pessachpraxis meinte, wenn er den Korinthern schrieb, dass »Christus als unser Passalamm geopfert worden ist« (1. Korintherbrief 5,7).

- Das aber heißt, dass das Weinwort als Blutwort hier die dominante Rolle spielt. Denn durch die Verbindung des Blutes Jesu mit dem Blut des neuen Bundes wird keinesfalls nur der Wein mit einem Bildwort gedeutet. Sondern der wirklich geschehene gewaltsame Tod Jesu wird als Opfer bezeichnet, durch das der neue Bund mit den Christen und ihre Erwählung begründet worden sind. Der Hebräerbrief hat im 9. Kapitel dann ausführlich dargelegt, warum der neue Bund nur so, also durch das Blut des getöteten Opfers, begründet oder gestiftet werden konnte: Christus sei »einmal am Ende der Zeiten zur Aufhebung der Sünde durch sein Opfer offenbar geworden« (9,26). Denn »ohne Blutvergießen (gibt es) keine Sündenvergebung« (9,22).

- Beim Kelchwort hat Paulus in V. 25 am Ende in die (wiederholte) Aufforderung Jesu, beim Mahl seiner zu gedenken, eingefügt »sooft ihr daraus trinkt«. Manche Ausleger denken dabei an die Möglichkeit, dass das Herrenmahl nicht immer aus Brot und Wein bestanden haben könnte, sondern dass nur Brot gegessen, also *sub una* kommuniziert wurde, wie es später für lange Zeit die Laien in der Kirche getan haben.

- Das Brotwort steht dem gegenüber an Bedeutung weit zurück[60]. Die These legt sich nahe, dass das Blutwort als Deutewort zum Becher Wein die Brücke hergestellt hat zwischen der Deutung des Todes Jesu und der christlichen Mahlfeier, sowie zwischen ihr und den Heilsgaben neuer Bund, Erwählung und Sündenvergebung. Es gibt kein jüdisches

---

59. W. Schrage (1995), S. 40.
60. U. Luz (2002), S. 106, betont, dass ein Bezug auf Jesu gewaltsamen Tod erst durch die Deuteworte entsteht, und zwar »relativ undeutlich beim Brotwort, eindeutig dann beim Becherwort«.

Ritual, in dem alle diese Elemente zu finden wären. Ihr Zusammentreffen im Abendmahl entspricht der doppelten Funktion, die es hatte: Mahlfeier zu sein, die den Tod Jesu deutend erinnert, und zugleich Opferfeier, die die Feiernden teilhaben lässt an den Heilsgaben, die sich in der zugrunde liegenden Tradition damit verbunden hatten und die nun von Jesu Tod und Auferstehung ausgehen.

- »Das ist mein Leib *für euch*« lesen wir in V. 24 im Brotwort. Lukas hat das »für euch« übernommen und auch beim Kelchwort ergänzt. Diese Zueignung finden wir in der Markus-Tradition nicht. Denn der hat ja als Adressaten die »vielen« eingesetzt. Mit Stellvertretung dürfte das »für euch«, da es absolut steht und kein »gegeben« bei sich hat, nicht *direkt* zu tun haben. Eher würde ich hier einen Einfluss von der anderen Bundesschließung im 2. Buch Mose 24,8 am Sinai sehen. Denn da steht ja ausdrücklich »Dies ist das Blut des Bundes, den der Herr ... *mit euch* geschlossen hat«. Das angesprochene Gegenüber war damals das Volk Israel, und nun werden die Jünger als Repräsentanten des neuen Gottesvolkes und als Bundespartner angesprochen. Demnach verbinden sich hier der »neue Bund« und der Sinaibundesschluss miteinander.

- Gegenüber der unblutigen Tradition, die die Didaché repräsentiert, begründet Paulus den *neuen* Bund Gottes mit der Kirche nicht durch das Leben und die Offenbarung Jesu, sondern allein durch seinen Tod. Dieser Tod Jesu ist nun das Bundesopfer für den neuen Bund, obwohl er nach Jeremia nicht durch ein Bundesopfer begründet werden sollte, sondern durch die Einwohnung (des Namens) Gottes in den Herzen seines neuen Gottesvolkes. Da liegt die tiefste Diskrepanz zur Didaché. Und von hier aus wird noch einmal klar, warum die von Paulus und den anderen vertretene Abendmahlsüberlieferung in der Didaché nicht verwendet werden konnte.

- Das »Verkünden« in V. 26 bezieht sich auf die Tatsache, dass bei Paulus der Tod Jesu (im Licht von Ostern) das Heilsereignis schlechthin ist, das die jüdische Heilsgeschichte aus der liturgischen Erinnerung verdrängt hat.

- Sehen wir die Kelchworte in den vier Überlieferungen an, so erweisen sie sich alle als gesteuert von der Wahrnehmung und reflektierenden Erinnerung des Todes Jesu als eines blutigen Opfers. Sie setzen den Tod Jesu und auch schon diese theologische Deutung voraus. Nun haben wir bei Markus noch gut erkennen können, dass seine Vorlage gar kein Kelchwort kannte, sondern er es redaktionell eingefügt hat. Daraus können wir schließen, dass sich das Kelchwort auch bei den anderen der Dominanz des Opfergedankens verdankt. Mit anderen Worten: *Es hat ursprünglich wohl gar kein Kelchwort gegeben.* Markus 14,23 hat hier die wahrscheinlich älteste Fassung[61]. Darauf weist auch der Umstand, dass der – ursprünglich klingende – eschatologische Ausblick auf das Neu-Trinken des Weines im Reich Gottes in Jesu Mund schon etwas Merkwürdiges an sich gehabt hätte, wenn man sich vorstellt, er hätte vorher den Wein und sein Blut gleichgesetzt.

- Damit komme ich zum schwierigsten Punkt: dem *Brotwort.* Es ist schwer zu verstehen, obwohl es alle Zeugen in derselben einfachen Grundform »Das ist mein Leib (der für euch [gegeben wurde])« haben. Gehen wir hinter die griechische Gleichsetzung von Brot und Leib Jesu ins Aramäische zurück und denken uns die Verbindung von Brot und Wein nicht *substanzhaft,* sondern im Sinne eines Bildwortes, wird der Zugang leichter. Vor allem dann, wenn wir das Kelchwort nicht auch den Sinn des Brotwortes bestimmen lassen, und das heißt: wenn wir den Gedanken vom *Bundesopfer* nicht auf das Brotwort übertragen. Denn dann müssen wir »Leib« nicht wie das griechische *soma* verstehen, das wirklich das Leibsein meint, sondern können es im aramäischen Sinn als *guf(a),* das heißt *Ich, Person, Selbst,* nehmen[62]. Übersetzt, könnte dann das Brotwort – mit dem paulinischen »für euch«, aber ohne ein direktes Verb – im Aramäischen *so* gehört worden sein: »(Das bin) ich für euch«.

Nun hätte dieser Satz für sich genommen noch nicht viel Sinn. Wohl aber, *wenn er wirklich mit dem Brot zusammen als Bildwort verstanden wird.* Und dann heißt das ganze Bildwort: »Brot – ich für euch«. Das Brot *konstituiert* die Gemeinschaft der Jünger und hält sie im Leben, darum geht es. Das Verb können wir ja eigentlich nicht übersetzen – darum stehen die Bildhälften erst einmal unverbunden da. Etwas weiter ausgeführt könnte man sich denken: »Das Brot, von dem ihr lebt – bin ich für euch / werde ich für euch sein«[63].

---

61. In den »Notwendigen Abschieden« hatte ich noch erwogen, Abendmahlsworte zu verwenden, die das Brotbrechen ausdrücklich mit dem Zerbrechen des Leibes Jesu und das Weinausgießen (in den Kelch) mit dem Vergossenwerden des Blutes Jesu in Verbindung bringen. Doch weder der Wein noch Jesu Blut sind vergossen worden, und die Gebeine Jesu sind nicht zerbrochen worden, wie bei Johannes ausdrücklich festgestellt wird (19,33-37). Deshalb habe ich diesen – ohnehin problematischen – Weg nicht weiter verfolgt.
62. Bei W. Schrage (1995), S. 33.
63. So ähnlich auch M. Kinghardt (2000), S. 65–67.

128

Aber es bleibt für mich ein Zweifel. Und zwar, weil ich mir eine solche, im Grunde doch abstrahierende Selbstdefinition schlecht im Munde des historischen Jesus denken kann. Das johanneische »Ich bin das Brot des Lebens« (6,40.48) könnte zwar dafür sprechen, ist aber bereits eine Jesus in den Mund gelegte *Glaubensaussage* der Gemeinde. Als solche ist sie allerdings glaubwürdig.

Ich nehme an, dass der sprachliche Gestus des griechischen Brotwortes »Das ist mein Leib« von dem Kelchwort »Das ist mein Blut des Bundes« inspiriert worden ist, das aus dem 2. Buch Mose 24,8 stammt und den Gedanken legitimiert, Jesu Tod als Bundesopfer zu verstehen. *Da* hat das demonstrative »Das / Dies« am Anfang sprachlich eine Berechtigung, bei Wein und Brot am Tisch nicht. Und deshalb ist es für mich wahrscheinlich, dass *keines dieser beiden Deuteworte von Jesus gesagt* worden ist.

Die vielen Perspektiven und das eine Geschehen im Hintergrund

Und was war dann das auslösende Element dafür, dass auch das Brot mit einem Deutewort verbunden worden ist? Neben der schon genannten Parallelität von Brot und Wein war es offenbar die dominante Wahrnehmung des »Brotbrechens«, die die Jüngergemeinschaft mit den feierlichen Mahlzeiten mit Jesus im Gedächtnis verbunden hat. Denn durch das Brotbrechen hat er als »Hausvater« das Mahl und die Mahlgemeinschaft konstituiert. Und dieses Gemeinschaft stiftende Element ist der entscheidende Faktor in den Mahlerzählungen überhaupt. Am Brotbrechen erkennt die Jüngergemeinschaft den Auferstandenen wieder (Lukas 24,30-35). Das Brotbrechen muss deshalb in der Liturgie deutlich vollzogen werden. Und da nirgends von Mazzen die Rede ist, sollte auch übliches, also gesäuertes, Brot verwendet werden.

So bleiben für mich in dem Bemühen, ein *letztes Mahl Jesu* zu *denken*, nur zwei Bruchstücke als Basis der ganzen Szene übrig: Das »Brotbrechen« Jesu, das lange Zeit ausreichte, um das Herrenmahl zu bezeichnen, und der eschatologische Ausblick auf das einst wieder gemeinsam zu feiernde Mahl im Reich Gottes. Im Ausblick ins Reich Gottes haben wir das Schlusswort zur Szene, das noch keine Deutung des Todes Jesu enthält. Seine Bedeutung wird noch dadurch unterstrichen, dass Paulus es weggelassen hat: Ihm passte es nicht mehr in das Konzept des sakramentalen, ausdrücklich auf Wiederholung angelegten Passa-passio-Ritus – denn das Schlusswort bei Markus blickt ja gewissermaßen über die Zeit der Kirche hinweg direkt ins Reich Gottes. Schließlich spricht für den eschatologischen Ausblick auch, dass er – wenn auch mit anderem Inhalt – schon zum jüdischen Festmahl gehört.

Von der Frage nach dem letzten Mahl Jesu ist aber die Frage nach Mahlberichten aus frühchristlicher Zeit zu unterscheiden. Übernehmen wir von den Evangelien den Stil direkter Rede und zugleich den Ort eines letzten Mahles, dann ergibt sich als möglicher Wortlaut eines *frühchristlichen Mahlberichtes ohne Opfertheologie*:

> *Während ihres letzten gemeinsamen Mahles*
> *nahm Jesus Brot, dankte, brach's,*
> *gab es den Seinen und sprach:*
> *Nehmt und esst Brot des Lebens.*
> *(Das bin ich für euch.)*
> *Nach dem Mahl nahm er den Kelch mit Wein,*
> *sprach das Dankgebet,*
> *gab ihnen den,*
> *und sie tranken alle daraus.*
> *Und er sprach:*
> *Ich werde von der Frucht des Weinstocks*
> *nicht mehr trinken bis zu dem Tag,*
> *da ich es neu mit euch trinken werde*
> *im Reich Gottes.*

Einige *Anmerkungen* dazu sollen genügen: Ein solcher Text hat in der Liturgie nur Sinn, wenn er das letzte Mahl im Blick hat. – Das Brotwort nimmt den Begriff »Brot« mit dem Zusatz »des Lebens« auf, um Brot als leibliche und geistliche Lebensgabe zu bezeichnen. Es vermeidet aber die Selbstidentifikation des johanneischen Ich-bin-Wortes. – Wer aber annimmt, Jesus habe sich seinen Jüngern gegenüber selbst als ›Brot für euch‹ bezeichnet, kann die in Klammern gesetzte Zeile einfügen. – Ein Kelchwort gibt es nicht – außer dem in dem eschatologischen Ausblick enthaltenen, das als Schlusswort fungiert.

Fazit: Die Theologie der Opfermahlliturgie ist in Konkurrenz zur Verkündigung Jesu getreten

Die Pessachfeier, die – solange es einen Tempel gab – mit einem vorgeschalteten Blutritus verbunden war, diente der selbstbezogenen Erinnerung der Befreiung Israels aus der ägyptischen Gefangenschaft. Ein Teil der Judenchristen hat sie zwar als Rahmen des Abendmahls übernommen, aber dabei nicht mehr des Auszugs Israels aus Ägypten gedacht. Stattdessen trat Jesus, der als der Christus geglaubt wurde, mit seiner Geschichte in die Heilsgeschichte ein. Bei den Gruppierungen aber, die den getöteten Jesus als ihr geopfertes Pessachlamm verstanden haben, wurde die Passionserzählung als *Ganze* zur Festlegende des christlichen Pessachfestes[64], und der »Einsetzungsbericht« war die Kurzform der Großerzählung. Inhaltlich hatte sich die Aussage des Pessachfestes damit allerdings von der jüdischen Freiheitsgeschichte gelöst und mit der Sühnopfertheologie und durch sie mit der Vergebung der Sünden verbunden.

Eine deutliche Spur hat diese Entwicklung auch in der literarischen Genese der Evangelien hinterlassen – und zwar auf einer *via negativa*. Denn die in die Passa-passio- bzw. Sühnopfertheologie hineinführende Entwicklung hat sich auf die erzählerische Jesus-Überlieferung *außerhalb* der Passionsgeschichte so gut wie nicht ausgewirkt[65]. Bei ihrer Zusammenstellung und theologischen Deutung haben andere Kriterien Regie geführt. So ist es innerhalb der ersten drei Evangelien zu dem theologisch unverbundenen Nebeneinander einer Jesus-Überlieferung *ohne* Sühnopfergedanken und einer *mit* der (Sühn-)Opfertheologie bereits verschmolzenen Pessach-Passionsüberlieferung gekommen. Die letztere diente den mit der Opfertheologie verbundenen Judenchristen als Haggada in ihrem eigenen Pessachfest und verdrängte folgerichtig die Erzählungen der *jüdischen* Heilsgeschichte (Schöpfung, Auszug aus Ägypten, Landnahme, Erwählung). Die *Opfer*mahlfeier ist also zur Wiege dieses Teils der Evangelien geworden[66].

64. Sie ist offenbar sehr bald in einzelne, erinnerbare Stationen des Weges Jesu zum Kreuz und zur Auferstehung unterteilt worden. Dass diese These nahe an der geschichtlichen Wahrheit ist, lässt sich durch den Bericht der spanischen Nonne Egeria (oder Aetheria) wahrscheinlich machen (H. Dausend [1932]). Er zeigt in beeindruckender Weise, wie damals das christliche Pessachfest in Jerusalem gefeiert worden ist: in einer prozessionsartigen Festfolge, die historisierend Station für Station der Evangelienberichte folgte.
65. Das Wenige, was dem zu widersprechen scheint, ist redaktionelle Zutat.
66. Vgl. dazu: K.-P. Jörns (1992), S. 313-332.

Auf einem anderen Blatt standen diejenigen Jesus-Überlieferungen, die mit dem Weg von Galiläa nach Jerusalem verbunden erzählt wurden und mit den Ereignissen in Jerusalem primär nichts zu tun hatten. Es spricht vieles dafür, sie den – eher ländlichen – palästinisch-syrischen oder vielleicht auch palästinisch-ägyptischen Gruppierungen zuzuordnen.

Kennzeichen der mit einem christlichen Pessachfest verbundenen Sühnopfertheologie sind vor allem folgende: Die Sühnewirkung des Todes Jesu wird den Gläubigen auf dem Weg über das Sakrament zugewendet, indem sie alle von dem Leib Jesu essen und aus dem (einen[67]) Kelch vom Blut Jesu als dem Blut des neuen Bundes trinken. Für die Sühne ist Blutvergießen nötig, weil die sündigen Menschen nur so von den mit dem Tod bedrohten Folgen ihrer Sünden befreit werden konnten: Die Tiere starben stellvertretend für die Menschen, mussten also den Tod sterben, den Menschen nach den Regeln der Tora wegen ihres Ungehorsams eigentlich hätten sterben müssen. Nun aber, im christlichen Pessachfest, das Bundes- und zugleich Sühnopfermahlfeier war, ersetzte der Opfertod des einen *Menschen* wieder den Tod der vielen Tiere, die anstelle der Menschen hatten sterben müssen. *Aber geopfert, gestorben sein musste auch jetzt, um Gottes und seines Gesetzes willen.* Das ist die Logik, die das ganze Geschehen und die Abendmahlsparadosis zusammenhält. Und dann war es zweitrangig und im Grunde auch austauschbar, ob des Näheren von einem Sühnopfer, einem stellvertretenden Leiden, einem Freikauf oder Lösegeld geredet wurde. Das Basisgeschehen ist der sühnende Blutritus. Die Versöhnung der Menschheit mit Gott konnte danach nicht anders geschehen als durch den Tod des Einen, Jesus, und das heißt durch das Vergießen seines Menschenblutes.

Durch die Opfertheologie wurde aber nun der durch die Verkündigung und Lebenspraxis Jesu gerade erst frei gemachte *direkte* Zugang zur Liebe Gottes wieder an einen Ritus und bald auch – weil es um Opfer geht – wieder an priesterliches Amtshandeln und allerlei Anforderungen an das Priesteramt gebunden. *Nun wurde das Unbedingte wieder zum Bedingten.* Es war eine Frage der Zeit, bis die Würde und Vollmacht von Menschen, ihren Mitmenschen um der Liebe Gottes willen ihre Sünden

---

67. Die Verwendung nur *eines* Kelches wird von Matthäus (26,27) besonders hervorgehoben. U. Luz (2002), S. 118-122, stützt vor allem darauf seine starke Betonung des Gemeinschaftsaspektes.

zu vergeben, den »einfachen Christen« wieder aus Hand und Mund genommen worden war[68].

Dass es zu dieser Entwicklung hat kommen können, ist ein äußerst gewichtiger Tatbestand. Nach den Ursachen dafür wird selten und nach Möglichkeiten, dies zu ändern, gar nicht gefragt. Und es wird auch nicht deutlich gemacht, dass diese Entwicklung *aus heutiger Sicht* theologisch-sachlich mit der Verkündigung Jesu und mit der Würde und Bürde der durch ihn zur Sündenvergebung bevollmächtigten Gottessöhne und -töchter prinzipiell nicht zu vereinbaren gewesen ist. *Eine* Ursache dafür, dass sich das Abendmahl trotzdem schon so früh – nämlich bereits vor den Endfassungen der synoptischen Evangelien – mit der Sühnopfer-theologie hat verbinden können, sehe ich darin, dass die Paulusbriefe im Zusammenhang seiner Missionsreisen und also noch *vor* den Evangelien im judenchristlich-hellenistischen Bereich in Umlauf gekommen sind. Paulus hat sich in seiner Christologie auch nicht primär an Jesu Verkündigung und Taten orientiert, sondern er hat Jesu Tod und Auferstehung ausgelegt, und zwar im Rahmen der jüdischen Theologie und Tora-Frömmigkeit, in der er erzogen worden war. In dem frühen Philipperbrief resümiert er Jesu Heilstat deshalb *so*: Jesus sei Gott gegenüber »gehorsam gewesen bis zum Tode, ja, bis zum Tode am Kreuz«; *deshalb* habe ihn Gott auferweckt und zum »Kyrios«, zum Herrn aller Herrn, gemacht (Philipperbrief 2,5-11; vgl. Römerbrief 5,19). Die Theologie des Kreuzestodes und der Auferstehung und damit die Bedeutung seines Todes als Grund der Versöhnung zwischen Gott und Menschen sind das zentrale Thema des Paulus geworden (Römerbrief 5,1-11; 8,31 f. 38 f.; 2. Korintherbrief 5,18-21).

Denn ihn hatte die Frage bedrängt, wie der Mensch, der nach jüdischem Verständnis durch seinen angeborenen Ungehorsam gegenüber Gottes Gebot keine Chance hatte, jemals vor Gott gerecht zu werden, dennoch von Gott angenommen und dadurch gerecht gesprochen werden könne. Als Paulus zu dem Glauben gekommen war, dass Jesu unschuldiger Tod den sündigen Menschen von Gott im Guten angerechnet werde, und dass alle, die das glauben, vor Gott gerecht werden können, hatte er die Antwort gefunden, nach der er suchte: »Gott aber beweist seine Liebe gegen uns dadurch, dass Christus für uns gestorben ist, als wir noch Sünder waren. Umso viel mehr nun werden wir, da wir jetzt

---

68. Auf Ausnahmen bei Charismatikern und im monastischen Bereich weist K.-H. Bieritz (2004), S. 649 f.

durch sein Blut gerecht gesprochen worden sind, durch ihn von dem Zorn (Gottes) gerettet werden.« (Römerbrief 5,8 f.) Im Epheserbrief spiegelt[69] sich die zentrale Rolle, die Christi *Blut* für Paulus hatte, in der summarischen Aussage: »In diesem (Jesus Christus) haben wir die Erlösung durch sein Blut, nämlich die Vergebung der Übertretungen nach dem Reichtum seiner Gnade« (1,7).

Das ist ein anderer Ansatz im Reden von Gott, als wir ihn bei Jesus finden.

Was den Gang der Liturgiegeschichte angeht, so haben sich die jeweiligen kultischen Vorprägungen der Gemeinden und Gruppierungen nicht nur als zäh, sondern als dominant erwiesen. Sie haben es offenbar sowohl den Christen jüdischer als auch nichtjüdischer Herkunft ermöglicht, Verbindungen zu ihrer bisherigen kultischen Praxis und Frömmigkeit zu halten. Dass es dabei nicht einfach zu einer bunten Vielfalt, sondern auch zu tiefgreifenden Differenzen gekommen ist, zeigt die Tatsache, dass sich die Eucharistieliturgie der Didaché, aber auch die Abkehr des Johannesevangeliums von einem Mahlsakrament, mit der so genannten Abendmahlsparadosis nicht verbinden lassen. Es kam zu einem Verdrängungsprozess, in dem die opferfreien Traditionen und Liturgien unterlegen sind.

Das *Drehbuch* für die einzelnen Akte der Passions- und der Abendmahlserzählung ist von der Schrittfolge der Opfermahlfeiern strukturiert worden, wie sie sowohl bei den Juden in Jerusalem bis zum Jahre 70 n. Chr. als auch bei Griechen und Römern üblich und jedermann von Kindheit an geläufig gewesen ist. Die römisch-katholische wie die evangelische Messliturgie greifen im Mahlteil noch immer darauf zurück.

Stellen wir aber die Theologie und Christologie der Opfermahlfeier neben die *Verkündigung Jesu*, so kann ich kaum noch Gemeinsames erkennen. Das Leiden Jesu, des zu Unrecht Hingerichteten, wird unsichtbar gemacht, ja, es wird gerechtfertigt und instrumentalisiert. Das ist das Eine. Und das Andere ist, dass die Wohltaten der von Jesus offenbar gemachten *unbedingten* Liebe Gottes *an das gewaltsame Sterben, ans Blutvergießen, gebunden* und also wieder zu etwas *Bedingtem* geworden sind. Die Didaché steht dem gegenüber für einen Entwicklungsstrang, in dem dieselben Heilsgüter noch *unblutig*, nämlich im Leben Jesu, begründet gefunden wurden. Es ist wie bei Kain und Abel (1. Buch Mose 4,1-16):

---

69. Allgemein wird in der Forschung angenommen, dass der Epheserbrief nicht von Paulus geschrieben worden ist, aber seine Gedanken aufgenommen hat.

Der eine opferte unblutig (Kain), der andere blutig (Abel). Die jüdische Überlieferung hatte Gott eindeutig – wenn auch ohne offene Begründung – für das *blutige* Opfer Partei ergreifen lassen. Doch gerade mit dieser Tradition hatte Jesus endgültig gebrochen, weil Gottes *unbedingte Liebe* ihn dazu bevollmächtigt hatte. Ohne Vor- oder Gegenleistung, ohne stellvertretendes Leiden und Sühnopfertod. Ganz aus sich selbst. Eben aus Liebe.

Doch die Liturgiegeschichte hat – aufs Ganze gesehen – wieder für das blutige Opfer Partei ergriffen, auch wenn sie es unblutig erinnern wollte. Die männliche und gewalttätige Art der Versöhnung hat sich durchgesetzt – in der allein von Männern beherrschten Kirche[70]. Dazu gebe ich am Schluss des Kapitels eine These von Eugen Biser zu bedenken: »Im Menschen selbst ist ein dunkles, vermutlich von seiner Todesverfallenheit eingegebenes Verlangen, von dem Gott, den er sucht, ebenso beseligt wie in Schrecken gesetzt zu werden. So strebt er insgeheim aus dem Licht, in das ihn Jesus führte, ins alte Dunkel zurück.«[71]

2.2. Übergänge von der Deutung des Todes Jesu als Sühnopfer zur Messliturgie

Beim Übergang aus dem semitisch-palästinischen in den hellenistischen Kulturraum konzentriert sich die Entwicklung der Liturgie mehr und mehr auf die Abendmahlsworte Jesu und ihre Beziehung zu Brot und Wein[72]. Es geht um die »Elemente«, wie es dann später bezeichnenderweise heißen wird, ihre Bereitung und Darbringung durch die Gemeinde und die Wirkung, die Brot und Wein durch die Kraft des heiligen Geistes auf die einzelnen Menschen haben, die diese Elemente zu sich nehmen. Das belegen einige wichtige Stationen der Liturgiegeschichte, die für uns im Westen maßgeblich geworden sind. Ich spreche sie noch an, um die Entwicklung bis hin zur Messliturgie zu skizzieren.

Bereits in der Mitte des 2. Jahrhunderts folgte die eucharistische Sakramentsfeier nicht mehr auf eine Mahlzeit, sondern auf einen Wortgot-

---

70. Ich schließe mich einer Betrachtung von Gerhart Herold an, der die Art, wie (viele) Frauen glauben, von dieser Männertheologie abgehoben und dabei insbesondere die Opfertheologie angeprangert hat: G. Herold (2006).
71. E. Biser (1989), S. 163.
72. Vgl. hierzu auch K.-H. Bieritz (2004), S. 299–301. Man muss dabei berücksichtigen, dass schon vom 3. Jh. v. Chr. an hellenistische Einflüsse auf das jüdische Denken festzustellen sind.

tesdienst, der aus Schriftlesungen, Schriftauslegung und Fürbitten bestand. In Wortgottesdienst lassen sich – auch wenn es manche bestreiten – Konturen des jüdischen Synagogengottesdienstes erkennen. Jesus hatte zur Synagoge, anders als zum Tempelopferkult, eine positive Beziehung. Notizen, dass er in einer Synagoge gelehrt habe, finden sich häufig in den Evangelien[73]. Und auch die Geschichte von der »Tempelreinigung« ist so spektakulär inszeniert, dass sie wohl kaum nur dem Überhandnehmen der Geschäftemacherei im Tempelbezirk, sondern auch dem Opferkult selbst gegolten haben wird (Markus 11,15-19).

Die Mahlfeier wurde nun mit einem Bruderkuss eingeleitet und umfasste »das Herbeibringen und die Bereitung der eucharistischen Gaben, das Eucharistiegebet und die Kommunion«[74]. Mit der Verbindung von Wort- und Mahlteil war die Grundstruktur der Messe geschaffen; man spricht später auch von dem Nacheinander von »Katechumenen-« und »Gläubigenmesse«. Diese Entwicklung bezeugt der christliche Philosoph und Märtyrer *Justin* (gestorben 165 in Rom) in seinen Schriften *Apologie* und *Dialog mit dem Juden Tryphon*. Justin repräsentiert bereits eine *hellenistisch-*»heiden«*christliche* liturgische Linie. Er war also nicht in der jüdischen Kultur zu Hause.

Ich setze das Wort »Heiden« in Anführungszeichen, weil ich diesen Begriff diskreditierend finde. Babylonier, Assyrer, Ägypter, Griechen und Römer gehören zu *anderen* antiken Gedächtnisspuren Gottes in der Welt als Juden und Christen. Aber ihre religiösen Wahrnehmungen sind nicht grundsätzlich minderwertig, sondern bilden mit unserem interreligiösen Kanon, der Bibel, und allen anderen zusammen die *eine und universale Wahrnehmungsgeschichte Gottes*[75] – wenn denn der Glaube an den einen und einzigen Gott glaubwürdig sein will.

---

73. Matthäus 4,23; 9,35; 12,9; 13,54; Markus 1,21.39; 3,1; 6,2; Lukas 4,15.16.44; 6,6; 13,10; Johannes 6,59.
74. K.-H. Bieritz (2004), S. 305. Ich folge seinen Ergebnissen.
75. Vgl. dazu ausführlich in *Notwendige Abschiede* das Kapitel II 3 (»Abschied von der Vorstellung, ein einzelner Kanon könne die universale Wahrnehmungsgeschichte Gottes ersetzen«).

Die »Gaben« Brot und Wein werden durch priesterliches Handeln in Leib und Blut Jesu verwandelt, in denen Christus nun »objektiv« gegenwärtig ist

Die wesentliche Neuerung, die unter griechisch- und römisch-hellenistischem Einfluss zustande gekommen ist, sehe ich darin, dass die »Gabenbereitung« ein eigener liturgischer Akt geworden ist: Nach einem Eingangsgebet und dem Bruderkuss werden die Gaben – Brot und ein Becher mit Wasser und Wein – dem Vorsteher gebracht und von ihm entgegengenommen[76]. In der jüdischen und judenchristlichen Mahlfeier hatte diese Handlung noch keinerlei liturgische Aufmerksamkeit auf sich gezogen. Nun aber steht der Vorsteher – wenn auch stellvertretend für die Gemeinschaft der Brüder und also für die Kirche – als eine personale Instanz da, die die Gaben aus der Gemeinde formell entgegennimmt und dann, über ihnen betend, handelt. Da Justin für das Herbeibringen der Gaben jenes griechische Wort *prospheromai* verwendet, das auch »darbringen« meint und in hellenistischer Opferpraxis gebraucht wurde, konnte der Vorsteher (bzw. Bischof) hier von seinen Zeitgenossen schon faktisch in der Rolle des Opferpriesters[77] gesehen werden.

Die Gabenbereitung geht direkt in die Eucharistiegebete über. Bei Justin lesen wir: »Dann wird dem Vorsteher der Brüder Brot gebracht und ein Becher mit Wasser und Mischtrank, und dieser nimmt es und sendet Lob und Preis zum Vater aller Dinge durch den Namen des Sohnes und des Heiligen Geistes empor.« Zwar wird Gott, dem »Vater aller Dinge«, vom Vorsteher Lob und Preis dafür gesandt, »dass wir von ihm dieser Gaben gewürdigt sind«. Wenn man will, kann man darin noch eine Verbindung zum jüdischen und judenchristlichen Mahl erkennen. Aber an anderen Punkten der Eucharistiegebete (»Gebete und Danksagungen«) lassen sich keine Verbindungen mehr erkennen[78]. Denn nun

- heißt die »Speise« (*trophé*), die die Getauften essen und trinken werden[79], selbst *eucharistía*;

---

76. Zur Mahlfeier bei Justin: K.-H. Bieritz (2004), S. 309-313. An das Herbeibringen (griech. *prospheromai*, lat. *offere*) »schließen sich bald schon allerhand liturgietheologische Deutungen (›darbringen‹ im Sinne von ›opfern‹) an.« (a. a. O., S. 311)
77. Der Opferer bzw. Opferpriester vollzieht das Opfer im Auftrag des Opferherrn zugunsten einer Gottheit.
78. Der Text von Justin, Apologie I, 66, bei K.-H. Bieritz (2004), S. 312 f., nach J. Beckmann (1956), S. 4-6 (griechisch) und S. 225 f. (deutsch).
79. Als Wirkungen der Taufe werden Vergebung der Sünden und Wiedergeburt genannt.

- werden in Parallele zu der in Jesu Menschwerdung geschehenen Fleischwerdung des Logos die vorher herbei-, beziehungsweise dargebrachten gewöhnlichen Speisen Brot und Wein durch ein »Gebetswort, das von ihm (scil. Jesus) selbst stammt«, zu »Fleisch und Blut jenes fleischgewordenen Jesus«;
- wird ausdrücklich davon ausgegangen, dass diese Verwandlung (*metabolé, Transsubstantiation*) ein die Substanz betreffendes Geschehen meint;
- wird der Christus Jesus selbst – in Leib und Blut – gegenwärtig, und die Kommunikanten empfangen Brot und Wein (und Wasser) »nicht als gewöhnliches Brot und gewöhnlichen Trank«;
- werden als dieses »Gebetswort« – die beiden griechischen Worte lassen sich auch als »Gebet des Logos« hören – die Abendmahlsworte Jesu aus dem »Einsetzungsbericht« verwendet[80]; ihre Bedeutung ist allerdings auf eine *Zitation* innerhalb der eucharistischen Gebete und auf die Funktion bei der Wandlung reduziert worden;
- wird dadurch insgesamt in den eucharistischen Gebeten die *Gebetsausrichtung geändert:* Während die jüdischen Berakoth *Gott* für seine Lebensgaben Lobpreis und Dank sagten, werden nun die *Gaben* gesegnet, und es geht darum, die »Gaben« der Gemeinde hier und jetzt, durch das aktuale Sprechen des auf Jesus selbst zurückgeführten »Gebetswortes«, in den Leib und das Blut Jesu Christi zu verwandeln;
- dürfen entsprechend dem veränderten Geschehen nur diejenigen an der Mahlfeier teilnehmen, die glauben, »dass das von uns Gelehrte wahr ist«, die getauft sind und sich gemäß der Gemeindeordnung verhalten;
- muss die Feier vom Vorsteher der Gemeinde geleitet werden.

Die Struktur antiker Opferhandlungen setzt sich durch

Wollen wir diese Veränderungen zusammenhängend verstehen, gibt die Struktur *antiker Opferhandlungen* dazu den Rahmen[81]:
- Darauf, dass der Vorsteher die Rolle des *Opferpriesters* übernimmt, habe ich schon hingewiesen. Damit ist die Basis für spätere Entwicklun-

---

80. Justin zitiert sie so: »Jesus nahm das Brot, dankte und sprach: Dies tut zu meinem Gedächtnis, dies ist mein Leib: und gleicherweise nahm er den Kelch, dankte und sprach: Dieses ist mein Blut« (bei K.-H. Bieritz [2004], 312 f.).
81. Was Rom angeht, folge ich hier C. R. Philipps (2000), Sp. 1246-1249.

gen gelegt worden, in denen die Anforderungen an die Priester (wie Reinheit) gemäß den im jeweiligen Kulturbereich üblichen Standards festgeschrieben wurden.

- Die Gaben, die geopfert werden sollen, werden *vor* der Opferhandlung dem Priester *dargebracht*. Darin erkenne ich Reste einer Praxis, wie sie aus dem alten römischen Opferkult belegt ist: Der Opferpriester musste vor Beginn der Handlung die Eignung des Opfertieres (lateinisch *hostia*[82]) prüfen.

- Die Opfergaben müssen zu dem Gott, dem geopfert wird, nicht nur eine mittelbare, sondern *unmittelbare* Beziehung haben: Er bekommt (zurück), was ihm (als Schöpfer oder auch als Herr oder Herrin der Tiere) gehört. Entsprechend werden die zu opfernden Gaben rituell »geheiligt« (wie im jüdischen Opferkult durch Besprengung mit Blut), besprochen oder »gesegnet« (wie hier), also in den Bereich des Heiligen einbezogen. Deshalb war es für Angehörige der hellenistischen Kultur kein Problem, dass Gott der Sohn Gottes als Opfer dargebracht wird. Nur er ist eigentlich eine Gott adäquate Opfergabe.

- Die Opferhandlung setzt auf die *Gegenwart* der mit dem Opfer angesprochenen Gottheit: Bei Justin wird Gott angeredet, und Jesus Christus durch das über Brot und Wein gesprochene Wandlungsgebet durch die Kraft des Heiligen Geistes gegenwärtig. Auch die An- und Herbeirufung der Gottheit ist ein antikes Erbe und keine christliche Erfindung.

- Durch die Wandlung erhält die Gemeinde die Gaben, die sie Gott dargebracht hatte, als Heilsgaben für sich zurück. Auch dieser Vorgang entspricht hellenistischer Praxis, insofern die Gabenopfer, die einst den Göttern noch als Speise dargebracht worden waren, in christlicher Zeit nach der Darbringung an die Kultgemeinde wieder ausgeteilt worden sind.

- Wie bei allen antiken Opfermahlfeiern zielt die Gesamthandlung auf das *Mahl;* im Unterschied zu Opfermahlfeiern in frühen Kulturen dient das Mahl bei Justin aber nicht mehr der Ernährung der Gemeinde, sondern der Teilhabe an Heilsgaben Gottes. Je nach inhaltlicher Bestimmung der sich ausdifferenzierenden christlichen Liturgien vermittelt das Mahl vor allem Gemeinschaft untereinander und mit Gott, Vergebung der Sünden, Glaubenskraft, ewiges Leben. Vom Kirchenvater Ignatius wird die Formel überliefert, das eucharistische Brot sei

---

82. War das Opfertier ein Rind, sprach man in Rom von einer *victima*.

das *phármakon athanasías,* »die Unsterblichkeitsarznei …, das Gegengift, das den Tod verhindert, aber zum Leben in Jesus Christus für immer führt.«[83]

• Wer nicht an der Mahlfeier teilnehmen kann, aber zur Gemeinschaft hinzugehört, dem wird sein Anteil ins Haus gebracht; bei Justin ist das ausdrücklich ein Teil des ganzen eucharistischen Geschehens.

Noch ein anderer Text ist für uns wichtig: die *Traditio apostolica* des römischen Presbyters und Gegenbischofs *Hippolyt* (gestorben um 235). In der von ihm mitgeteilten Eucharistiefeier sind die »Abendmahlsworte« Jesu schon wesentlich intensiver in das Eucharistiegebet einbezogen: Die Anrede Gottes wird stilistisch durchgängig beibehalten; am Anfang steht eine große Anamnese der Heilsgeschichte Jesu Christi, in die – nach dem Vorbild von Johannes 1 – die Schöpfung einbezogen worden ist (»durch den du alles gemacht hast und Wohlgefallen daran fandest«). Im Anschluss an die Abendmahlsworte heißt es dann:

»Eingedenk also seines Todes und seiner Auferstehung bringen wir dir das Brot und den Kelch (Wein) dar, indem wir dir danken, dass du uns gewürdigt hast, vor dir zu stehen und dir priesterlich zu dienen *(ministrare).* Und wir bitten dich, dass du deinen heiligen Geist auf die Opfergaben der heiligen Kirche *(in oblationem sanctae ecclesiae)* sendest; indem du sie vereinigst, gib allen Heiligen, die empfangen, (dass es ihnen gereiche) zur Erfüllung mit Heiligem Geiste, zur Stärkung des Glaubens in Wahrheit, damit wir dich loben und preisen …«[84].

Die schon bei Justin angesprochene Tendenz hat sich verfestigt, es wird ganz eindeutig von einem *priesterlichen Dienst* geredet. Die *Epiklese,* die Herabrufung des Heiligen Geistes, richtet sich *unmittelbar auf die Gaben* und erst mittelbar auf die Gemeinde der Heiligen. Handlungssubjekt ist die nun als »heilig« apostrophierte Kirche. Für die Gott von ihr dargebrachten Gaben wird der Begriff *oblatio* (von *offere*) verwendet, der im kirchlichen Latein mehr und mehr die Opfergabe in der Eucharistie bezeichnet. Ich sehe die Sinnrichtung des eucharistischen Textes bei Hippolyt also auf die Opfergaben Brot und Becher Wein gerichtet und auf das, was durch die Kommunion dieser Gaben in den Menschen und der Kirche bewirkt werden soll.

---

83. Ignatius an die Epheser 20,2. Auch heute kann man noch Spendeformeln beim Abendmahl hören wie diejenige »Christi Leib, für dich gegeben, das stärke und bewahre dich zum ewigen Leben«.
84. Bei J. Beckmann (1956), S. 227.

Die Gaben werden allerdings nicht durch die Zitation der Abendmahlsworte Jesu, sondern durch die in der Epiklese erbetene Einwohnung des Geistes Gottes geheiligt, auch wenn der Begriff der Wandlung, anders als bei Justin, nicht erscheint. Zu den Wirkungen der Kommunion für die Gläubigen gehört natürlich auch die Teilhabe an dem, was in der Anamnese der Heilstaten Christi erinnert wird: Befreiung vom Leiden, die Aufhebung des (ewigen) Todes, das Zerbrechen der Macht des Teufels und die Erleuchtung der Heiligen.

In dem aus Ägypten stammenden Eucharistiegebet des *Papyrus Der Balyzeh*[85] haben wir einen Text, der eine weitere Variation davon bringt, wann und wie Brot und Weinkelch geheiligt bzw. verwandelt werden: Innerhalb des Eucharistiegebetes wird Gott nach dem Gesang des Dreimalheilig darum gebeten, dass er die Betenden mit seiner Herrlichkeit fülle und »würdige uns, herabzusenden deinen heiligen Geist auf diese Geschöpfe, und mache das Brot zum Leibe unseres Herrn … und den Kelch (Wein) zum Blute des neuen Bundes«. Es folgt die Zitation der Abendmahlsworte in der eher paulinischen Fassung, aber mit doppelter Betonung der Sündenvergebung, und am Schluss die Bitte um die Festigung und Mehrung des Glaubens und die Hoffnung auf das zukünftige ewige Leben.

Treibende Kräfte in der Entwicklung vom jüdischen Gastmahl zum Messopfer

Der kritische Überblick sollte den großen Wandlungsprozess sichtbar machen, den die christliche Mahlfeier auf dem Weg zu einer Opfermahlfeier durchlaufen hat. Innerhalb von ein, zwei Jahrhunderten hat sich *neben* der Mahlfeier, die eine Danksagung über Brot und Wein für die Lebensgaben Gottes war und die wir in der Didaché beispielhaft vor uns haben, eine kulturell neu bestimmte Opfermahlfeier entwickelt und schließlich im Westen durchgesetzt. Dies ist zum einen geschehen, indem die Deutung des Todes Jesu als Sühnopfer mit der lobpreisenden Danksagung für die Lebensgaben Brot und Wein verbunden wurde. Anknüpfungspunkt dafür war der Gedanke vom »neuen Bund«, der vom Inhalt der eucharistischen Gebete her auch in der Didaché eine große Rolle

---

85. Bei J. Beckmann (1956), S. 228-230. Er stammt aus dem 6./7. Jh., repräsentiert aber möglicherweise eine viel ältere Tradition.

spielt. Aber während der neue Bund in der Didaché als durch das Leben und die Offenbarung Jesu begründet erscheint und unter dem Einfluss der Verheißung von Jeremia 31, 31-34 *unblutig* ist, wird er nun in Anlehnung an das Modell des Bundesopfers am Sinai als durch das *Blut Jesu* gestiftet und damit im Grunde als ein blutiger Ritus verstanden und erinnert. Das gilt, obwohl die Vergegenwärtigung unblutig geschieht. Denn Jesu Blut ist das »Blut des neuen Bundes«, den Gott mit der *Kirche* geschlossen hat. Es begründet zugleich eine modifizierte *Erwählungsvorstellung*. Die Wirkung des Blutes Jesu ist neben dem Bundesschluss jetzt zugleich »Reinigung«, Sühne, Vergebung der Sünden.

Wenn nun im hellenistischen Judenchristentum – und anders als bei Jesus – wieder der Grundsatz galt, dass Sündenvergebung ohne Blutvergießen nicht möglich ist, musste er auch das Zentrum der Abendmahlsfeier bestimmen: Nun konnten Gott nicht einfach Brot und Wein dargebracht werden, sondern die Opfergaben mussten Leib und Blut des geopferten Gottessohnes *sein*. Also mussten Brot und Wein durch das liturgische Handeln des Priesters bzw. den herabgerufenen Geist Gottes zu Leib und Blut des gekreuzigten Jesus Christus verwandelt werden. Die Kommunion fand dann bereits mit den gewandelten Elementen statt und vermittelte mit Hilfe des heiligen Geistes den Kommunikanten die Heilsgaben, um die es letztlich ging: Vergebung der Sünden, erneuerte Zugehörigkeit zum Leib Christi (also der Kirche) und zum (neuen) Bund[86], die Wandlung der Menschen, ihre Heiligung, den eröffneten Zugang zum Reich Gottes und zum ewigen Leben[87]. Der heilvollen Wirkung ging also die Wandlung der Gaben voraus. Und entsprechend gibt es auch zwei Epiklesen: für die Gaben und für die Gläubigen.

Die *Darbringung der gewandelten Gaben* sollte nun das als Selbstopfer, als willentliche Hingabe in den Tod verstandene Sterben Jesu erinnern, und an ihm sollte sich auch die Heiligung der Menschen orientieren. Das ist auch in der römischen Messe von heute noch so. Und auch sie hat zwei

86. So heißt es auch in der Epiklese II der Lima-Liturgie: »Blicke, Herr, auf diese Eucharistie, die du selber der Kirche geschenkt hast, nimm sie gnädig an, wie du das Opfer deines Sohnes annimmst, durch das wir wieder aufgenommen sind in deinen Bund. Erfülle uns mit dem heiligen Geist, wenn wir Christi Leib und Blut empfangen, dass wir ein Leib und ein Geist werden in Christus, ein lebendiges Opfer zum Lobe deiner Herrlichkeit.« (F. Schulz [1983], S. 18) Hier verschmilzt die kommunizierende Gemeinde nicht nur mit dem Christus-Leib als Kirche, sondern auch mit dem Christus-Opfer.
87. In der Alten Kirche gibt es neben der Passa-passio-Vorstellung, die die Sündenvergebung betont, die Passa-*transitus*-Vorstellung, die in der Messfeier den Übergang und Aufstieg ins Reich Gottes vorweggenommen glaubt.

Epiklesen. Im neuen Evangelischen Gottesdienstbuch ist die Epiklese, die Gott um das Senden und Wirken seines Geistes bittet, von wenigen unklar formulierten Stellen[88] abgesehen, direkt auf die Kommunikanten bezogen: Es gibt also nur *eine* Epiklese[89].

Fragen wir danach, was diese Entwicklung vorangetrieben und gestaltet hat, so können wir das ungeschriebene Gesetz der *kulturellen Kohärenz* im Hintergrund sehen. Der neue Glaube hat sich mit alten Ritualen und dem in ihnen lebendig bleibenden kulturellen Gedächtnis verbunden. Je nachdem, ob die Jesus-Geschichte als *Ganze*[90] – wie in der Didaché und im Johannesevangelium – oder mehr von Jesu *Sterben* her erinnert worden ist, wie in der Abendmahlsparadosis, hat sich die Entwicklung der Liturgien ausdifferenziert. In der ersten Entwicklungslinie ist die Eucharistie, wie die Didaché belegt, *unblutig* begründet und ohne Zusammenhang mit Jesu gewaltsamem Tod gefeiert worden, in der zweiten dem Grunde nach als blutiges Opferritual, dessen Vollzug die Hinrichtung Jesu abbildete und vergegenwärtigte. Beide sind mit einer stilisierten Mahlfeier verbunden worden.

Ganz offenbar haben die vor aller theologischen Einordnung liegenden Wahrnehmungen, die Menschen von Jesus gehabt und weitererzählt hatten, für diese unterschiedlichen Wege der Entwicklung gesorgt. Was sich da entwickelt hat, lässt sich nicht als richtig oder falsch bewerten, sondern muss zuerst vom Gesetz der kulturellen Kohärenz her verstanden werden. Aber man kann auch nicht sagen, dass es gleichgültig ist, *wie* sich die Dinge entwickelt haben. Entscheidend ist die Frage, ob wir Heutigen die Entwicklung der christlichen Liturgie hin zu einer Opfermahlfeier mit – wie Gerd Theißen drastisch betont hat – kannibalistischen Zügen als etwas Unabänderliches ansehen und fortführen wollen, obwohl wir weit entfernt sind von der hellenistischen Kultur. Oder ob wir es schaffen, uns auch an diesem Punkt stärker als bisher auf Jesus und die unblutige Art der Eucharistiefeier zu besinnen, wie sie die Didaché repräsentiert, und über den sehr lang und breit gewordenen Schatten der ei-

88. Etwa: Evangelisches Gottesdienstbuch [2000], S. 639 und 646.
89. In der Lima-Liturgie (a. a. O., S. 16) wird in der Epiklese I um die Verwandlung von *Brot* und *Wein* gebeten, so »dass dieses Brot und dieser Wein für uns zum Leib und Blut Christi werden«. Danach bittet die Epiklese II gewissermaßen um die ›Verwandlung‹ der *Gläubigen* zum Leib und Opfer Christi (s. o. Anm. 79).
90. Die Eucharistiegebete des Evangelischen Gottesdienstbuches betonen neben dem Schöpfungswerk Gottes zum Teil sehr detailliert, was Jesus in seinem Handeln und Reden zugunsten der Menschen getan hat.

genen Liturgiegeschichte zu springen? Diesen Sprung zu wagen, halte ich für notwendig und verheißungsvoll.

Denn es kann nicht allein darum gehen, alte Texte und Liturgien mit ihrem Bilderschatz zu bewahren. Sondern wir müssen kritisch bedenken, welche *Wirkungsgeschichte* durch die skizzierte Entwicklung vom jüdischen Gastmahl zur Opfermahlfeier der Messliturgie in Gang gesetzt worden ist und durch die Weiterverwendung von entsprechenden Liturgien und Bildern in Gang bleibt. Drei Dinge hebe ich noch einmal stichwortartig hervor:

- *Der Grundsatz wurde in Geltung gesetzt, dass Vergebung ohne Blutvergießen nicht möglich sei*[91].

Damit wurde Jesu revolutionäre Verkündigung *aufgehoben*, wonach die Vergebung von Schuld und Sünde durch nichts anderes als die freie und unbedingte Liebe Gottes begründet ist und es keines Stellvertretungsopfers mehr bedarf.

- *Gottes Heilshandeln wurde – wie in der Tora – wieder mit dem Gedanken verbunden, dass menschlicher Ungehorsam gegen Gottes Recht das Lebensrecht verwirkte*[92]. *Nur durch blutige Sühne im Wege der Opferstellvertretung auf Golgotha könne unser Lebensrecht vor Gott wieder erlangt werden – als Gnadengabe.*

Auch diese Festlegung hat im Kern widerrufen, was Jesus in Wort und Leben und durch seinen Gewaltverzicht verkündigt hat. Die Deutung seines Todes als Opferstellvertretung hat aus dem Christentum wieder eine Opferreligion gemacht, die im Opfermahl des Altarsakraments Anteil an den Heilswirkungen des Opfers Jesu geben will.

- *Mit der Anknüpfung an den Gedanken vom neuen Bund, den Gott – nun mit den Christen – geschlossen habe, wird der Glaube, wie Israel von Gott erwählt zu sein, etabliert.*

Damit ist eine verhängnisvolle Wirkungsgeschichte in Gang gesetzt worden, die das Verhältnis zu den anderen Religionen vergiftet hat. Die christliche Theologie ist nicht zuletzt dadurch unfähig geworden, Gott im Positiven mit anderen Religionen zu verbinden und zuzugestehen, dass auch die anderen Religionen Zugang zur Wahrheit Gottes haben.

Uns bleibt am Ende des Rückblicks nur, Folgerungen zu ziehen aus

---

91. Ich sehe die Todesstrafe im christlichen Bereich der Welt letztlich immer noch durch den Gedanken begründet, dass es Vergebung nicht ohne Blutvergießen geben könne.
92. Positiv bedeutet der Gedanke im jüdischen Glauben, dass alles Gute »aus dem Junktim von Erwählung und Toragehorsam« erwächst: K. Hoheisel (2005), S. 61.

einem Dilemma. Auf der einen Seite müssen wir uns wie die frühen christlichen Theologien und Liturgien auch nach dem ungeschriebenen Gesetz der kulturellen Kohärenz richten. Das verlangt der Lebensbezug. Auf der anderen Seite müssen wir theologisch entscheiden, ob wir die Vorgaben Jesu für eine christliche Liturgie so ernst nehmen, dass wir sie im Konfliktfall sowohl gegen unsere liturgischen Traditionen als auch gegen heutige kulturelle Standards in einer veränderten Liturgie durchsetzen wollen.

Um die heutige kirchlich-liturgische Realität zu erinnern, füge ich an dieser Stelle eine Synopse ein, die im Zentrum die »Einsetzungsberichte« enthält, die in der römisch-katholischen und in der evangelischen Kirche verwendet werden. Als Verbindung zur bereits abgedruckten Synopse beginne ich aber mit der Markusfassung und stelle vor den im Zweiten Vatikanum beschlossenen Text den Einsetzungsbericht des vorkonziliaren Missale Romanum[93]. Der schließlich in der fünften Spalte angefügte eigene Rekonstruktionsversuch soll hinüberleiten zum nächsten Kapitel, in dem es um eine opferfreie Liturgie geht.

Gegenwärtig benutzte kirchliche Fassungen der Abendmahlsüberlieferung, im Kontext anderer Fassungen betrachtet

Beide großen Kirchen verwenden gegenwärtig Fassungen der Abendmahlsworte, die man als *Mischtexte* aus den unterschiedlichen Überlieferungen bezeichnen kann. Beide Mischtexte der Kirchen erwecken den irreführenden Eindruck, dass die Verbindung der Mahlfeier mit der Deutung des Todes Jesu als eines Sühnopfers auf Jesus zurückgeführt werden könne. Damit halten sie historischen Erkenntnissen nicht stand und verbauen den Weg dazu, im Gottesdienst heute an die Verkündigung Jesu und frühkirchliche Liturgien anzuknüpfen, die nicht der Passa-passio-Linie[94] gefolgt sind. Genau genommen sind diese »Einsetzungsberichte« biblizistische Produkte, denn sie verweigern sich historischer und theologischer Kritik[95]. Ein weiterer Vorbehalt kommt hinzu. Da der eschato-

---

93. Damit folge ich einem Rat von K.-H. Bieritz.
94. S. o. S. 108.
95. Die evangelische Fassung, die auf Martin Luther zurückgeht, folgt Paulus auch darin, dass sie als Zeitangabe für das letzte Mahl Jesu die »Nacht, in der er verraten ward« verwendet; die römisch-katholische Fassung beginnt dagegen mit der Zeitangabe »Am Abend vor seinem Leiden«. Im Übrigen erlaubt das Evangelische Got-

Markus 14, 22-25	Vorkonziliares Missale Romanum	Nachkonziliares Missale Romanum	Evangelisches Gottesdienstbuch	Mein Vorschlag
22 Und während sie aßen, nahm er Brot,	Er nahm am Abend vor seinem Leiden	Am Abend vor seinem Leiden nahm er das	Unser Herr Jesus Christus, in der Nacht, da er verraten ward, nahm er das Brot,	Während ihres letzten gemeinsamen Mahles
	Brot in seine heiligen und ehrwürdigen Hände, erhob die Augen gen Himmel zu dir, Gott, seinem allmächtigen Vater,	Brot in seine heiligen und ehrwürdigen Hände, erhob die Augen zum Himmel, zu dir, seinem Vater, dem allmächtigen Gott,		nahm Jesus Brot,
sprach den Lobpreis,	sagte dir Dank, segnete es,	sagte dir Lob und Dank,	dankte,	dankte,
brach es und gab es ihnen und sprach: Nehmt,	brach es und gab es seinen Jüngern mit den Worten: Nehmet hin und esset alle davon:	brach das Brot, reichte es seinen Jüngern und sprach: Nehmet und esset alle davon:	brach's und gab's seinen Jüngern und sprach: Nehmet und esset.	brach's, gab es den Seinen und sprach: Nehmt und esst
dies ist mein Leib.	Das ist mein Leib.	Das ist mein Leib, der für euch hingegeben wird.	Das ist mein Leib, der für euch gegeben wird. Solches tut zu meinem Gedächtnis.	Brot des Lebens. (Das bin ich für euch.)
23 Und er nahm den Kelch,	In gleicher Weise nahm er nach dem Mahle auch diesen wunderbaren Kelch in seine heiligen und ehrwürdigen Hände,	Ebenso nahm er nach dem Mahl diesen erhabenen Kelch in seine heiligen und ehrwürdigen Hände,	Desgleichen nahm er auch den Kelch nach dem Abendmahl,	Nach dem Mahl nahm er den Kelch mit Wein,

sprach das Dankgebet und gab ihnen den,	dankte dir abermals, segnete ihn und gab ihn seinen Jüngern	sagte dir Lob und Dank, reichte den Kelch seinen Jüngern	dankte und gab ihnen den	sprach das Dankgebet, gab ihnen den,
und sie tranken alle daraus. 24 Und er sprach zu ihnen:	mit den Worten: Nehmet hin und trinket alle daraus:	und sprach: Nehmet und trinket alle daraus:	und sprach: Nehmet hin und trinket alle daraus,	und sie tranken alle daraus. Und er sprach:
Dies ist mein Blut des Bundes,	Dieser Kelch meines Blutes, des neuen und ewigen Bundes, das für euch und für viele	Das ist der Kelch des neuen und ewigen Bundes, mein Blut, das für euch und für alle	dieser Kelch ist der neue Bund /das neue Testament in meinem Blut, das für euch	
das vergossen wurde für viele.	vergossen wird zur Vergebung der Sünden. Tut dies, sooft ihr es tut, zu meinem Gedächtnis.	vergossen wird zur Vergebung der Sünden. Tut dies zu meinem Gedächtnis.	vergossen wird zur Vergebung der Sünden. Solches tut, sooft ihr's trinket, zu meinem Gedächtnis.	

25 Amen, ich sage euch: Ich werde von der Frucht des Weinstocks nicht mehr trinken bis zu dem Tag, da ich neu davon trinken werde im Reich Gottes.

Ich werde von der Frucht des Weinstocks nicht mehr trinken bis zu dem Tag, da ich es neu mit euch trinken werde im Reich Gottes.

logische Ausblick schon zum jüdischen Festmahl gehört hat und ihn alle vier biblischen Quellen in der einen oder anderen Form bezeugen, ist es wenig glücklich, dass beide kirchlichen »Einsetzungsberichte« Paulus folgen und diesen wichtigen Aspekt auslassen[96].

Die beiden katholischen Fassungen verbinden den Stil des Berichtes mit der Anrede Gottes, referieren also die Abendmahlsworte Jesu im Gebet vor Gott. Das liegt daran, dass sie die Abendmahlsworte konsequent in das Eucharistiegebet eingefügt haben. Außerdem wendet Jesus beim ersten Lobpreis den Blick zum Himmel und der Text spricht da, wo es ums Nehmen geht, in besonders ehrfürchtiger Weise von Jesu Händen. Es fällt auf, dass das Brotwort der vorkonziliaren Fassung ganz dem markinischen Brotwort entspricht. Das Kelchwort redet vom »Kelch des Blutes« und stellt den Bundesgedanken als Apposition nach. Das ist in der nachkonziliaren Fassung geändert worden; in ihr ist auch das Brotwort erweitert und an die Opfersprache angepasst worden (der Leib wird »hingegeben«).

Keine der Kirchen kann sich für ihre »Einsetzungsberichte« den Gläubigen gegenüber auf Jesus berufen, denn sie lassen sich mit seiner Verkündigung nicht verbinden. Das ist kein guter Zustand[97]. Den kirchlichen »Einsetzungsberichten« mangelt es dadurch an Autorität und letztlich an Glaubwürdigkeit. Es kann niemanden wundern, wenn viele Gemeinden deshalb die Abendmahlsworte ändern.

tesdienstbuch für den Bereich der ehemaligen Ev. Kirche der Union auch, den paulinischen Text nach dem 1. Korintherbrief 11,23-25 zu verwenden (S. 28). Es zeigt sich auch hier, wie stark die reformatorischen Kirchen Paulus verbunden sind. Vor allem wegen seiner für Luthers Rechtfertigungslehre zentralen Kreuzestheologie haben sie Schwierigkeiten, sich von der Sühnopfertheologie im Abendmahl zu trennen.

96. Wenn der eschatologische Ausblick an anderen Stellen der Liturgie erscheint, verliert er die Bedeutung, die er im Einsetzungsbericht hat. Deshalb habe ich ihn in meinen Rekonstruktionsversuch aufgenommen.

97. Auf die Orientierungshilfe der EKD »Das Abendmahl« (2003) bin ich schon in den *Notwendigen Abschieden*, S. 315, kritisch eingegangen.

Vierter Teil:
Lebensgaben Gottes feiern. Liturgien
ohne Sühnopfer- und Erwählungsvorstellungen

1. Kriterien für eine christliche Liturgie aufgrund der Vorgaben Jesu und heutiger theologischer Grundentscheidungen.
Thesen[1]

1. Die Liturgie gibt Raum für drei Bewegungen – von Gott her, auf Gott zu und mit Gott zu den Menschen, die innerhalb und außerhalb der feiernden Gemeinde leben. Außerdem gibt sie Freiräume für kontemplative Stille und Tanz[2].

1.1. Die Abfolge der Schritte, aus denen die Liturgie besteht, wird von den Gemeinden im Rahmen gesamtkirchlicher Empfehlungen verabredet. Ziel ist, dass die Menschen in der jeweiligen Gemeinde die drei Bewegungen als eine große Prozession erkennen und nachvollziehen können.

1.2. Es gibt kein Gebot, wonach ein Wortteil und ein Mahlteil aufeinander folgen müssen. Entscheidend ist, dass das Geschehen strukturiert wird als Feier der Lebensgaben Gottes.

1.3. Die im Gottesdienst Versammelten müssen erkennen können, dass es um ihre Sache geht: um Gott und die Welt, Leben und Tod, um Gut und Böse, Angst und Geborgenheit, um Glück und Leid und unbegrenzte Hoffnung.

---

1. Ich wähle den Indikativ, denn Kriterien sind Merkmale und als solche Aussagen und kein Muss.
2. Vgl. auch G. M. Martin (1973) und T. Berger (1985).

1.4. Christliche Liturgie inszeniert keine tiefenpsychologisch rekonstruierten Blutrituale und keine heilspädagogisch verstandenen Aufführungen eines Gründungsmythos oder Kultdramas zur Läuterung der Gemeinde. Die Gemeinde feiert die Gegenwart Gottes in Geist und Liebe und erwartet von ihr alles, was sie zum Leben und Sterben braucht.

1.5. Die christliche Gemeinde ist nicht das Objekt priesterlichen Handelns. Durch Jesus sind alle Gläubigen zu Söhnen und Töchtern Gottes und durch die Taufe zum Priestertum berufen. Im Gottesdienst feiern sie gemeinsam die Lebensgaben Gottes.

2. Eine christliche Liturgie gibt zu verstehen, warum sich unser Glaube auf Jesus beruft:

2.1. Der Gottesdienst wird im Glauben gefeiert, dass Jesus durch den Geist Gottes in der Gemeinde gegenwärtig ist. Eine Herbeirufung des Geistes oder Gottes (Epiklese) ist an keiner Stelle des Gottesdienstes sinnvoll, so wichtig Zeichen und zeichenhafte Handlungen sonst auch sind.

2.2. Die Liturgie meint, wenn sie von Jesus spricht, seine *ganze* Geschichte. Sie wird im Gottesdienst auf unterschiedliche Weise vergegenwärtigt und erinnert, so dass sein Leben als frohe Botschaft von der unbedingten Liebe Gottes verstanden und mit Lobpreis und Dank beantwortet werden kann.

2.3. Die Liturgie löst sich von der durch die Struktur der Opfermahlfeier bedingten Fixierung allein auf Jesu Sterben und Auferstehen: Wir verkünden durch die Liturgie, dass Jesus für uns *gelebt* hat als die Mensch gewordene Liebe Gottes und mit uns *lebt*, aber wir verkünden nicht seinen Tod.

2.4. Die Liturgie erzählt von Jesu Handeln und Reden, stellt sein Beispiel dienender Liebe genauso dar wie sein leidenschaftliches Eintreten für Menschen, denen Würde, Gerechtigkeit und Liebe verweigert werden; sie erzählt von seiner Bereitschaft, für das Zeugnis der freien Liebe Gottes zu sterben, und von der endgültigen Entscheidung Gottes, Gewalt nicht (mehr) mit Gewalt zu beantworten; sie feiert den Glauben, dass das Leben mit der Auferstehung das letzte Wort behält, dass *sie* auch die Antwort auf Unrecht und Leiden in der Welt ist und auf den Tod, der zum sterblichen Leben hinzugehört.

2.5. Die Liturgie lädt ein zum Glauben, dass wir im Vertrauen auf Gottes Liebe und Geist die Angst der Welt vor ihrem und unserem Ende überwinden werden, und lenkt den Blick in die Zukunft, in der das Eins-sein von Gott und Schöpfung erfahren werden wird.

3. Christliche Liturgie lobt und preist *Gott:* Gott ist der Schöpfer, aber Gott ist (auch) sterbliches Menschenkind geworden und kennt unser Leben. Gott ist gegenwärtig in Geist und Liebe.

3.1. Liturgie drückt den Glauben aus: Gott ist die Seele des Lebens, die alles Leben und alles im Leben zusammenhält.

3.2. Sie achtet deshalb darauf, dass sie keine Welt- und Gottesbilder mehr unterstützt, die Gott und Welt, Gott und Menschen so weit voneinander entfernen, wie sie in den Vorstellungen der Religionen vor der Menschwerdung Gottes in Jesus waren. Das gilt auch für Gottesbezeichnungen, die Gott ausschließlich als Mann verstehen.

3.3. Sie löst sich aber auch von Vorstellungen, die uns Menschen das Lebensrecht absprechen, wenn wir Gott und unseren Mitmenschen Ehrfurcht und achtsame Liebe schuldig bleiben. Unser Lebensrecht haben wir unverlierbar aus Gottes Liebe.

3.4. Christliche Liturgie macht Mut zum Leben, indem sie unsere Schuldigkeiten ins Licht dieser unverlierbaren Liebe stellt und Gottes Vergebung als Lebensgabe feiert.

3.5. Sie bricht mit der Vorstellung, Vergebung sei ohne Blutvergießen nicht möglich. Und damit ist sie Feier des Tabubruches, den Jesus als Irdischer und Auferstandener selbst vollzogen hat, als er die Vollmacht, Sünden zu vergeben, auf seine Weggefährtinnen und -gefährten übertragen hat.

3.6. Christliche Liturgie nimmt das Beispiel ernst, das Jesus seinen Jüngern gegeben hat: In der Fußwaschung lädt sie die Gemeinde ein, das Sakrament der dienenden und einander annehmenden Liebe zu feiern.

4. Das *Vaterunser* ist die Mitte der Liturgie. So, wie Jesus uns beten gelehrt hat, können wir Gott voller Vertrauen ansprechen. Die Vater-Anrede kann um die Mutter-Anrede erweitert oder durch sie ersetzt werden, um auszudrücken, dass es um die vertrauensvolle Gottesbeziehung geht.

4.1. Das Vaterunser ist zusammen mit den *Seligpreisungen* der Bergpredigt die Sprachschule unseres Glaubens.

4.2. Das Vaterunser und die Seligpreisung der Friedensstifter verbinden unsere Gotteskindschaft mit dem Auftrag, dass wir da, wo wir leben, durch Barmherzigkeit, Vergebungsbereitschaft und Gewaltverzicht *Frieden stiften.*

4.3. In der Liturgie machen wir Ernst damit, dass wir Gottes Vergebung mit denen teilen wollen, die an uns schuldig geworden sind: Wir gestehen uns ein, dem Bösen Macht gegeben zu haben über uns, erbitten Vergebung und sprechen sie uns in Gottes Namen gegenseitig zu.

4.4. Indem wir uns gegenseitig die Sünden vergeben, praktizieren wir das allgemeine Priestertum aller Gläubigen und bezeugen, dass Sündenvergebung keines Amtspriestertums bedarf.

4.5. Die Feier der Eucharistie hat nichts mit der Vergebung der Sünden zu tun. Damit die Vorstellung nicht weiter genährt wird, Sündenvergebung sei eine Frucht des als Sühnopfer verstandenen Todes Jesu, stehen das Eingeständnis, Gott und Menschen gegenüber schuldig geworden zu sein, und der Zuspruch der Sündenvergebung in der Liturgie deutlich *vor* einer im Gottesdienst gehaltenen Abendmahlsfeier.

5. Christliche Liturgie preist in der *Eucharistie* Gott über Brot und Wein für alle Lebensgaben, die wir haben und genießen können.

5.1. Die Eucharistie ist die Feier, die durch Nehmen, Essen, Trinken, Schmecken und Sehen unsere Sinne über das Hören hinaus wachruft, die Schönheit und Fülle der Lebensgaben Gottes wahrzunehmen.

5.2. Dabei trennt christliche Liturgie nicht nach geistlichen und weltlichen Gaben. Der Horizont der Eucharistie reicht über Brot und Wein hinaus und schließt das für uns gelebte Leben Jesu und die durch ihn geweckte Hoffnung ein.

5.3. Alle Lebensgaben kommen von Gott und sind vom ihm geheiligt. Deshalb können in der Eucharistiefeier auch künstlerische Gaben sichtbar und hörbar werden, die Menschen von Gott bekommen haben. Sie tragen zu Lobpreis und Dank für Gott bei.

5.4. Durch Jesus wissen wir, dass Gott sich mit denen identifiziert, die hungern, körperlich oder seelisch leiden, einsam oder gefangen oder bloßgestellt sind und menschliche Nähe brauchen. Darum gehören Lebensgeschichten von Menschen mit der Jesus-Geschichte zusammen. Sie müssen im Gottesdienst auch gemeinsam zur Sprache kommen können.

5.5. Liturgie baut von der Gemeinschaft im Gottesdienst Brücken zur Gemeinschaft im Alltag und zu denen, die ohne Gemeinschaft, Liebe und Trost leben, die an Leibes- und Seelennöten leiden. Eucharistia, Koinonia

(»Gemeinschaft«) und Diakonia gehören zusammen, und die Liturgie mündet in die Sendung.

6. Christliche Liturgie erinnert im Rahmen der ganzen Jesus-Geschichte die Leiden, die Jesus vor und bei seiner Hinrichtung ertragen hat, weil er sein Zeugnis von der Liebe Gottes nicht widerrufen wollte, mit der er dem Leben dient.

6.1. Liturgie gestaltet diese Erinnerung so, dass sein menschliches Leiden nicht über alles gestellt wird, was andere Menschen und Mitgeschöpfe auf dieser Erde gelitten haben und leiden. Denn Jesu Leiden ist Ausdruck des Mitleidens mit uns, also der rückhaltlosen Inkarnation.

6.2. Christliche Liturgie erinnert Jesu Leiden deshalb zusammen mit Leiden von Menschen und anderen Geschöpfen, die uns heute beunruhigen, liebevolles Gedenken und Handeln herausfordern.

6.3. Sie tut dies in einem eigenen liturgischen Schritt, der *Kreuzesmeditation*, und lenkt dabei den Blick auf die in den Kirchen vorhandenen Kreuze (mit und ohne Crucifixus) und anderen bildlichen Darstellungen.

6.4. Was in den Menschen vorgeht, die das Kreuz Jesu und die Leiden heutiger Menschen bedenken, sollen sie auch sagen dürfen. Die Liturgie gibt ihnen dazu Gelegenheit.

6.5. Sie kann auch fremdes Bildmaterial oder Oratorien an dieser Stelle in die Liturgie einbinden.

6.6. Die Kreuzesmeditation wird mit Fürbitten für die heute Leidenden verbunden und kann auch eine Zeit meditativer Stille einschließen. Sie geschieht im Horizont der Ostererfahrung, die durch das Osterlicht in der Kirche repräsentiert wird.

7. Das Christentum ist aus Religionen hervorgegangen, die vor ihm waren. Mit ihnen und später entstandenen Religionen zusammen gehört das Christentum in die universale Wahrnehmungsgeschichte Gottes auf der Erde hinein. Eine christliche Liturgie bringt dies durch Lesungen und Gebete zur Sprache.

7.1. Christliche Liturgie benutzt keine Lesungstexte, Gebete oder Lieder mehr, die den Glauben aussprechen, Gott habe bestimmte Gruppen von Menschen erwählt und andere verworfen.

7.2. Da wir durch unsere biblischen Überlieferungen geprägt sind, werden sie auch noch für längere Zeit den Hauptteil der Lesungen und im Gottesdienst auszulegenden Überlieferungen (»Predigttexte«) ausmachen. Diese werden aber nach folgenden Kriterien ausgewählt. Die Lesungen

– stammen, sofern sie Jesus-Überlieferungen darstellen oder von Jesus sprechen, aus der ganzen Jesus-Geschichte,

– stehen nicht unter dem hermeneutischen Regiment der mit der Sühnopfertheologie verbundenen Deutung des gewaltsamen Todes Jesu,

– rechtfertigen nicht die Anwendung angeblich »heiliger Gewalt«,

– und gehen auch sonst in ihren Gottesvorstellungen nicht hinter die Verkündigung Jesu zurück.

Texte, die diesen Kriterien nicht entsprechen, aber verantwortlich sind für problematische Entwicklungen in der Kirchen- und Theologiegeschichte, werden als solche benannt – wenn sie überhaupt verwendet werden sollen.

7.3. Aufgabe der Schriftauslegung im Gottesdienst ist es auch, die genannten Kriterien und den damit verbundenen Abschied von bestimmten Glaubensvorstellungen zu begründen. Denn Predigt hat die Aufgabe, zu einem lebendigen, heute theologisch verantwortbaren Glauben zu helfen.

7.4. Neben biblischen Überlieferungen werden im Gottesdienst auch nichtbiblische Überlieferungen als *Lesungen* verwendet. Was nicht gegen Jesus spricht, darf auch im christlichen Gottesdienst von Gottes Weite, Fülle und Tiefe sprechen.

7.5. Biblische und nichtbiblische Lesungen können synonym, synthetisch oder auch antithetisch *ausgelegt* werden und so die Weite der universalen Wahrnehmungsgeschichte Gottes bezeugen; so können aber auch die Ursachen religiöser Auseinandersetzungen und eigene Positionen verständlich gemacht werden.

7.6. Dass in nichtchristlichen Überlieferungen andere Gottesnamen verwendet werden, ist kein Hinderungsgrund dafür, sie zu verwenden. Auch in der Bibel hat Gott viele Namen. Deshalb ist es möglich, die Gottesnamen durch die generelle Verwendung von »Gott« zusammenzuführen und die Texte so einander anzupassen.

7.7. Die Auslegung muss nicht in Form der Kanzelrede, sondern kann auch im offenen Glaubensgespräch und in Gruppen geschehen.

7.8. Bei allen Lesungen aus der de facto interreligiösen Bibel genauso wie aus unterschiedlichen heiligen Schriften gilt der theologische Grundsatz: Gott selbst ist die Wahrheit. Religionen, Theologien und einzelne

Menschen haben immer nur einen perspektivisch gebrochenen Zugang *zur* Wahrheit, niemals *die* Wahrheit als solche.

2. Eine Liturgie ohne Sühnopfer- und Erwählungsvorstellungen

Ich leite die Liturgie mit Ausführungen zu ihrer Struktur ein. Im Anschluss daran stelle ich die Liturgie vor. *Rechtsseitig* werden die einzelnen Schritte der Liturgie abgedruckt. Auf der jeweils dazu gehörenden *linken* Seite stehen die *Erläuterungen* zum Text und zu Variationsmöglichkeiten der Liturgie.

2.1. Zur Struktur der Liturgie

Die Abfolge, in der die einzelnen Schritte der Liturgie hier erscheinen, stellt eine nach meinen Vorüberlegungen und Erfahrungen sinnvolle Anordnung dar. Ich gehe aber nicht davon aus, dass in einem normalen Sonntagsgottesdienst immer *alle* diese Schritte gegangen werden. Vielmehr müssen die Schritte der Liturgie nach den zeitlichen und räumlichen Verhältnissen und natürlich nach den jeweils gesetzten Schwerpunkten im Kirchenjahr ausgewählt und in ihrer Reihenfolge geordnet werden.

Zu jedem Schritt gehören Teilschritte. Schritte oder Teilschritte dieser Liturgie, die ausgelassen werden können, sind mit einem *am Anfang und am Ende* markiert.

Ich charakterisiere nun die einzelnen *Schritte der Liturgie*. Ihre Abfolge vollzieht eine Bewegung, die von Gottes Weite in unsere Nähe und zu uns selbst führt und von dort wieder über uns hinaus. Diese Bewegung muss nachvollziehbar sein. Liturgische Schritte oder Teilschritte dürfen nicht aufeinander folgen, ohne dass aus dem unmittelbaren, inhaltlichen Zusammenhang erkennbar wäre, warum[3].

Nach der einleitenden *Musik* beginnt die Liturgie mit der *Eröffnung*. Das *Gotteslob* preist Gott unter Verwendung biblischer und außerbib-

---

3. Im neuen Evangelischen Gottesdienstbuch (2000), S. 62, folgt zum Beispiel in der Ersten Form auf das »Herr, erbarme dich« ohne irgendein überleitendes Element das »Ehre sei Gott«. In der Zweiten Form tritt dann aber die Gnadenzusage dazwischen und schafft so einen nachvollziehbaren Übergang.

lischer Texte in seiner Weite und Größe. Es kann mit *Kontemplativer Stille* aufgenommen werden. Aus der Weite führt die Bewegung der Liturgie dann durch *Bekenntnis und Tauferinnerung* oder eine *Taufe* in die Nähe zu dem spezifisch Christlichen. Dort geht es auch mit *Schriftlesung und -auslegung* oder mit einer *Bildbetrachtung* aus der christlichen Ikonographie und ihrer *Besprechung* um die Vielfalt der Wahrnehmungen Gottes – und zwar damals und heute. Mit dem *Vaterunser* als Einübung des uns von Jesus aufgetragenen Friedensdienstes stellen wir unser Leben ganz in die Gottesbeziehung hinein. Was wir von Gottes Liebe empfangen, geben wir den Mitmenschen weiter, vor allem in der Vergebung der Sünden durch ein *offenes Schuldeingeständnis und die wechselseitige Lossprechung*. Statt dieses Ritus kann auch eine *Fußwaschung* vollzogen werden, die die vorbehaltlose gegenseitige Annahme ausdrückt. Hier weitet sich dann die Bewegung der Liturgie wieder aus. Die Vergebung macht uns frei, die Fülle der Lebensgaben Gottes im *Abendmahl* über Brot und Wein mit allen Sinnen wahrzunehmen und mit Lobpreis und Dank zu erinnern. Statt der Schöpfungsgaben Brot und Wein können auch andere, *besondere Lebensgaben Gottes* in der Gemeinde mit Lobpreis und Dank für Gott gefeiert werden. Hier kann (noch einmal) eine *meditative Stille* sein und die Grenzen zwischen Gott und uns transzendieren.

Dank und Freude können vor Gott aber nicht ausgesprochen werden, ohne in der *Kreuzesmeditation* der Menschen und anderen Mitgeschöpfe auf dieser sterblichen Erde zu gedenken, die leiden, wie Jesus am Kreuz gelitten hat. Im Licht von Ostern verbinden wir uns in Meditation und *Fürbitte* mit ihnen. Am Ende richtet sich die Bewegung, die wir mit Jesus als Weg, Wahrheit und Leben mitgehen, in der *Sendung* auf diejenigen aus, die uns auf diesem Weg begegnen werden. Mit den *Seligpreisungen* Jesu können wir sie in die Gemeinschaft mit Gott einladen. Auch die Bitte, dass wir anderen ein *Segen* sein und mit ihnen gemeinsam erfahren mögen, dass Gottes Ziel mit uns *Leben* ist, baut die Brücke zum Alltag hinüber. Dazu, dass wir über diese Brücke gehen, soll auch die *Musik* am Schluss helfen. Sie kann aber auch durch eine gemeinsam *getanzte Bewegung* ersetzt oder begleitet werden.

Musik

Statt des Orgelspiels kann auch mit dem Einüben von Liedern begonnen werden, die im Gottesdienst gesungen werden sollen.

Votum und Begrüßung (Salutatio)

Die Eröffnung der Liturgie beschränkt sich auf ein Votum und einen Gruß. Deren Gestalt kann gewechselt werden. Wichtig ist, dass die in der Eröffnung verwendeten Teilschritte eine klare Abfolge erkennen lassen. Außerdem darf die Eröffnung nicht überladen werden. Sie soll die Sinne öffnen, nicht blockieren oder verwirren.

Kindergottesdienst

Die Entscheidung, mit den Kindern während des Gottesdienstes in Gruppen etwas Eigenes, Kindgemäßes zu machen, ist einleuchtend, hat aber auch zwei Schattenseiten: Die Kinder gewöhnen sich nicht an den Gottesdienst, und der Gottesdienst leidet, weil keine Rücksicht auf Kinder genommen werden muss, an Überverbalisierung und Intellektualisierung. Als Regel, mit dem Problem umzugehen, kann gelten: Wenn im Gottesdienst statt der Textpredigt Bilder gezeigt und interpretiert oder auch besondere Lebensgaben Gottes (Musik, Tanz etc.) gefeiert werden, sollten Kinder möglichst dabei sein. Dasselbe gilt für eine Fußwaschung. Die Rückkehr der Kinder in den gemeinsamen Gottesdienst sollte auf jeden Fall vor der Kreuzesmeditation erfolgen, damit sie in die Wahrnehmung der Leiden und die Fürbitten einbezogen werden und diesen neuen Umgang mit dem Crucifixus lernen.

Gotteslob aus biblischen und außerbiblischen Texten

Alle Religionen haben – wenn zum Teil auch auf sehr unterschiedliche Weise – Gottes Sein außerhalb und innerhalb von uns wahrgenommen: als den einen Lebensgrund, der alles transzendiert und im Geist mit sich verbindet. Der Glaube an die Einheit Gottes muss sich deshalb auch darin äußern, dass die Art, in der andere Religionen Gott loben, im Gottesdienst in Originaltexten zur Sprache kommt. Diese Praxis, Gott interreligiös-vielstimmig zu loben, ist ein wichtiger Beitrag zum Frieden, weil sie eine klare Absage an den Erwählungsglauben beinhaltet.

Kontemplative Stille

Das vielstimmige Gotteslob transzendiert bisher für unüberschreitbar gehaltene Grenzen. Auch die Kontemplative Stille vermag, durch das Loslassen der Worte Grenzen zu durchbrechen. Darum kann sie hier einen Platz haben – sofern sie wenigstens fünf Minuten dauert und von einem in Kontemplation Erfahrenen geleitet wird. Das »Tönen« am Anfang und/oder Ende soll die vielschichtige Gemeinsamkeit, die zwischen den Menschen im Gottesdienst herrscht, erfahrbar machen, nicht ein falsches Unisono[4].

---

4. Eine hervorragende Einführung in die Kontemplation vermittelt das Sonderheft »Kontemplation – was ist das?« (2000).

2.2. Die Schritte der Liturgie, ohne Zuordnung zu einer bestimmten Form

Musik

Votum und Begrüßung (Salutatio)

Gemeinde: *Lied*

Liturg/in: Wir feiern diesen Gottesdienst im Namen des Vaters und des Sohnes und des Heiligen Geistes.

Gemeinde: Amen.

Liturg/in: Begrüßung (Salutatio)

*Findet parallel ein **Kindergottesdienst** statt, gehen die Kinder an dieser Stelle in ihre Gruppen*

Gotteslob aus biblischen und außerbiblischen Texten

Lektor/in: Lesungen aus Psalmen, Hymnen und anderen lobpreisenden Texten

Liturg/in: Ehre sei Gott in der Höhe …
Gemeinde: … und auf Erden Fried, den Menschen ein Wohlgefallen.

oder ein anderes Gotteslob

Kontemplative Stille

Liturg/in oder Kontemplationslehrer/in: leitet die kontemplative Stille ein
und beendet sie mit dem Anstimmen des *Tönens*,

oder

Gemeinde: *Lied*

Bekenntnis und Tauferinnerung (Taufe)

Viele Menschen haben mit dem Apostolischen Glaubensbekenntnis ein Problem, weil sie durch das, was sie sprechen, ihren Glauben nicht ausdrücken können. Und von Jesus wird nur etwas über seine Geburt und seinen Tod gesagt, weil das dogmatisch wichtig ist. Sein Leben kommt nicht vor. Nun wird das Apostolikum erst seit dem Kirchenkampf im Dritten Reich *gemeinsam* und als *Bekenntnisakt* gesprochen. Ursprünglich war es das Bekenntnis, das erwachsene Taufbewerber nach abgeschlossener Unterrichtung im Glauben sprechen durften. Von seiner inneren Haltung her war der Text eine Doxologie, also ein Lobpreis Gottes. Ökumenisch ist das Apostolikum nur im Westen, der Osten verwendet es nicht.

Das Apostolikum eignet sich dazu, als *Tauferinnerung* für jeden und jede Einzelne zu dienen, weil es bis heute bei der Taufe verwendet wird. Fraglich ist, ob es weiterhin gemeinsam gesprochen werden sollte. Ich schlage vor, diese Praxis wieder zu beenden.

Damit nicht der Eindruck entsteht, das Apostolikum sei die einzig angemessene Form, den Glauben zu formulieren, wird hier neben das Apostolikum (oder Nizänum) ein zeitgenössisches Bekenntnis gestellt oder ein Bekenntnislied gesungen. Dadurch gibt es die Möglichkeit, gegenwärtig wichtige Aspekte des Glaubens auszusprechen. Auf S. 190 biete ich ein eigenes Glaubenslied an.

An dieser Stelle der Liturgie können auch eine *Taufe* oder eine Tauferinnerung (als eigener Ritus) gefeiert werden.

Schriftlesung / Bildbetrachtung und Auslegung

Um das Leben Jesu, wie es die Evangelien spiegeln, im Glaubensgedächtnis einzuprägen und zu erinnern, sieht die Liturgie grundsätzlich eine Lesung aus den Evangelien vor. Dabei können auch Texte aus dem Thomasevangelium verwendet werden. Wo es sich nahelegt oder üblich ist, kann eine zweite Lesung hinzukommen, möglicherweise auch aus einer anderen heiligen Schrift, um dann zusammen mit dem Evangelium in einer Predigt ausgelegt zu werden.

Wird eine Predigt gehalten, sollte der/die Prediger/in sie nicht selbstgefällig mit *Amen* beschließen. Amen ist eine Zustimmung und gehört als Urteil über das Gehörte in den Mund der Gemeinde (1. Korintherbrief 14,29). Der/die Prediger/in kann um die Zustimmung werben, sie aber nicht der Gemeinde aus dem Mund nehmen.

Statt der Predigt kann – in Gruppen – auch eine *gemeinsame Schriftauslegung* gehalten werden (Glaubensgespräch).

Mehr und mehr sollten Werke der christlichen *Ikonographie* Gegenstand der gemeinsamen Betrachtung und Auslegung sein. Auch in früheren Jahrhunderten gab es im Gottesdienst Darstellungen aus der Glaubensgeschichte zu sehen. Der Reichtum an Kunstwerken, die sich dafür anbieten, und die heutigen Projektionsmöglichkeiten bieten Hilfen, um dem wortzentrierten, kinder- *und* erwachsenenfeindlichen Stil der Gottesdienste zu entkommen.

Bekenntnis und Tauferinnerung (Taufe)

Liturg/in: Wir gedenken der Anfänge unseres christlichen Glaubens, indem wir das Apostolische Glaubensbekenntnis hören. Dieses Bekenntnis verbindet als ökumenisches Symbol die Gemeinschaft christlicher Kirchen im Abendland. Mit ihm erinnern wir als Einzelne auch unsere eigene Taufe, bei der es gesprochen wurde.

oder

Liturg/in: Wir gedenken der Anfänge unseres christlichen Glaubens, indem wir das Nizänische Glaubensbekenntnis hören. Dieses Bekenntnis verbindet als ökumenisches Symbol die Gemeinschaft christlicher Kirchen.

Taufe oder Tauferinnerung

Liturg/in oder Lektor/in: *Apostolisches oder Nizänisches Glaubensbekenntnis*

Liturg/in: Wir wollen unseren Glauben aber auch mit Worten aus unserer Zeit zur Sprache bringen:

Liturg/in / Lektor/in / Gemeinde: Ein *zeitgenössisches Bekenntnis* mit nachfolgendem *Lied*
oder ein zeitgenössisches *Bekenntnislied*

Schriftlesung / Bildbetrachtung und Auslegung

Lektor/in: *Lesung aus den Evangelien*
Gemeinde: Antwortet auf gemeindeübliche Weise

*Gemeinde: *Liedstrophe**

*Liturg/in oder Lektor/in: *Lesung**

Prediger/in: *Predigt* (wird nicht mit Amen beschlossen)
Gemeinde: **Amen**

oder: Gemeinde mit Liturg/in: *Glaubensgespräch* (gemeinsame Textauslegung)

oder: *Betrachtung eines Kunstwerks*
*und (gemeinsame) *Besprechung**

Gemeinde: *Lied*

Das Gebet Jesu als Friedensdienst

Das Vaterunser[5] (Matthäus 6,9-13; Lukas 11,2-4) lässt sich im Grundbestand auf Jesus zurückführen. Mit der Vater-Anrede verbindet sich die Würdigung der Gläubigen als Söhne und Töchter Gottes, die Gott im Gebet vertrauensvoll ansprechen können. Von da aus führt eine Verbindung zur Seligpreisung der Friedensstifter. Denn auch von ihnen sagt Jesus, dass sie Söhne und Töchter Gottes heißen sollen (Matthäus 5,9). Weil Gott uns unsere Schuld vergibt, haben wir um der Liebe Gottes willen Vollmacht und Pflicht, die *Vergebung der Schuld* bzw. *Sünden* an andere Menschen weiterzugeben und dadurch Frieden zu stiften. Der wechselnde Sprachgebrauch bei Matthäus und Lukas zeigt, dass Schuld und Sünde dasselbe meinen. Es geht um das, was wir Gott und Menschen an Ehrfurcht und Liebe schuldig bleiben und was den Frieden im Zusammenleben durch Unbarmherzigkeit stört.

Das Vaterunser wird in dieser Liturgie wieder in seiner zentralen Bedeutung sichtbar gemacht und nicht mehr – wie in der Messliturgie – von der Sühnopfertheologie der Abendmahlsliturgie oder als formelhafter Abschluss der Fürbittgebete verdeckt. Dabei knüpft die Liturgie ausdrücklich an die reformatorische Idee vom *allgemeinen Priestertum* aller (getauften) Gläubigen an. Sie will damit die Würde und Verantwortung der Christen bewusst machen und stärken. Deshalb bleibt es auch nicht bei dem vorgegebenen Gebet: Das Vaterunser leitet den nächsten Schritt der Liturgie ein.

Offenes Schuldeingeständnis und wechselseitige Lossprechung

Die große Bedeutung, die die Vergebung von Sünden und Schuld im Zusammenleben der Menschen hat, wird in der Liturgie dadurch unterstrichen, dass die Gemeinde als Ganze ihr Priestertum wahrnimmt: *Sie* verkündet durch den Liturgen, dass Gott uns um seiner Liebe willen vergibt, was wir ihm und unseren Mitgeschöpfen schuldig geblieben sind. Das Vaterunser bindet aber Gottes Vergebung für die Einzelnen an unsere persönliche Bereitschaft, sie unseren »Schuldigern« weiterzugeben. So gehören Gottes und unsere Vergebung zusammen. Dies soll nun im nächsten Schritt konkret werden, in dem sich Offene Schuld und gegenseitige Lossprechung verbinden. Wenn in der Gemeinde Menschen ein konkretes Schuldproblem miteinander haben, wird dieser persönliche Horizont in den allgemeinen einbezogen.

In Anlehnung an eine im Kleinen Katechismus mehrfach verwendete Redeweise Luthers machen wir im nächsten Schritt der Liturgie damit Ernst, dass die allgemeine Sündenvergebung auch wirklich für einen jeden und eine jede von uns gilt, wenn wir das Schuldeingeständnis und die Vergebungsbitte sprechen und daraufhin die Vergebung zugesagt bekommen bzw. zusagen. Hier geht die Bewegung der Liturgie noch weiter auf jeden Einzelnen und jede Einzelne zu, die am Gottesdienst teilnehmen.

---

5. Vgl. oben S. 74-76 die Auslegung des Vaterunsers.

Das Gebet Jesu als Friedensdienst

Liturg/in: Durch die Taufe sind wir nach dem Zeugnis unserer Kirche berufen worden, Gott und dem Leben zu dienen. Wir nehmen dieses Priesteramt wahr, indem wir vertrauensvoll zu Gott für den Frieden in unseren Seelen und im Zusammenleben von Menschen und Völkern beten, wie Jesus uns zu beten gelehrt hat:

Gemeinde: *Vater unser im Himmel, geheiligt werde dein Name. Dein Reich komme. Dein Wille geschehe, wie im Himmel, so auf Erden. Unser tägliches Brot gib uns heute. Und vergib uns unsere Schuld, wir auch wir vergeben unseren Schuldigern. Und führe uns nicht in Versuchung. Sondern erlöse uns von dem Bösen. Denn dein ist das Reich und die Kraft und die Herrlichkeit in Ewigkeit. (Matthäus 6,9-13)*
Liturg/in + Gemeinde: *Amen*

Offenes Schuldeingeständnis und wechselseitige Lossprechung

Liturg/in: Aus Liebe hat uns Gott geschaffen. Zusammen mit allen anderen Geschöpfen haben wir Anteil an seinem Leben. Allein um seiner Liebe willen vergibt uns Gott, was wir ihm und unseren Mitgeschöpfen schuldig geblieben sind. Das verkündigen wir als christliche Gemeinde im Namen + Gottes, des Vaters und des Sohnes und des heiligen Geistes.

Gemeinde: Amen

Liturg/in: Damit Gottes Vergebung auch in einem jeden von uns zu einer befreienden Wirklichkeit werden und Frieden stiften kann, lasst uns einander nun gegenseitig Gottes Vergebung zusprechen.

Denn nach dem Zeugnis des Johannesevangeliums hat der Auferstandene die, die ihm nachfolgten, mit dem heiligen Geist getauft und sie zur Vergebung der Sünden bevollmächtigt. Er sprach: *»Frieden sei mit euch. Wie mich der Vater gesandt hat, so sende ich euch. Und nachdem er dies gesagt hatte, hauchte er sie an und sprach zu ihnen: Empfanget heiligen Geist! Wenn ihr jemandem die Sünden vergebt, sind sie ihm vergeben.« (Johannes 20,21-23)*

[Die Gemeinde teilt sich in zwei Gruppen auf, die sich nun einander zuwenden. Der/die Liturg/in reiht sich in eine der Gruppen ein.]

(Offenes Schuldeingeständnis und wechselseitige Lossprechung; Fortsetzung)

Im Schuld- und Sündeneingeständnis steht jeder für sich da. Aber im Hören auf das Schuldeingeständnis der anderen und im Zusprechen der Vergebung im Namen Gottes steht jeder den anderen als *Christus* gegenüber – das heißt: mit göttlicher Vollmacht, Sünden und Schuld zu vergeben. So hat es Jesus gefügt. Und davon spricht der Auftrag des Auferstandenen im Johannesevangelium, der hier zitiert wird. Dadurch wird der sprachliche Rahmen des Vaterunsers überschritten.

Die Liturgie spricht nicht nur von den Sünden und der Schuld, die wir Gott und Menschen gegenüber auf uns geladen haben. Sondern sie spricht von Mitgeschöpfen und meint also auch Tiere und Pflanzen, denen wir als Geschöpfen Gottes Ehrfurcht und Liebe schuldig bleiben.

Die Sündenvergebung im Namen Gottes geschieht nicht *ex opere operato*, also nicht allein durch das Sprechen von Sätzen. Sie geschieht auf den Glauben hin. Daher die Formulierung »Euch geschehe, wie ihr glaubt«. Der Glaube ist die Kraft und Zuversicht, mit der wir das uns Zugesagte annehmen und festhalten.

Das *Zeichen der Geschwisterlichkeit* müssen sich natürlich nicht alle geben. Wichtig ist, dass man sich dabei anschaut und berührt und die Freude ausdrückt, von Gott so geehrt und wirklich selbst gemeint zu sein.

Lied

Das Lied »Jesus, geistgeboren« habe ich als Jesus-Bekenntnis geschrieben, das zwischen der Lossprechung und der Fußwaschung bzw. dem Abendmahl gesungen wird. Es tritt, wie die Melodie sagt, an die Stelle des mit der Sühnopfertheologie verbundenen »Christe, du Lamm Gottes«.

Fußwaschung

»Die Fußwaschung wird erstmals in Spanien und Gallien (nicht in Rom!) als gottesdienstliche Handlung bezeugt. In monastischen Gemeinschaften war der Brauch, Armen und Gastfreunden die Füße zu waschen, schon früher verbreitet (und zwar nicht nur am Gründonnerstag).« (K.-H. Bieritz)

Ich spreche die Fußwaschung ausdrücklich als Sakrament an, obwohl sie von den Kirchen nicht als Sakrament anerkannt ist. Doch hätte die Einsetzung durch Jesus mit Wort und Zeichen gar nicht deutlicher ausfallen können, als sie vom Johannesevangelium beschrieben wird.

Dass die Fußwaschung mit dem Sühnopfermahl der Messe konkurriert, ist offenkundig. Eine gegenüber den eigenen Traditionen kritische Theologie und Liturgik weiß damit umzugehen und erstarrt nicht vor frühen Entscheidungen der Kirche. Mit dem in dieser Liturgie folgenden Abendmahl ohne Sühnopfer- und Erwählungsglauben konkurriert die Fußwaschung nicht. Trotzdem wird es die Ausnahme bleiben, dass beide Handlungen in einem Gottesdienst hintereinander vollzogen werden. Dazu reicht in der Regel auch die Zeit nicht aus.

Gruppe 1: Wir bekennen vor Gott und euch, liebe Schwestern und Brüder, dass wir Gott und Menschen, aber auch anderen Mitgeschöpfen, Ehrfurcht und Liebe schuldig geblieben sind. Wir haben dem Bösen Macht über uns gegeben. Wir bitten euch, uns im Namen Gottes unsere Sünden zu vergeben.

Gruppe 2: In Gottes Namen sprechen wir euch die Vergebung aller eurer Sünden zu. Euch geschehe, wie ihr glaubt.

Gruppe 1: Amen.

Gruppe 2: Wir bekennen vor Gott und euch, liebe Schwestern und Brüder, dass wir Gott und Menschen, aber auch anderen Mitgeschöpfen, die ihnen geschuldete Ehrfurcht und Liebe schuldig geblieben sind. Wir haben dem Bösen Macht über uns gegeben. Wir bitten euch, uns im Namen Gottes unsere Sünden zu vergeben.

Gruppe 1: In Gottes Namen sprechen wir euch die Vergebung aller eurer Sünden zu. Euch geschehe, wie ihr glaubt.

Gruppe 2: Amen.

Die am Gottesdienst teilnehmen, gehen aufeinander zu und geben sich Zeichen der Geschwisterlichkeit

Gemeinde: *Lied* (nach der Melodie EG 190,2)

Jesus, geistgeboren, offenbarst: Gott liebt die Welt.
Wir sind geborgen.
Jesus, hingerichtet, brichst die Herrschaft der Gewalt
am Ostermorgen.
Jesus, auferstanden, zeigst: der Gott der Schöpfung wirkt
auch im Tod verborgen.

Fußwaschung

Liturg/in: Jesus hat sein ganzes Leben als Beispiel der dienenden Liebe verstanden. Sich diese Liebe gefallen zu lassen und sie anderen Menschen weiterzugeben, hat er seinen Jüngern aufgetragen. Das Johannesevangelium überliefert einen Bericht, in dem Jesus die Fußwaschung als Sakrament eingesetzt hat:

(Fußwaschung; Fortsetzung)

Bei der Fußwaschung tritt das Problem auf, wie der Ritus in einer normalen Kirche durchgeführt werden kann. In Rom beschränkt man sich deshalb darauf, dass der Papst einmal im Jahr einer ausgewählten und vorbereiteten Gruppe von Menschen symbolisch die Füße wäscht. Wenn auch in anderer Bedeutung als hier gemeint, ist die Fußwaschung dadurch als gottesdienstlicher Ritus erhalten geblieben. Das ist dankbar festzustellen. Dieses Verfahren kann auch im Zusammenhang dieser Liturgie übernommen werden. Bei Freizeiten und entsprechenden Räumlichkeiten kann der Teilnehmerkreis aber erheblich ausgeweitet werden. Es gibt Gemeinden, in denen so viele Schüsseln aufgestellt werden, dass sich jeweils zwei der Teilnehmenden gegenseitig die Füße waschen können.

Abendmahlsfeier / Eucharistiefeier

Am Begriff liegt nichts. Beide sind sinnvoll, der zweite weist deutlich auf das Grundgeschehen des lobpreisenden Dankens hin.

Ich biete nacheinander zwei Fassungen einer Einsetzungserzählung an. Die erste zieht aus den Einsichten zur Überlieferungsgeschichte der Abendmahlsworte Jesu den Schluss, sich möglichst kurz zu fassen. Brot und Wein werden ohne Umschweife als Lebensgaben bezeichnet und nicht mit Jesu gewaltsamem Tod in Verbindung gebracht. Die Worte Jesu zum Mahl sind der Bibel entlehnt: die Aufforderung aus Lukas 22,17 und die Verheißung aus dem 1. Korintherbrief 11,26. Das erste Wort unterstreicht das Gemeinschaftselement: Alle essen von *einem* Brot und trinken von *einem* Wein (nicht unbedingt aus *einem* Kelch). Das zweite Wort bindet unter eschatologischem Horizont die drei Elemente der Wiederholung, des Gedenkens und der Zusage der Gegenwart Jesu zusammen. Einer Wandlung bedarf es dazu genauso wenig wie einer Herbeirufung des Geistes. Gott *ist* immer geistesgegenwärtig. Also gibt es auch keine Epiklese.

Die zweite Fassung entspricht dem aus den exegetischen Überlegungen hervorgegangenen frühen Mahlbericht (o. S. 130) und ist im ganzen näher an den bisherigen Abendmahlsworten. Auch hier wird jede Beziehung von Brot und Wein auf Jesu Leib und Blut vermieden. Ein eigentliches Kelchwort gibt es nicht, nur den Nachtrag im eschatologischen Ausblick am Schluss. Das Brotwort nimmt das Stichwort »Brot« auf und erweitert es zum »Brot des Lebens«. Eine Selbstidentifikation wie in dem johanneischen »Ich bin das Brot des Lebens« wird aber vermieden. Wer den in Klammern gesetzten Zusatz »Das bin ich für euch« verwendet, übernimmt die johanneische Selbstprädikation mit anderen Worten.

Der eschatologische Ausblick hält die Perspektive offen, die über den Todesschatten hinausweist und unsere Mahlfeier vom Osterlicht beschienen werden lässt. Der letzte Gedanke soll diese Zukunft festhalten.

Möglich ist auch, den »Einsetzungsbericht« ganz wegzulassen und direkt mit den eucharistischen Gebeten zu beginnen, wie es die Didaché tut. Dann muss das erste Gebet allerdings anders eingeleitet werden (»Wir danken dir, unser Gott ...«).

Als Jesus vor dem Pessachfest mit den Seinen zum letzten Mal zu Tisch saß, stand er auf, umgürtete sich wie ein Diener, goss Wasser in ein Becken und fing an, den Jüngern der Reihe nach die Füße zu waschen und mit einem Tuch zu trocknen. Als er ihnen nun die Füße gewaschen und sich wieder zu Tisch gesetzt hatte, sprach er zu ihnen: Versteht ihr, was ich euch getan habe? Ein Beispiel habe ich euch gegeben, damit auch ihr tut, wie ich euch getan habe. Ein neues Gebot gebe ich euch: Liebt einander! Denn ich habe euch geliebt, damit auch ihr einander lieben sollt. Daran wird jedermann erkennen, dass ihr meine Jünger seid, wenn ihr Liebe untereinander habt. (Johannes 13,1.4-5.12.15.34-35)

Liturg/in: Lasst uns dem Beispiel Jesu folgen und einander die Füße waschen.

Fußwaschung

Liturg/in: Jesus, du hast uns das Beispiel deiner Liebe gegeben, und wir sind ihm gefolgt. Wir haben dabei deine Gegenwart erlebt und erfahren, welche Wohltat dieser Dienst aneinander für Leib und Seele ist. Gib uns Phantasie, dass wir in Zukunft immer besser wahrnehmen, wo uns andere Menschen brauchen und wir ihnen in deinem Namen Gutes tun können.

Gemeinde: Amen.

Abendmahlsfeier / Eucharistiefeier

Liturg/in: Am Abend vor seinem Tod hielt Jesus mit denen, die ihm nahe waren, das letzte gemeinsame Mahl. Er dankte Gott für die Lebensgaben Brot und Wein und sprach: ›Nehmt und teilt sie unter euch. Sooft ihr künftig von den Lebensgaben Gottes esst und trinkt und meiner gedenkt, bin ich in eurer Mitte.‹

oder:

Liturg/in: Während des letzten gemeinsamen Mahles nahm Jesus Brot, dankte, brach's, gab es den Seinen und sprach: Nehmt und esst Brot des Lebens. (Das bin ich für euch.) Nach dem Mahl nahm er den Kelch mit Wein, sprach das Dankgebet, gab ihnen den, und sie tranken alle daraus. Und er sprach: Ich werde von der Frucht des Weinstocks nicht mehr trinken bis zu dem Tag, an dem ich es neu mit euch trinken werde im Reich Gottes.

Im eucharistischen Gebet wird für das »Brot des Lebens« und die »Frucht des Weinstocks« gedankt. Im »Brot des Lebens« klingt für viele in der Gemeinde das Wort aus dem Johannesevangelium an, in dem sich Jesus als das »Brot des Lebens« bezeichnet (6,35.41.48.51). Aber das Gebet zum Brot nimmt Brot in seiner ganzen Vielfalt als Lebensgabe ernst. Es geht um die Schöpfungsgabe und um das Brot, das wir durch das ganze Leben Jesu – einschließlich seiner Verkündigung, seines Sterbens und Auferstehens – bekommen haben. Ich habe den »Zugang zum Sinn des Lebens« eingefügt, weil ich darin eine zeitgemäße Fassung der Rede vom »Weg« und von (der) »Wahrheit« sehe. Das »Leben Jesu« ist ein zentrales Stichwort, das aber entfaltet wird durch die Verbindung mit unserem Leben und durch die Lebensgabe, die die Auferstehung Jesu bedeutet: der Tod wird zum Tor des Lebens.

Der Didaché (9,4) entlehnt ist die Rede vom *Korn*, das gesammelt und zu Brot gebacken wird. Damit spiele ich aber nicht auf die zerstreute Christenheit und ihre Sammlung in der Einen Kirche an, weil das eine angesichts der Religionsgeschichte nicht mehr akzeptable partikularistische Perspektive ist. Sondern ich weite das Bild aus auf die zerstreuten Zeugnisse der Religionen von Gott und ihre Zusammenführung.

Mit der *Frucht des Weinstocks* wird die alte Davidsverheißung aufgenommen. Die Perspektive ist wie beim Brotwort aber ausgeweitet auf alte und neue (nicht nur christliche) Erfahrungen der Gegenwart Gottes und auf die Vollendung der Schöpfung durch die Liebe Gottes. Das Ziel ist, die Angst vor dem Verlorengehen zu überwinden und Hoffnung zu behalten, dass sich alle »Geschöpfe mit Leib und Seele ihres Lebens freuen können« und Geborgenheit finden sollen.

In den eucharistischen Dank können aber auch andere Lebensgaben Gottes einbezogen werden. In drei lobpreisenden Dankesworten sind Beispiele dafür genannt. Sie können leicht ergänzt werden.

Während der Kommunion können die Kommunikatinnen und Kommunikanten Liedstrophen (zum Beispiel aus dem Taizé-Liedgut) singen, die dankbare Freude ausdrücken.

Zur Kommunion

Diejenigen, die an der Kommunion teilnehmen, reichen sich gegenseitig eine Schale mit Brot und einen Kelch mit Wein oder Traubensaft, nachdem sie selbst sich Brot und Wein genommen haben.

Nach der Kommunion

Die Mahlfeier wird abgeschlossen mit einem kurzen Dankgebet für die empfangenen Zeichen der Liebe Gottes. Die Gemeinde nimmt das auf und zitiert bekräftigend den 1. Johannesbrief 4,16. Der anfangs angesprochene Todesschatten (»Am Abend vor seinem Tod« / »Während des letzten gemeinsamen Mahles«) wird zum Schluss von der Auferstehungsgewissheit überstrahlt: Liebe ist stärker als der Tod, der Auferstandene ist in der Mitte der Gemeinde lebendig.

Liturg/in: So danken auch wir dir, unser Gott, und lobpreisen dich für das Brot des Lebens. Als Schöpfer gibst du uns das tägliche Brot und durch Jesu Leben Zugang zum Sinn des Lebens. In ihm hast du dich mit uns verbunden und hast den Tod in ein Tor zu neuem Leben verwandelt. So wie das Korn auf dem Acker zerstreut war und zusammengebracht Brot geworden ist, lass Bekenntnisse aller Religionen von dir zusammengetragen werden zu gemeinsamem Lob und Dank. Über alle irdischen Grenzen hinweg sollen Menschen durch dich das tägliche Brot für Leib und Seele finden.

Wir danken dir auch und lobpreisen dich für die Frucht des Weinstocks als Zeichen deiner Liebe. So wie die Trauben im Weinberg zerstreut waren und zusammengebracht Wein geworden sind, lass alte und neue Erfahrungen deiner Gegenwart zusammengetragen werden. Vollende die Schöpfung durch die Kraft deiner Liebe und treibe die Angst aus, dass wir verloren gehen. Lass deine Geschöpfe sich überall auf der Erde mit Leib und Seele ihres Lebens freuen und in dir Geborgenheit finden.

Wir danken dir aber auch und lobpreisen dich für unsere Mitgeschöpfe, die Tiere, mit denen wir leben. Mit unendlicher Phantasie für das Leben schaffst du sie alle.
Wir danken dir und lobpreisen dich für unsere Mitgeschöpfe, die Blumen und anderen Pflanzen. Sie geben uns Farben und Formen, die uns erfreuen, und Luft zum Atmen.
Und wir danken dir und lobpreisen dich dafür, dass du uns würdigst, deine Schöpfung zu bewahren.

Liturg/in: Kommt nun, denn es ist alles bereit. Gottes Lebensgaben sollen Herz und Sinn erfreuen.

Kommunion

[Beim Weiterreichen von Brot und dem Kelch mit Wein wird der Nachbarin/ dem Nachbarn gesagt: »Das Brot des Lebens: Gottes Gabe für dich« und »Die Frucht des Weinstocks: Gottes Liebe für dich«.]

Nach der Kommunion:

Liturg/in: Wir danken dir, lieber Vater, für die Gaben, mit denen du Leib und Seele ernährst. Wir haben sie empfangen als Zeichen deiner unverlierbaren Liebe.

Gemeinde: Wir glauben: Gott ist Liebe. Wer in der Liebe bleibt, der bleibt in Gott und Gott in ihm. Wir glauben: Liebe ist stärker als der Tod.

Kontemplative Stille

Wenn es der zeitliche Rahmen zulässt, kann auch hier eine kontemplative Stille eingefügt werden und das eucharistische Geschehen abschließen.

Feier besonderer Lebensgaben Gottes

Das eucharistische Geschehen ist nicht festgelegt auf die Lebensgaben Brot und Wein, die in das letzte Mahl Jesu und die jüdische Tradition zurückweisen. Auch andere Schöpfungs- und Geistesgaben können deshalb genannt, sichtbar, hörbar oder auf geeignete Weise erfahrbar gemacht werden. Ich denke an Kunstwerke genauso wie ans Musizieren, Singen, Tanzen oder anderes, was die Gemeinde im besten Sinne erbaut.

Kreuzesmeditation

Die Kreuzesmeditation ist ein inhaltlich weit ausholender Schritt der Liturgie. Sie stellt Freude und Dank für Gottes Lebensgaben in den Horizont der Zusage Jesu, mit uns zu sein »bis ans Ende der Welt« (Matthäus 28,20). Es ist wichtig, dieses »Ende der Welt« nicht apokalyptisch zu verengen, sondern lebensgeschichtlich aufzunehmen: das Ende der Hoffnung und der Lebensbeziehungen kann das persönlich erlebte Ende der Welt sein. Die Zeichnungen von Cordelia Heymann lenken den Blick dahin. Sie zeigen Wahrnehmungsgestalten der Kreuzigung Jesu in unserer Zeit, auf die Gott mit der Auferstehung antwortet.

Die *Theodizeeproblematik* gehört hierher. Wir können das Leiden über dem Dank nicht vergessen oder verdrängen. Aber das zu sagen, reicht nicht. Wir müssen uns dem Leiden ganz anders als bisher stellen. Wir müssen die Sterblichkeit und Zerbrechlichkeit unseres Lebens, aber auch von Erde und Weltall, mit einbeziehen in unser Denken und Glauben. Gott selbst hat alte Vorstellungen von seiner Allmacht zerbrochen, indem Jesus Mensch geworden und gestorben ist. Seine Macht zeigt er an Ostern, in der Durchbrechung des Todes. Der Tod ist nicht mehr der letzte Feind, denn ewiges Leben auf der Erde führte zu einer ewigen Vergreisung des Lebens. Unsere Hoffnung richtet sich auf Verwandlung. Hier hat Transsubstantiation einen Sinn.

Vor diesem Horizont kann dann auch namentlich derer gedacht werden, die am Tag, an dem der Gottesdienst gefeiert wird, leiden – in der Gemeinde oder irgendwo auf der Welt.

Die *Fürbitten* schließen sich an, und hier hat auch das *Kyrie* seinen Ort. Denn hier kommt auch der Horizont des eigenen Lebensendes in den Blick, der über den Fürbitten nicht vergessen werden darf. Zu Jesus wird gesagt: Du bist auferstanden, bist in Gott und Gott mit uns. Damit ist alles Tröstliche gesagt.

Liturg/in: Diese Wahrheit ist offenbar geworden, als Jesu Jüngerinnen und Jünger am Ostermorgen dem Auferstandenen in ihrem Leben begegnet sind. Er ist auch in unserer Mitte lebendig. An seiner Auferstehung haben wir Anteil und werden selbst durch unseren Tod hindurch mit ihm verbunden bleiben.

Kontemplative Stille

Liturg/in oder Kontemplationslehrer/in: leitet die kontemplative Stille ein und beendet sie mit dem Anstimmen des *Tönens*

oder:

Gemeinde: *Lied* nach der Kommunion und der Stille

Feier besonderer Lebensgaben Gottes

Anstatt der Lebensgaben Brot und Wein können an dieser Stelle des Gottesdienstes auch andere Lebensgaben Gottes bedankt und gefeiert werden

*Hat parallel ein *Kindergottesdienst* stattgefunden, können die Kinder an dieser Stelle in die Gemeinde zurückkommen*

Kreuzesmeditation

Liturg/in: Wir haben Grund zum Dank für alle Gaben, mit denen Gott unser Leben erhält. Indem Jesus Mensch geworden ist, hat er das Leben mit uns geteilt. Darum finden wir Geborgenheit in der Zusage, dass er mit uns sein will bis ans Ende der Welt.

Denn dieses Ende ist schnell erreicht, wenn wir selbst oder andere neben uns leiden, oder wenn wir Schreckensmeldungen mit ansehen müssen. Da sprechen in uns die vielen Sprachen der Angst und fragen vergeblich nach Gerechtigkeit, nach Gott.

Wir schauen auf das Kreuz, an dem Jesus, in seinen Wunden hängend, gestorben ist. Auch er hatte vergeblich nach Gott gerufen.

Am Kreuz ist offenbar geworden, dass Gott unser Leben und auch diese Erde sterblich geschaffen hat, zerbrechlich, schutzlos gegen viele Gewalten und Gewalttätige, aber umgeben von seiner Liebe. Mit der Auferstehung Jesu hat Gott die Antwort auf alle Fragen gegeben: Das Leben behält das letzte Wort, aller Abschied ist Anfang, und auch der Tod ein Tor zum Leben.

Sendung

Die Sendung braucht Gedanken, die Orientierung und Perspektive geben, weil sie beides zusammenhalten: Verheißung und Auftrag. Nirgends ist dies so wunderbar gelungen wie in den *Seligpreisungen Jesu* (Matthäus 5,1-12; Lukas 6,20-26)[6]. Wir müssen uns klarmachen, in welcher Situation wir heute die Seligpreisungen Jesu hören und weitersagen. Für mich scheidet aus, so zu tun, als gehörten wir Christen in Mitteleuropa zu jenen, die Jesus mit den ersten beiden der drei auf ihn zurückgehenden Verheißungen angesprochen hat: Die allermeisten sind nicht arm und hungern nicht – noch nicht jedenfalls. Sie deshalb aber mit dem Wehe-Ruf zu schockieren, hat keinen Sinn. Eher können Weinende und Trauernde im Gottesdienst sein und sich von der dritten »echten« Seligpreisung angesprochen fühlen. Nach Gerechtigkeit hungern viele, seit die globalisierte Wirtschaft die Politik bestimmt. Auch der Rest der von Matthäus redigierten Seligpreisungen spricht bereits die Gemeinde und auch Außenstehende an, die Orientierung haben und wissen wollen, was gilt und wie sie sich verhalten sollen.

Auf die Frage: Was will Gott? antworten die Seligpreisungen bei Matthäus deutlich. Dass sie im Plural formuliert sind, passt zur gottesdienstlichen Situation. Trotzdem müssen sie etwas überarbeitet werden. Ich biete eine Fassung an, die auch die Seligpreisung der um des Glaubens willen Geschmähten enthält, obwohl das im Allgemeinen nicht die Situation der Christen ist. Hier bei uns gesagt, mahnt sie dazu, die Schmähungen nicht nur dann abzuwehren, wenn sie uns treffen.

Segensbitte

»Der Segen« ist eine *Bitte*, denn schon im Sprichwort kommt »alles Gute ... von oben«, also von Gott. Vom Pfarrer oder der Pfarrerin kommt der Segen, um den wir hier bitten, nicht.

Musik / Getanzte Bewegung

Der Gottesdienst kann mit gehörter Musik ausklingen, aber auch in eine Bewegung versetzen, die alle im Kirchenraum erfasst und trägt. Leichte Schrittbewegungen nach Art der Kreistänze können dazu helfen und schließen – fast – niemanden aus. Sie müssen aber sensibel eingeübt werden und bedürfen der passenden musikalischen oder gesungenen Begleitung.

---

6. Ich gehe mit U. Luz (1985), S. 200 f., davon aus, dass die drei ersten Seligpreisungen in der lukanischen Fassung (Lukas 6,20b.21) auf Jesus selbst zurückgehen. Sie künden den radikalen Wandel zum Guten im hereinbrechenden Reich Gottes an für die Armen, Hungernden und Weinenden / Trauernden. Noch vor Matthäus wurde diese Dreierreihe durch eine vierte Seligpreisung erweitert, wie sie jetzt Matthäus 5,11 f. vorliegt, und die Seligpreisungen in Matthäus 5,5 und 5,7-9 wuchsen später hinzu. Bei Matthäus wird die Bergpredigt auf die Gemeinde bezogen, bei Lukas ist der Bezug der »Feldrede« Jesu offen gehalten: Jesus redet sowohl die Gemeinde als auch Menschen außerhalb an (F. Bovon [1989], S. 305 f.). In dieser doppelten Adressierung höre und zitiere ich die Seligpreisungen heute.

In diesem Glauben sind wir in dieser Stunde mit allen verbunden, die heute leiden, weil sie krank sind, entmutigt oder ungerecht behandelt werden, mit allen, die sterben, seien es Menschen oder andere Mitgeschöpfe.

*Liturg/in oder andere Einzelne: **Gedenken** an heute Leidende*

Liturg/in oder andere Einzelne: **Fürbitten**

Gemeinde: **Kyrie eleison**

Liturg/in: Jesus, wir blicken auf dich, wie du am Kreuz gelitten hast. Aber du bist auferstanden, bist in Gott und Gott mit uns. Wir bitten dich: Komm uns als das große Osterlicht entgegen, jetzt, und wenn wir sterben müssen.

Gemeinde: **Lied**

Sendung und Segen

Lektor/in oder Liturg/in: Lasst uns nun in die neue Woche hineingehen. **Die Seligpreisungen Jesu** werden uns den Weg weisen und Mut dazu machen, mit Gott im Bunde zu sein.

Selig sind, die nicht am Geld hängen. Ihr Leben wird reich sein.
Selig sind, die jetzt trauern und weinen. Sie werden Trost finden und wieder lachen können.
Selig sind die Sanftmütigen. Sie werden im Land den Ton angeben.
Selig sind, die nach Gerechtigkeit hungern. Sie sollen satt werden.
Selig sind die Barmherzigen. Sie werden Barmherzigkeit erfahren.
Selig sind die Herzlichen. Sie werden Gott schauen.
Selig sind, die Frieden stiften. Sie werden Söhne und Töchter Gottes heißen.
Selig sind, die um ihres Glaubens willen verfolgt werden. Sie werden bei Gott Geborgenheit finden. (Matthäus 5,3-12; Lukas 6,20-26)

Liturg/in: **Segensbitte**

Gemeinde: **Lied**

Musik / Getanzte Bewegung

2.3. Gottesdienste mit unterschiedlichen Akzenten

Von den möglichen Variationen der Schrittfolge in der Liturgie ohne Sühnopfer- und Erwählungsvorstellungen nenne ich im folgenden fünf. Durch Auslassen oder Hinzufügen von einzelnen Schritten lassen diese drei Varianten immer noch viele Gestaltungsmöglichkeiten zu. Aber sie haben ihre klaren Akzente. Dazu mache ich jeweils nach der Schrittfolge im Überblick einige Anmerkungen.

In allen Variationen geht es um die innere Bewegung der Liturgie. Sie soll so gestaltet sein, dass sich die einzelnen Schritte der Bewegung nicht gegenseitig aufhalten oder gar blockieren.

2.3.1. Gottesdienst mit wechselseitiger Lossprechung und Abendmahl

Musik

Votum und Begrüßung (Salutatio)

Gotteslob aus biblischen und außerbiblischen Texten
mit wichtigen Angaben zu den Texten
mit einer Auslegung

Bekenntnis und Tauferinnerung

Lesung des Evangeliums

Schriftlesung /Bildbetrachtung und Auslegung

Das Gebet Jesu als Friedensdienst

Wechselseitiges Schuldeingeständnis und Lossprechung

Lied »Jesus, geistgeboren«

Abendmahlsfeier / Eucharistiefeier

Kreuzesmeditation

Sendung und Segen

Musik / Getanzte Bewegung

Die Schrittfolge dieser Liturgie führt eine Bewegung aus, wie ich sie in der Übersicht oben S. 156 f. beschrieben habe: Von der Weite und Fülle Gottes hin zu den spezifisch christlichen Wahrnehmungen, und über das Vaterunser, das Schuldeingeständnis und die wechselseitige Zusage der Vergebung hin zu dem, was jede/n Einzelne/n im Gottesdienst im Innersten bewegt. Ihren Grund findet die Bewegung in der Freude über die Lebensgaben Gottes in der Abendmahls- bzw. Eucharistiefeier. Von der Mahlfeier der Gemeinde her weitet sich die Bewegung der Liturgie wieder aus und führt in der Kreuzesmeditation zu den Leidenden, für die Jesu Leiden den Blick öffnen, und über die Sendung wieder in die Weite des alltäglichen Lebens.

—

Beim *Gotteslob mit biblischen und außerbiblischen Texten* muss entschieden werden, ob an dieser Stelle bereits eine Auslegung geschieht oder erst später, nach der Evangeliumslesung. Zwei Textauslegungen sind zu viel, auch wenn die Anlage des Theologiestudiums immer wieder dazu verleitet, hier den Höhepunkt des Gottesdienstes zu finden.

Das *Evangelium* wird aber auf jeden Fall gelesen, damit die Jesus-Geschichte erinnert wird.

Der Abendmahls- bzw. Eucharistiefeier sollten das offene Schuldeingeständnis und die wechselseitige Lossprechung vorausgegangen sein.

Die Feier der Lebensgaben wird sich in den meisten Gemeinden anfangs auf Brot und Wein beschränken und noch keine anderen Schöpfungs- und Geistesgaben einbeziehen. Trotzdem will diese Liturgie dazu Mut machen, das Leben an dieser Stelle noch deutlicher und vielfältiger als bisher in den Gottesdienst zurückkehren zu lassen und das Lob des Schöpfers zu vermehren. Darum sollte die getanzte Bewegung den Schluss bilden – der dann zugleich ein Anfang ist.

Ich verstehe diese Liturgie als eine Art Grundliturgie. Modifikationen der beschriebenen Bewegung sind je nach der besonderen Art gemeindlicher Spiritualität vorzunehmen.

2.3.2. Gottesdienst mit Feier von besonderen Lebensgaben Gottes

Musik

Votum und Begrüßung (Salutatio)

Gotteslob aus biblischen und außerbiblischen Texten
mit wichtigen Angaben zu den Texten
mit einer Auslegung

Bekenntnis und Tauferinnerung

Lesung des Evangeliums
mit einer Auslegung

Das Gebet Jesu als Friedensdienst

Lied »Jesus, geistgeboren«

Feier von besonderen Lebensgaben Gottes

Kontemplative Stille

Kreuzesmeditation / Fürbitten

Sendung und Segen

Musik / Getanzte Bewegung

In diesem Gottesdiensttyp bilden besondere Lebens- und Geistesgaben Gottes, aber auch heutige, persönliche Gotteserfahrungen, den Grund und Ausgangspunkt des eucharistischen Dankens. Es ist daran gedacht, ein Kunstwerk anzuschauen und gemeinsam zu besprechen, ein Musikstück aufzuführen und zu genießen oder auch Wortbeiträge aus der Gemeinde zu hören: heutige Lebens- und Gottesgeschichten. Entscheidend ist, dass deutlich wird, dass es hier nicht »nur« um Musik oder anderes geht, sondern dass diese Lebens- und Geistesgaben Gottes uns genauso zum Leben dienen wie Brot und Wein, Blumen und andere Mitgeschöpfe. Mit anderen Worten: Eucharistie soll etwas von der Ehrfurcht vor dem Leben ausdrücken und natürlich Freude vermitteln und zum Nachdenken einladen. Und sie soll Mut machen, Gott im eigenen Leben zu entdecken. Dann begreift eine Gemeinde vielleicht, was die Rede von der »Gemeinschaft der Heiligen« heißt.

Zu den besonderen Lebensgaben können aber auch szenische Darstellungen gehören, die von einer Schauspielgruppe aufgeführt werden. Biblische Szenen müssen ja nicht immer mit therapeutischem Anspruch inszeniert werden. Nicht nur im Florenz der Medici sind (in der Renaissance) die Kirchenräume dazu genutzt worden, das, was man hören und lesen kann, auch zu visualisieren. Es gibt auch in Deutschland (Barock-)Kirchen, die Bühnen enthalten und erbauliche Aufführungen unterschiedlichster Art erlebt haben[7]. Dass solche Darstellungen auch den Wunsch nach Unterhaltung berücksichtigen, ist nicht unziemlich. Die Krippenspiele tun dasselbe mit immer wiederkehrendem Erfolg und binden Kinder wie Eltern in die Gottesgeschichte mit uns ein.

Genauso wichtig und schön kann es sein, wenn sich an dieser Stelle diakonische Dienste vorstellen und mit Wort- und Bildbeiträgen vermitteln, was »Christus, als Gemeinde existierend« (D. Bonhoeffer) alles in dieser Welt tut, um dem Leben zu dienen. Die gegenwärtige Praxis, diakonische Einrichtungen im Gottesdienst nur zu erwähnen, wenn Geld für sie gesammelt werden soll, ist lieblos gegenüber all denen, die in diesen Einrichtungen mit viel Liebe und Phantasie arbeiten und Hilfe erfahren.

Die vielen Sternchen möchten Mut zur eigenen Gestaltung machen.

---

7. Auch diesen Hinweis verdanke ich Gerhart Herold.

2.3.3. Gottesdienst mit Feier des Tanzes als Lebensgabe Gottes

Musik

Votum und Begrüßung (Salutatio)

Gotteslob aus biblischen und außerbiblischen Texten
mit wichtigen Angaben zu den Texten
mit einer Auslegung

Bekenntnis und Tauferinnerung

Lesung des Evangeliums
mit einer Auslegung

Das Gebet Jesu als Friedensdienst

Lied »Jesus, geistgeboren«

Feier des Tanzes als Lebensgabe Gottes

Kreuzesmeditation / Fürbitten

Sendung und Segen

Musik / Getanzte Bewegung

In diesem Gottesdiensttyp ist der Tanz die gefeierte und lobpreisend bedankte Lebensgabe Gottes. Insofern stellt er eine Variation des Typs dar, in dem es um die Feier besonderer Lebensgaben Gottes geht.

Der Tanz stellt – jedenfalls in der Form des hier vor allem gemeinten Kreistanzes – eine *gemeinsame* Bewegung dar. Das bedeutet, dass das, was getanzt wird, eine sorgfältige Vorbereitung und Abstimmung mit der ganzen Schrittfolge der Liturgie verlangt. Der Tanz in der hier gemeinten Form geht über das hinaus, was am Ende der anderen Liturgien als »Getanzte Bewegung« vorgesehen ist. Ich erinnere daran, dass es früher in vielen Gegenden üblich war, beim Abendmahl eine Prozession um den Altar herum zu vollziehen. Und auch vom hebräischen Wort für Fest, insbesondere für das Wallfahrtsfest *(chag)*, her gibt es eine Verbindung zum Tanz: Das hebräische Wort heißt als Verb *(chagag)* wohl ursprünglich »tanzen«, und dann »taumeln« *und* »ein Fest feiern«.

Da nicht annähernd von allen, die am Gottesdienst teilnehmen, erwartet werden kann, dass sie sich an einem solchen Tanz beteiligen können oder wollen, muss auch darauf geachtet werden, dass Mittanzende und Nicht-Mittanzende in Beziehung bleiben. Es können auch einzelne Tänzer und Tänzerinnen Figuren vortanzen, die sich öffnen lassen für weniger anspruchsvolle Tanzschritte oder einfache Körperbewegungen.

Jürgen Moltmann und Theo Sundermeier haben in dem von beiden geschriebenen Band »Totentänze. Tanz des Lebens«[8] die Richtung beschrieben, in die die Wiederbesinnung auf den Tanz im Gottesdienst führen kann. Im Tanz »beginnt der eigene Körper zu einem zu sprechen, die Seele zu trösten und mit neuem Lebensmut zu erfüllen«. Von einer solchen Erfahrung spricht Psalm 30,12: »Du hast mir meine Klage in Reigen verwandelt, mein Trauerkleid gelöst, mich mit Freude gegürtet«. Im »Reigen« werden »solche Lebenserfahrungen als gemeinsame Gotteserfahrung getanzt«. Nur »mit Tanzen« kann Gott angemessen für die Lebensgabe des Tanzes gelobt werden (Psalm 150,4). Und Sundermeier zitiert aus dem Osterhymnus des Hippolyt. Da wird Christus gepriesen: »O Vortänzer im mystischen Reigen! … O Freude des Universums, o Lust und Entzücken, durch die der finstere Tod vernichtet wird.«[9]

---

8. J. Moltmann, Th. Sundermeier (2006). Die Zitate alle S. 42 (J. Moltmann).
9. J. Moltmann, Th. Sundermeier (2006), S. 82 (Th. Sundermeier). Vgl. zum Thema auch schon früher: T. Berger (1985), S. 57-90.

2.3.4. Gottesdienst mit einer Fußwaschung

Musik

Votum und Begrüßung (Salutatio)

Gotteslob aus biblischen und außerbiblischen Texten
mit wichtigen Angaben zu den Texten
mit einer Auslegung

Bekenntnis und Tauferinnerung

Lesung des Evangeliums
mit einer Auslegung

Das Gebet Jesu als Friedensdienst

Offenes Schuldeingeständnis und wechselseitige Lossprechung

Lied »Jesus, geistgeboren«

Fußwaschung

Kreuzesmeditation/ Fürbitten

Sendung und Segen

Musik / Getanzte Bewegung

Die Bewegung der Liturgie findet ihre Mitte und Ruhe in der Fußwaschung – die seinerseits mit kleinen, ganz auf einen anderen Menschen
gerichteten Bewegungen der Hände zu tun hat. Und von dort aus weitet
sie sich wieder aus bis zum Tanz in den Alltag.

Eine Fußwaschung erfordert viel räumliche und zeitliche Weite, damit
sie weder zur unangenehmen Hetze noch zu einer peinlichen Unge-
schicklichkeit wird. Nur, wenn sie die nötige Weite hat, gibt sie Gelegenheit, dass sich diejenigen gegenseitig wahrnehmen, die an der Fußwaschung unmittelbar beteiligt sind. Ich erinnere eine Feier der
Fußwaschung im Theologischen Seminar in Herborn / Dillkreis mit Vikarinnen und Vikaren, die mir immer im Gedächtnis bleiben wird. Sie
war eine wunderbar leichte und schöne Erfahrung der Gegenwart Jesu.

Auf Fragen, die sich mit der Durchführung einer Fußwaschung verbinden, bin ich schon ausführlich auf S. 164 und 166 eingegangen.

Die notwendige Weite rät dazu, die übrigen Schritte des Gottesdienstes
knapp zu fassen. Natürlich ist nur *eine* Schriftlesung und -auslegung
sinnvoll.

Da die Fußwaschung das Sakrament der dienenden Liebe ist, schließt
sie eigentlich auch die gegenseitige Vergebung ein. Deshalb kann der
Schritt *Offenes Schuldeingeständnis und wechselseitige Lossprechung* auch
entfallen.

2.3.5. Gottesdienst mit kontemplativer Stille

Musik

Votum und Begrüßung (Salutatio)

Kontemplative Stille

Gotteslob aus biblischen und außerbiblischen Texten
oder
Lesung des Evangeliums
mit einer Auslegung

Das Gebet Jesu als Friedensdienst

Lied »Jesus, geistgeboren«

***Kreuzesmeditation* / Fürbitten**

Kontemplative Stille

Sendung und Segen

Musik / Getanzte Bewegung

Zwei Schritte sind in dieser Liturgie der kontemplativen Stille gewidmet. Die Bewegung der Liturgie hat also zwei Ruhepunkte oder -phasen. Das ist ein so starker Akzent, dass die Zahl der übrigen Schritte der Liturgie begrenzt werden muss. Die Lesungen werden aus demselben Grund zusammengelegt.

Schon vor dem Gotteslob ist die erste kontemplative Phase vorgesehen. Der Gottesdienst beginnt also mit einem großen Loslassen, Nicht-gestalten-Wollen. Diese erste Kontemplation wird mit dem Gotteslob beendet. Danach kommt das Vaterunser. Das Vaterunser wird nicht von einer Offenen Schuld und Lossprechung gefolgt, sondern steht, was die Sündenvergebung angeht, diesmal für sich und bekommt dadurch ein noch stärkeres Gewicht. Es kann auch als Lied gesungen werden.

Die Kreuzesmeditation vor den Fürbitten kann von ihrer Anlage her selbst schon meditativen Charakter haben und so zur zweiten Stille hinführen.

Die zweite Stille wird mit der Klangschale eingeläutet, wenn die Gebete zu Ende sind, alles gesagt ist, was Gott gesagt werden sollte. Auch dieses Loslassen bereitet auf den Weg in den Alltag vor, indem es noch einmal die eigenen Grenzen transzendiert.

Bei der Sendung kann die Verlesung der Seligpreisungen entfallen. Jedes Zuviel an Worten stört.

3. Kreuzesmeditationen
mit Zeichnungen von Cordelia Heymann

Was menschliches Leiden ist, hatten Theologie und Kunst über Jahrhunderte hin im Crucifixus gefunden und dargestellt. Alle Leiden der Welt sollten in dem als Opfer verstandenen *einen*, großen Tod wieder gefunden und angeschaut werden können. Alles persönliche, eigene Leiden schien dagegen klein, unbedeutend zu sein.

Cordelia Heymann geht einen anderen Weg: Neben das Kreuz Jesu stellt sie, legt sie und setzt sie Menschen, wie sie heute gekreuzigt werden:

— den namenlos und schamlos benutzten Frauenkörper, bei dem kein *titulus*, sondern das geschwärzte, enteignete Gesicht die Überschrift bildet;

— das Kind, auf das Nagelbett gebunden, in Einsamkeit und Kälte gestellt von Eltern, die ihre menschliche Fassung verloren haben – und ist kein Morgenstern darüber;

— und der Mensch, der aus dem Bett geworfen, verstoßen worden ist, der nach der im eigenen Leib erlebten Katastrophe am Boden liegt, am Boden ist.

Das sind Leiden, die zu teilen, Jesus ans Kreuz gegangen, dem Kreuz nicht ausgewichen ist – damit wir sie sehen lernen und nicht einfach hinnehmen. Es gibt unendlich viele davon, in uns, neben uns, Täter und Opfer. Um sie geht es Gott. Die Leiden von Menschen und anderen Geschöpfen haben Gottes Liebe geweckt, in Jesus, endlich Liebe. Mehr von Gott zu wissen, bedarf es nicht.

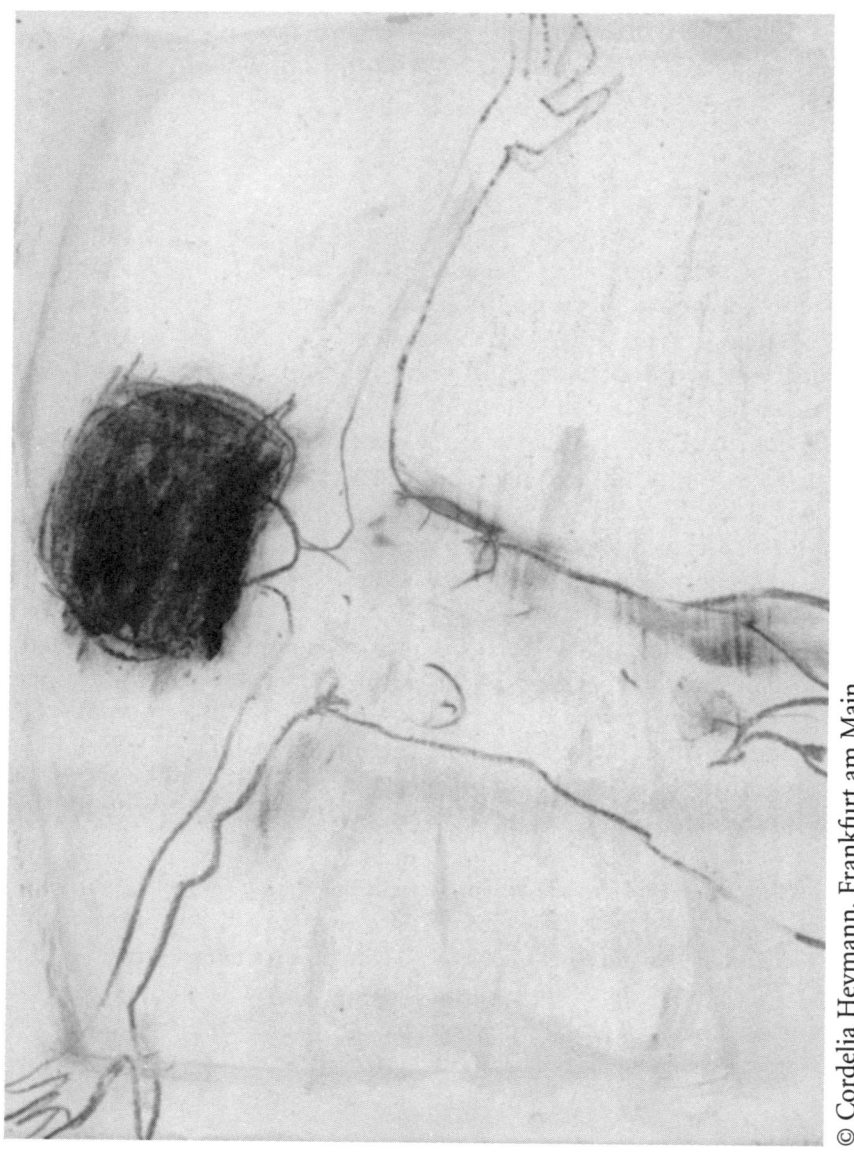

186

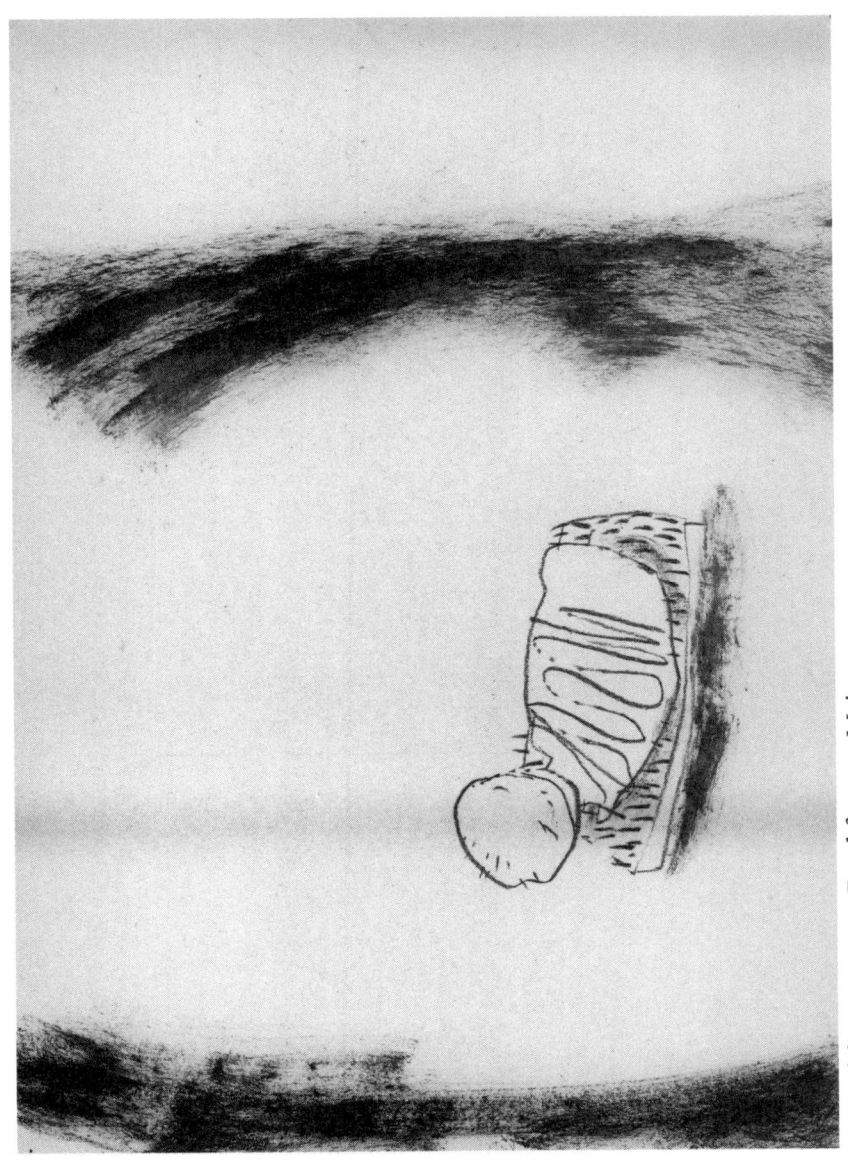

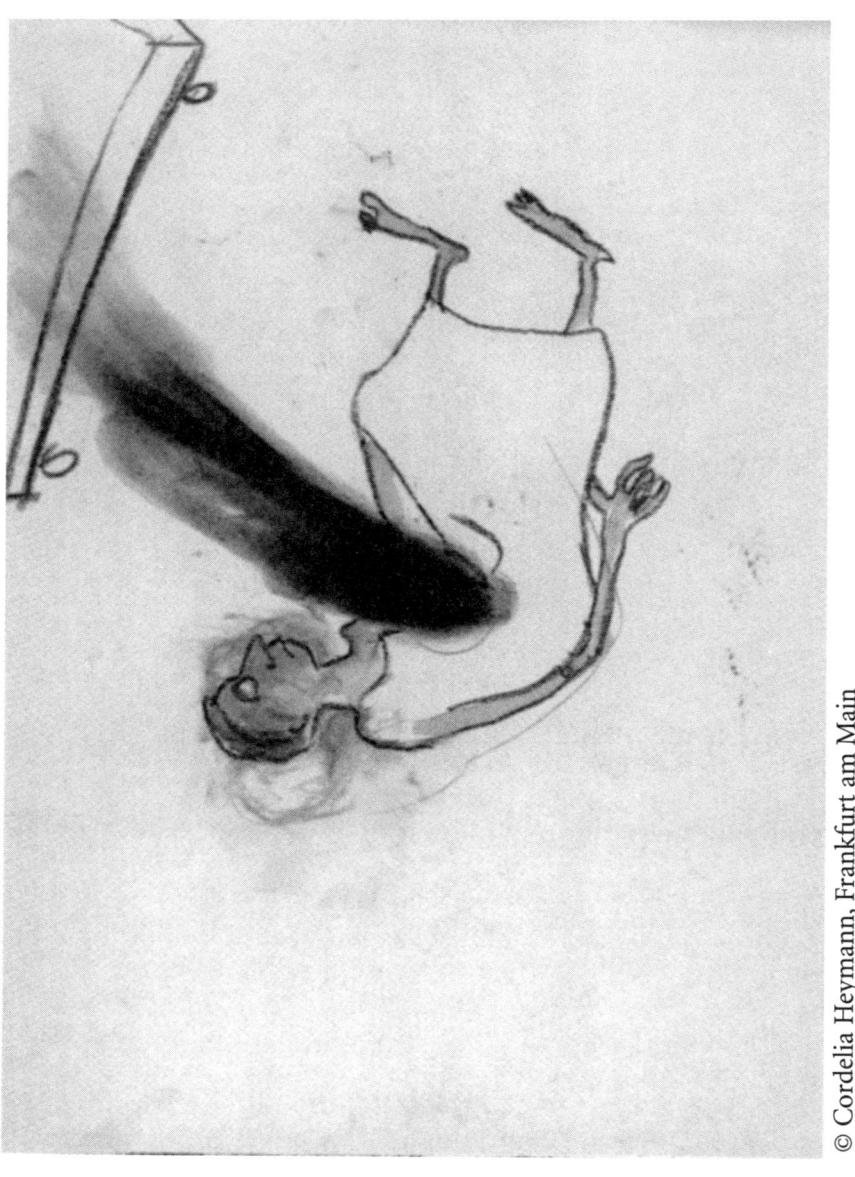

4. Drei Lieder

Jesus, geistgeboren

Jesus, geistgeboren, offenbarst: Gott liebt die Welt.
Wir sind geborgen.

Jesus, hingerichtet, brichst die Herrschaft der Gewalt
am Ostermorgen.

Jesus, auferstanden, zeigst: der Gott der Schöpfung wirkt
auch im Tod verborgen.

Jesus, du bist Wahrheit

Jesus, du bist Wahrheit, bist der Lebensweg für uns.
Erbarm dich unser.

Jesus, deine Gottheit strahlt in deinem Menschsein auf.
Erbarm dich unser.

Jesus, alles Leben hat von dir sein Lebensrecht.
Mach unser Herz zufrieden.

Beide Lieder zu singen nach der Melodie EG 190.2 Christe, du Lamm Gottes

Gott ist die Wahrheit, Gott allein

1 Gott ist die Wahrheit, Gott allein.
   Wir sehen von ihm nur *den* Schein,
   der sich in unsrem Leben bricht.
   Sein Wort ist, was die Liebe spricht.

2 Die Weite, Vielfalt von Kultur
   und Religion ist Gottes Spur.
   Das Leben ist die Schrift, darin
   kommt Gott zur Welt und gibt ihm Sinn.

3 Da wird Gott Kind, wird Fleisch und Blut,
   will sterblich sein und macht uns Mut.
   Er lernt das Leiden und den Tod
   zu heilen. Führt aus Angst und Not.

4 In Jesus steht die Liebe auf
   als Gottes Recht und nimmt in Kauf,
   dass alte Bilder untergehn:
   Im Licht von Ostern wird Gott schön.

5 Er spricht vom göttlichen Geschlecht
   der Menschheit, die das Lebensrecht
   der ganzen Schöpfung anerkennt
   und Gottes Geist den Urgrund nennt.

6 Geist ist die Kraft, die Gott und Welt
   als Wirklichkeit zusammenhält.
   Den Kosmos macht die Liebe weit,
   umfasst in sich auch Raum und Zeit.

7 Von Welt zu Welt schwingt Ewigkeit.
   Gott tanzt im Licht- und Sternenkleid
   den Lebens- und den Totentanz
   und zieht uns mit in seinem Glanz.

Melodie: Wir glauben Gott im höchsten Thron (EG 184)
© *Klaus-Peter Jörns, Berg/Starnberger See*

5. Liturgie für die Bestattung eines Haustieres

Der Leib des Tieres wird zu seinem Grab gebracht und hineingelegt.

Sprecher/in 1: Alles Leben kommt von Gott. Dafür danken wir ihm –
für unser Leben genauso wie für das Leben von N.N.

Sprecher/in 2: N.N. ist ein Teil unseres Lebens gewesen.
Er/sie hat uns das Leben in einer schönen Gestalt gezeigt,
die uns erfreut und unseren Alltag bereichert hat.

Hier können die an der Beerdigung Teilnehmenden *Erinnerungen* einfügen.

Sprecher/in 1: Wir danken Gott für alles, was N.N. für uns gewesen ist
und was er / sie unserem Leben voraushatte.
Durch die Zeit mit ihm/ihr haben wir die Gewissheit gefunden,
dass nicht allein wir Menschen eine Seele haben.
Wir bedauern, was wir N.N. an Leid zugefügt haben,
und bitten unseren Schöpfer um Vergebung. Denn sein Geschöpf ist es
gewesen.
Wir sind gewiss, dass Gott durch seine Liebe alles Leid aufwiegen wird.
Und wir hoffen auf eine Zeit, in der Menschen und Tiere mehr voneinander verstehen als in diesem Leben.

Sprecher/in 2: Beim Prediger Salomo lesen wir (Ende Kap. 3):

»(Denn) es geht dem Menschen wie dem Tier. Wie dieser
stirbt, so stirbt auch das Tier. Sie haben alle einerlei Lebensodem,
und der Mensch hat dem Tier nichts voraus. Denn es
ist alles eitel. Es fährt alles an einen Ort zurück, es ist alles von
Erdenstaub gemacht und wird wieder zu Erdenstaub werden. Wer
weiß denn, ob der Odem der Menschen aufwärts fährt und der
Odem des Tieres nach unten fährt?«

Sprecher/in 1:
Hoffnung auf Zukunft haben wir, weil Gott zu uns auch
über den Tod hinaus in Beziehung bleiben will. Er kennt die
Freuden und Leiden aller Geschöpfe und bewahrt alles Leben in sich.

Sprecher/in 2: (Am Grab stehend, zum Tier gewandt)
Von Erde bist du genommen,
zu Erde sollst du wieder werden.
Die Erde sei dir Ruhestatt und neuer Mutterschoß.

Unsere Zukunft liegt in Gottes Hand.

Alle: Vater unser

Alle bedecken das Grab mit Erde.

———————

Wen die Liturgie für die Bestattung eines Haustieres auf den ersten Blick
etwas befremdet, der bedenke: Tiere gehören zu den Lebensgaben Gottes wie alle anderen Geschöpfe, mit denen wir auf der Erde zusammenleben. Und mystischer Glaube glaubt seit je, dass die ganze Schöpfung
beseelt, also mit Gott als Lebensgrund unmittelbar verbunden ist. Dieser Glaube lädt dazu ein, dass wir *allem* Leben mit Ehrfurcht begegnen.
Diese Ehrfurcht vor dem Leben hatte Albert Schweitzer von uns gefordert. Durch sie können wir die Eigenheit und Einzigartigkeit jeder
Art von Leben und damit die Vielfalt der Schöpfung schützen und bewahren helfen – wie es unsere Aufgabe ist (»Gott setzte den Menschen
in den Garten Eden, dass er ihn bebaue und bewahre«; 1. Buch Mose
2,15). Wir müssen wieder damit beginnen, diese Ehrfurcht als *liebevolle
Ehrfurcht* und nicht nur als verbale Pflichtübung zu praktizieren. Denn
es geht darum, Gott für die Vielfalt und Schönheit des Lebens zu
danken.
    Das heißt: Die Kirchen müssen sich mit Leidenschaft *für* das Leben
engagieren. Unter seelsorgerlichem Aspekt gehört dazu, dass die Kirchen
Menschen dabei helfen, ihre Haustiere nicht nur stumm zu verscharren,
sondern selbständig bestatten zu können. Unsere Haustiere haben alle
einen Namen und gehören also in die personalen Beziehungen der Menschen hinein. Doch wenn sie sterben, sind die meisten Menschen hilflos
und gehen aus Hilflosigkeit mit den toten Tieren wie mit verbrauchten

Gegenständen um. Sie brauchen Hilfe, um ihre Tiere angemessen verabschieden und dabei Gott Dank sagen zu können dafür, dass er uns in der Gemeinschaft mit Tieren leben und ganz andere Formen von Leben kennenlernen lässt als unser eigenes. Deshalb habe ich in meinem letzten Buch schon eine Liturgie für die Beerdigung von Haustieren veröffentlicht. Ich füge sie, etwas verändert, auch in dieses Buch ein. Und ich sage offen, dass ich auch für Tiere um Gottes Segen bitte, wenn ich dazu eingeladen werde.

Zu den notwendigen Signalen im Engagement für das Leben gehört aber auch Kritik an der Bibel und an anthropozentrischer Theologie von Juden, Christen und Muslimen. Denn die Bibel hat die Tiere den Menschen ausgeliefert: »Furcht und Schrecken vor euch komme über alle Tiere der Erde«. So lautet die anthropozentrische Devise (1. Buch Mose 9,2-3) für das Zusammenleben mit den Tieren. Die Opferpraktiken setzen diesen Schrecken in unendlicher Wiederholung bis heute fort. Das entspricht aber ganz und gar nicht der offenbaren Freude, die unser gemeinsamer Schöpfer an der Vielfalt des Lebens gehabt hat. Denn der Schöpfer fand *alles* gut, was er gemacht hatte, auch die Tiere (1. Buch Mose 1,25). Dafür bin ich dankbar. Und ich freue mich, dass es im Islam eine theologische Schule gab, die Mu'tazeliten, die sagten, dass Gott im Jenseits Tiere entschädigen werde für Unrecht, das sie im Diesseits von Menschen erlitten haben[10]. Das ist eine gute Botschaft angesichts alles dessen, was Tieren in unserer und anderen Kulturen angetan wird.

Damit meine ich die industriell organisierten Massentötungen von Tieren und den massenhaften Verbrauch von Tierleben für unsere pharmazeutischen und kosmetischen Zwecke. Aber ich meine auch die immer noch praktizierten *Opferfeste* einschließlich des rituellen Schächtens der Tiere. Das islamische Opferfest ist zwar nicht im Koran verankert, wird aber in der islamischen Tradition auf Muhammad zurückgeführt. Das Opferfest und das Fest des Fastenbrechens sind die beiden größten Feste des Islam. Traditionsgeschichtlich knüpft das Opferfest an die vom jüdischen Gott Jahwe befohlene Opferung Isaaks an, die Abraham gehorsam begonnen und dann aufgrund von Jahwes Intervention wieder beendet hatte: Jahwe ersetzte in dieser Erzählung das Menschenopfer durch das Tieropfer (1. Buch Mose 22,1-19)[11].

---

10. H.-M. Barth (2001), S. 303. Die Mutaziliten, wie sie auch genannt werden, waren eine eher rationalistische Koranschule im 9. Jahrhundert.
11. St. Leimgruber (2004), S. 116-118. Leimgruber behandelt – wie üblich – die Opferfeste nur aus der Sicht der Menschen, geht nicht auf das Problem der Tiere ein.

Das nenne ich eine »Schwellengeschichte«, die einen kulturellen Quan-
tensprung beschreibt, wenn man an die Mütter von Kindern wie Isaak
denkt. Für die Tiere aber war es kein Gewinn, dass sie fortan für die
Menschen einspringen mussten und immer noch müssen. Der Protest
gegen diese Schlachtopfer, in denen Menschen ihrem Gott ein Drittes,
nämlich das Tier, anbieten, ist schon von Israels Propheten Hosea erhoben worden: Gott wolle keine Tieropfer, sondern dass Menschen sich
selbst, ihr Herz, öffnen. »An Liebe habe ich Wohlgefallen, nicht an
Schlachtopfern« (Hosea 6,6; 8,13). In islamischer Sicht geht es – wie in
der jüdischen Sicht, die in unserer Literatur auch von Paulus noch vertreten wird (Römerbrief 4,3) – um den Gehorsam, den Abraham Gott
gegenüber auch in einer Extremsituation bewiesen hat. Ja, der Koran
steigert dieses Motiv noch, indem dort auch Isaak ausdrücklich seiner
eigenen Opferung zustimmt und dadurch selbst zum Propheten wird
(Sure 37,102-113). Das Problematische an diesen Geschichten ist, dass
die Tiere in ihnen ihre eigene Schöpfungswürde, ihre Seele, verloren haben. Sie sind Wesen minderen Lebensrechtes geworden und müssen dem
Menschen dazu dienen, dass *er* sich vor Gott als würdig erweist. Ich wünsche mir, dass Hoseas und Albert Schweitzers Protest so bald als möglich
auch die Muslime erreicht. Wir Christen aber können sofort damit aufhören, die Abraham-Isaak-Geschichte als Beispiel für wünschenswerten
Gehorsam zu verbreiten. Und wir können ebenfalls aufhören, von Jesus
zu sagen, er sei als unser *Passalamm* geopfert worden, wie Paulus es getan
hat (1. Korintherbrief 5,7). Das wird weder Jesu Leiden noch den Läm-
mern gerecht, die Ostern bei uns geschlachtet werden.

Fünfter Teil:
Chancen und Probleme einer gottesdienstlichen Ökumene der Konfessionen und Religionen

Das Thema Ökumene hat eine interkonfessionelle und eine interreligiöse Seite. Verständlicherweise wird die interkonfessionelle Dimension des Problems besonders in unseren Breiten seit langem behandelt. Unendlich viele Familien und Freundschaften werden davon berührt, dass die katholische Kirche aufgrund ihres Selbstverständnisses Christen aus anderen Konfessionen keine ökumenische Gastfreundschaft in der eigenen Eucharistiefeier gewährt und ihren Gläubigen auch nicht erlaubt, an evangelischen Abendmahlsfeiern teilzunehmen.

Eine andere und zum Teil noch schwierigere Dimension nimmt das Nachdenken über Ökumene an, wenn wir Ökumene auf das Verhältnis der Religionen zueinander beziehen. Viele bestreiten, dass es so etwas wie eine interreligiöse Ökumene überhaupt geben könne. Andere sehen in ihr eine unausweichlich auf uns zukommende Notwendigkeit, die von allen Religionen – zumindest aber von den sich auf Abraham als Stammvater berufenden Religionen Judentum, Christentum und Islam – verlangt, ihr bisheriges, auf Abgrenzung basierendes Selbstverständnis zu korrigieren. Beide Dimensionen von Ökumene dürfen nicht vermischt werden, obwohl es Bereiche gibt, wo sie auch nicht voneinander getrennt werden können.

Es ist hier nicht der Ort, die angesprochenen Fragen in der ganzen Breite der damit verbundenen Probleme zu behandeln. Ich konzentriere mich deshalb im Folgenden auf Fragen einer gottesdienstlichen Ökumene.

1. Chancen und Probleme einer interkonfessionellen gottesdienstlichen Ökumene

Die Weltkonferenz der Kommission für Glauben und Kirchenverfassung des Ökumenischen Rates der Kirchen hatte 1952 in Lund / Schweden den Kirchen die Frage vorgelegt, »ob sie nicht in allen Dingen gemeinsam handeln müssten, abgesehen von solchen, in denen tiefe Unterschiede der Überzeugung sie zwingen, für sich allein zu handeln«[1]. Die Frage ist gehört und in vielem zustimmend beantwortet worden – auch darin, dass die Liturgiewissenschaft inzwischen von Forschern unterschiedlicher Konfessionen gemeinsam betrieben wird und vor allem im Bereich der Eucharistiegebete auch gemeinsame Früchte dieser Arbeit zu erkennen sind.

Andererseits sind inzwischen die theologisch bedingten Unterschiede auch wieder deutlicher geworden, und zwar nicht nur zwischen der römisch-katholischen und »der« evangelischen Kirche, sondern sogar zwischen den Mitgliedskirchen des Ökumenischen Rates der Kirchen, zu denen die römisch-katholische Kirche ja nicht gehört. Der katholische Liturgiewissenschaftler Hans Bernhard Meyer hatte 1992 in einem Artikel geschrieben: »Es besteht begründete Aussicht, dass der ökumen. Konsens bezüglich der Lehre und Feier der Eucharistie weiter wachsen wird – und damit die Einheit der Kirche Jesu Christi.«[2] Angesichts der deutlichen Signale, die auf vielen Seiten zu hören sind und die in eine andere Richtung weisen, kann ich diese Zuversicht nicht mehr teilen.

Denn ich sehe genügend Anzeichen dafür, dass in der liturgiewissenschaftlichen Debatte die historischen Aspekte überbetont und die in den Liturgien steckenden inhaltlich-theologischen Probleme eher ausgeblendet worden sind. Aber die Liturgie ist kein theologiefreier Raum, sondern ein hochsensibler Bereich theologischer Praxis. Das Beispiel, an dem sich diese Einschätzung schnell demonstrieren lässt, ist die inzwischen (wieder) aufgekommene Frage, ob denn der gewaltsame Tod Jesu am Kreuz

1. D. R. Holeton / J. St. H. Gibaut (2003), S. 202.
2. H. B. Meyer (1992), Sp. 380.

wirklich als Sühnopfer verstanden und gefeiert werden kann. Wer diese Frage – wie ich – verneint, kommt buchstäblich schnell »über Kreuz« mit der Entwicklung der Liturgie im Westen. Andere Themen kommen als kontroverstheologischer Gesprächsstoff hinzu: Der Erwählungsglaube und der damit verbundene Ethnozentrismus, das Verhältnis zu den anderen Religionen und die Frage, ob denn deren heilige Texte nicht auch den Einen Gott – wenn auch anders – wahrnehmen, und schließlich schöpfungstheologische Themen, die besonders der feministischen Liturgik am Herzen liegen. Wird das Gespräch darüber intensiv und offen genug geführt, kann aus dem Gesprächsstoff auch sehr schnell ein Zündstoff werden, der die erreichten Konvergenzen über Taufe, Eucharistie und Amt als schönen Schein entlarvt.

Trotzdem bleibt die Ökumene weiterhin von allergrößter Bedeutung. Wir werden uns aber fragen müssen, ob zur Einheit der Kirche wirklich, wie bisher im Grunde immer unterstellt, einheitliche Liturgien und Rituale gehören. Um wieder das Nebeneinander der vier Evangelien im Neuen Testament als leuchtendes Beispiel und Vorbild anzuführen: Diese sehr unterschiedlichen Evangelien sind mit ebenfalls sehr unterschiedlichen Vorstellungen davon verbunden, wer Jesus im Verhältnis zum jüdischen Vatergott ist. Dadurch, dass keines von ihnen ausgeschlossen worden ist[3] und alle vier gleichrangig nebeneinander stehen, ist die Einheit der frühen Kirche überhaupt erst gewährleistet worden. Wäre hier nach der Regel »entweder / oder« vorgegangen worden, wäre die Einheit der Kirche und Schrift auch damals schon verloren gewesen, noch ehe die Kirchengeschichte richtig begonnen hatte. Daraus folgt für mich, dass wir die Einheit der Kirche nicht identifizieren sollten mit einem Zustand, in dem es *eine* Art von Spiritualität, eine genormte Theologie, eine Einheitsliturgie und eine einheitliche Kirche als Institution gäbe. *Für mich bildete sich in einem solchen Zustand das Ende wirklicher Ökumenizität ab.* Denn ein solcher Zustand wäre nur zu erreichen, wenn die tatsächliche und lebensbedingte Vielfalt der Wahrnehmungsgestalten Gottes unterdrückt und gewaltsam vereinheitlicht würde. Auch das in diesem Buch mehrfach angesprochene Prinzip der kulturellen Kohärenz, das für den Lebensbezug kirchlichen Handelns sorgt, würde dabei missachtet und ein geschichtsloses Denken gefördert werden. Dann müsste man im Grunde

---

3. Andere Evangelien sind allerdings nicht in den Kanon aufgenommen worden. Aber diese vier hat man nebeneinander aushalten können, immerhin. Eine solche Weite und wahre Ökumenizität wäre von den Kirchen heute kaum noch zu erwarten.

auch irgendwann fürchten, dass die vier Evangelien zu *einem* verschmolzen und Widersprüche zwischen ihnen ausgemerzt würden.

So wenig es so weit kommen darf, so wenig hoffe ich inzwischen auf eine Kirche, die alles vereinheitlichen will. Katholische, orthodoxe, protestantische und anglikanische Spiritualität haben ihr je eigenes Gesicht und sollen es auch behalten. Dazu aber gehören auch *unterschiedliche* Liturgien. Ich hoffe darauf, dass die Kirchen sich so bald als möglich gegenseitig als authentische Wege, christlich zu glauben und zu leben und Gottesdienst zu feiern, anerkennen und ihre Gottesdienste einschließlich der Eucharistie- bzw. Abendmahlsfeier füreinander öffnen. Dabei gehe ich davon aus, dass der zum Gottesdienst Einladende in allen Kirchen derselbe ist: der Auferstandene. Er hat seine Jünger dazu aufgefordert, seinem Beispiel der *dienenden* Liebe zu folgen. Wer seine Einladung wahrnimmt, kann auch jetzt schon guten Gewissens dort am Gottesdienst teilnehmen, wo er sich spirituell hingezogen fühlt, und wird den Anspruch der Kirchen, über ihn entscheiden zu können, durch sein Handeln zurückweisen. Denn den Kirchen steht kein solches Herrschaftsrecht zu, und ihnen gehören die Gläubigen auch nicht, die in die Kirchen – zumeist als unmündige Kinder – hineingetauft worden sind. Im Gegenteil: Sie haben ihnen zu dienen. Und dieser Dienst verlangt: Sie müssen den Menschen helfen, ihren eigenen spirituellen Weg zu finden. Aber die Kirchen müssen auch denen dienen, die keiner Religionsgemeinschaft (mehr) angehören und kein religiöses Repertoire mehr zur Verfügung haben, um auszudrücken, was geschieht, wenn aus gutem oder bösem Grund die bisherige »Welt« zusammenbricht.

Dieses Buch ist von einem evangelischen Theologen geschrieben worden – man kann es an vielem leicht erkennen. Trotzdem geht meine Hoffnung dahin, dass einige Impulse von der kritischen Betrachtung der Liturgiegeschichte und von der neuen Liturgie aus auch auf katholische Gottesdienstgestaltung einwirken werden.

Dabei mache ich mir keine Illusionen darüber, dass die Infragestellung der Messliturgie in diesem Buch von vielen, auch auf evangelischer Seite, als Angriff auf die Ökumene interpretiert werden könnte – obwohl das ganz und gar nicht mein Ziel ist, wie ich gerade dargelegt habe. Ein solches Missverständnis könnte daher kommen, dass man die Struktur auch des evangelischen Gottesdienstes stillschweigend als durch die altkirchlichen Messliturgien bestimmt ansieht und Luthers »Deutsche Messe« von 1526 dafür als Beleg nimmt. Dass Luthers liturgisches Werk mit der »Deutsche Messe« aber keinesfalls abgeschlossen gewesen ist, habe ich schon erwähnt[4]. Doch diese Tatsache gerät leider immer wieder in Vergessenheit. Luther hatte gesehen, dass der christliche Glaube sich nicht im Rezipieren und Rezitieren erschöpft, sondern auf eine »Erzählgemeinschaft« zielt, in der Menschen ihre Glaubenserfahrungen auch kommunizieren können. Heute würde man sagen: Er hat erkannt, dass christlicher Glaube eine Partizipation der Gläubigen am Gottesdienstgeschehen verlangt, die über das Zuhören und über das Mitsingen und Mitbeten von fertigen Texten hinausgeht. Was Paulus im 1. Korintherbrief 14,26-33a zu einem lebendigen christlichen Gottesdienst geschrieben hat, kann uns dabei helfen – nicht allerdings seine berühmt-berüchtigte Aufforderung, dass das Weib in der Gemeinde schweigen sollte (14,34-35). Das war eine Ansicht, die wir als kulturbedingt einstufen können, der wir aber von *unserer* Kultur her widerstehen müssen.

Wir müssen also sorgfältig und eigenverantwortlich aus dem Überlieferten auswählen, woran wir uns halten wollen. Keinesfalls kann die Frühphase der Kirche als etwas angesehen werden, was irgendwie außerhalb des geschichtlichen Wandels angesiedelt wäre und Liturgien hervorgebracht hätte, die zeitunabhängig gültig wären. Eine solche Rolle und Bedeutung kann ich zwar der revolutionären Verkündigung und dem Leben Jesu zubilligen, aber nicht den frühen theologischen und liturgischen Entscheidungen der Gemeinden, aus denen dann später Kirchen geworden sind. Auf Jesus beruft sich der Glaube als auf den, von dem wir wissen, wer und wie Gott uns gegenüber ist. Die inzwischen immer besser erforschten frühen Liturgien zeigen uns dagegen ein Christentum, das stark von den theologischen und auch liturgischen Strukturen der Vorgängerreligionen abhängig war. Dadurch ist – wie wir gesehen haben – vieles von dem wieder verdeckt worden, was Jesus verändert hatte.

Dennoch dient die altkirchliche Phase der Liturgiegeschichte häufig als Maßstab, an dem die Kirchen sich theologisch und liturgisch orientieren sollen. Die Ergebnisse der Bemühungen um eine gemeinsame liturgische Basis und von dort aus um eine ökumenische *Messliturgie* sind in den Lima-Papieren des Ökumenischen Rates der Kirchen 1982 vorgelegt worden. Sie wurden ausdrücklich als »Konvergenzerklärungen« zu Taufe, Eucharistie und Amt bezeichnet. Sie behandeln zu Recht nicht nur die Liturgie selbst, sondern auch das Amtsverständnis, das sich damit im Hintergrund und – für viele »normale« Christen unsichtbar – als der *eigentliche* Problempunkt verbindet. Die gemeinsame Messfeier in Lima,

4. S. o. S. 43 f..

die nach einer von Max Thurian und anderen entworfenen Liturgie gefeiert wurde, fand eine schnelle und natürlich auch kritische Resonanz in allen Kirchen. »Darüber hinaus finden sich in den erneuerten eucharistischen Liturgien der meisten Kirchen des Westens Elemente des Eucharistiegebets, die in der Lima-Erklärung identifiziert wurden, vor allem eine Anamnese und eine Epiklese.«[5] Ob das aber wirklich sinnvoll ist, solange die Struktur der Messe als Sühnopfermahlfeier mit vorgeschaltetem Wortteil, die Erwähltheitsvorstellungen und weitere Probleme theologisch nicht ausdiskutiert worden sind, steht auf einem anderen Blatt. Denn da ist noch viel theologische Arbeit am eigenen religiösen Gedächtnis nötig.

Was ich meine, kann ich wieder am Beispiel der Opfertheologie verdeutlichen. Die katholische Kirche besteht darauf, dass die der Messe als einer Opfermahlfeier vorstehenden Priester geweiht sind – und auch darauf, dass Frauen dieses Amt nicht ausüben dürfen. Denn für die katholische Kirche bleiben viele aus jüdischer Tradition stammende Anforderungen an das Priesteramt bindend. Und die sehen im Blick auf die kultische Reinheit derjenigen Personen, die mit dem Heiligen und dem Opfer Umgang haben, vor, dass Frauen wegen der Berührung mit dem Menstruationsblut und Ungeweihte generell das Priesteramt nicht ausüben dürfen.

Solange die christliche Mahlfeier als Opfermahlfeier mit einem Blutritus verbunden und solange an einem vorchristlichen Priester- und Reinheitsverständnis festgehalten wird, kann es an diesem Punkt keine Annäherung geben – weder zwischen katholischer und evangelischer Theologie noch zwischen der Messliturgie und einem Gottesdienstverständnis, wie ich es vertrete. Darum ist es doppelt wichtig zu betonen, dass der Opfergedanke ursprünglich mit dem letzten Mahl Jesu nichts, aber auch gar nichts zu tun gehabt hat. Erst wenn wir Christen wieder opferfreie Gottesdienste feierten, wäre das größte Hindernis für eine wirkliche innerchristliche Ökumene beseitigt. Denn erst wenn christlicher Gottesdienst sich vom Verständnis des Todes Jesu als Sühnopfer trennt, bedarf auch keine Kirche mehr eines Weihepriestertums. Wenn die Kirchen ihre gemeinsame Bindung an Jesus Christus ins Zentrum stellen und zugeben werden, dass ihre Eigenheiten geschichtlich entfaltete *Wahrnehmungsgestalten* des Evangeliums sind, kann das Christentum sich als eine offene Gemeinschaft von Kirchen darstellen. Seine Einheit

5. D. R. Holeton / J. St. H. Gibaut (2003), S. 199.

besteht in der Vielfalt ihrer Spiritualitäten und Liturgien und wird beglaubigt dadurch, dass die Kirchen ihre Liturgien für die Gläubigen der anderen Kirchen offenhalten, ja, ihnen den Zugang zur eigenen Art ihrer jeweiligen Liturgie so leicht wie möglich machen.

2. Chancen und Probleme einer interreligiösen gottesdienstlichen Ökumene

Zumindest die Religionen Judentum, Christentum und Islam können nicht umhin zuzugeben, dass sie gemeinsame Wurzeln haben. Aber immer mehr religions- und kulturwissenschaftliche Arbeiten zeigen darüber hinaus, wie stark das Christentum von anderen Religionen beeinflusst worden ist, die vor und neben ihm existiert haben und zum Teil noch existieren. Vor allem die altägyptische und die mesopotamischen Religionen haben einen weit größeren Einfluss als lange Zeit angenommen auf die jüdische und deutlich auch auf die christliche Religion gehabt[6]. Von anderen Einflüssen, die mit dem Übergang der Jesus-Überlieferungen aus dem semitisch-aramäischen in den hellenistisch-griechischen Kulturraum verbunden gewesen sind, wissen wir immer noch viel zu wenig, weil auf diesem Gebiet nicht genügend geforscht wird. Denn es gibt zum Beispiel nur ganz wenige und ältere Arbeiten, die sich mit der Frage befasst haben, wie der Asklepios-Kult auf den Jesus-Glauben und die Gestalt des Asklepios auf die künstlerische Darstellung Jesu vor allem in der Plastik eingewirkt haben. Ob es Verbindungen zum Buddhismus gegeben hat und wie sie ausgesehen haben, wird von theologischer Forschung leider auch so gut wie nicht verhandelt. Obwohl auf diesem Gebiet also noch vieles zu erforschen ist, steht doch fest, dass keine geschichtliche Religion bei Null angefangen hat, sondern alle in anderen Religionen ihre Wurzeln haben.

Weil das so ist, habe ich die These aufgestellt, dass alle Religionen und ihre Konfessionen unterschiedliche Gedächtnisspuren darstellen. Alle Gedächtnisspuren gehören aber samt ihren Kanons in die eine und universale Wahrnehmungsgeschichte Gottes hinein, die sie zusammen bilden. Denn wenn Gott (nur) *einer ist*, dann können sich auch alle Wahrnehmungen Gottes nur auf den einen beziehen. Dass es dabei zu großen Unterschieden gekommen ist, liegt nicht an einer tatsächlichen Mehrzahl von Göttern und Göttinnen. Sondern die unterschiedlichen kulturellen

---

6. Vgl. dazu: *Notwendige Abschiede*, S. 102-187, besonders S. 102-129, und die Arbeit von M. Görg (1998).

und religiösen – und also auch die sozialen und politischen – Prägungen derjenigen, die etwas von Gott wahrgenommen und dann von ihm geredet haben, haben für die Ausdifferenzierung der Gottesvorstellungen, heiligen Schriften, Liturgien und Riten gesorgt.

Wollen wir der Einheit und Einzigkeit Gottes aber in Zukunft wirklich Rechnung tragen und ernst nehmen, dass es eine universale Wahrnehmungsgeschichte Gottes mit differenten Wahrnehmungsgestalten und Gedächtnisspuren gibt, dann ist es unsere Aufgabe, auch darauf hinzuarbeiten, dass sich die Religionen in einer interreligiösen Ökumene verbinden und unterschiedliche Arbeitsprogramme auflegen, die ihre gemeinsamen Wurzeln klären und so etwas wie einen »Kanon aus den Kanons« realisieren. Den Vorschlag dafür habe ich in den »Notwendigen Abschieden« unterbreitet[7]. Erst eine solche Zusammenstellung der religiösen Überlieferungen unterschiedlicher Religionen aus Vergangenheit und Gegenwart könnte jedermann vor Augen führen, dass sich Religionen seit eh und je, trotz aller Unterschiede, mit denselben großen Lebensfragen der Menschen beschäftigen. Sie haben unendlich viele übereinstimmende Wahrnehmungen gemacht und mit weisheitlichen Lehren, zum Teil auch mit detaillierten ethischen Konzepten beantwortet. Sie sind alle vor dem Problem unserer Sterblichkeit und angesichts der »böse« genannten Erfahrungen hilflos. Und alle schaffen es nur in Ansätzen, so etwas wie ein einheitliches Weltbild zu denken und daraus Handlungsanweisungen abzuleiten. Nicht zuletzt sind alle Religionen in die großen politischen Auseinandersetzungen der Völker verwickelt und haben durch die Förderung der Gewalt Schuld auf sich geladen. Daraus Konsequenzen zu ziehen, die zu einem *Mit*einander der Religionen führen, wird nur gelingen, wenn sich die Religionen gegenseitig bekannt machen, indem sie die Grundtexte, auf die sie sich jeweils beziehen, wenigstens in Auszügen nebeneinander lesen und vergleichen können. Ein »Kanon aus den Kanons« kann schaffen, was wir brauchen: Ein gemeinsames Bewusstsein davon, dass es ein religiöses Gedächtnis der Menschheit gibt und dass zu ihm hochproblematische Seiten gehören. Erst dieses Bewusstsein wird vieles von der Angst auflösen können, die wir vor anderen Religionen haben – weil wir sie nicht kennen.

Der Weg dahin kann begleitet werden von dem Versuch, einander durch das Erzählen großer Überlieferungen näher zu kommen und sich gegenseitig Anteil an dem zu geben, was man bisher nur im eigenen Haus

---

7. AaO., S. 351-373.

gehört und festlich erinnert hat. Das Erzählen muss sich nicht auf heilige Schriften beschränken, sondern kann auch andere Literaturen und die künstlerischen Darstellungen, die sich erhalten haben, einschließen. Ein solcher Prozess kann das Bewusstsein schaffen, sich gegenseitig bereichern zu können. Nur ein solches, auf positiven Erfahrungen aufbauendes Bewusstsein kann zu einer interreligiösen Ökumene raten. Jener Prozess des Sich-gegenseitig-Erzählens und -Bereicherns würde also nicht bei den Dogmen ansetzen. Denn Dogmen sind Grenzziehungen und schüren die ängstliche Frage, ob es vielleicht hier oder da zu einem »Dammbruch« oder zum Verlust des Fundamentes kommen könnte, auf dem man sich doch angeblich so sicher wähnt.

Solche Ängste sind leider kein Hirngespinst von mir, sondern Hintergrund der häufig geäußerten Sorgen von Menschen, die das Christentum verteidigen und retten wollen. Tatsächlich drücken sie aber aus, wie wenig sicher sich diese Menschen im eigenen Glauben sind und wie schwach sie sich gegenüber einer zurzeit stark auftretenden Religion wie dem Islam fühlen. Diese tief sitzende Unsicherheit hat damit zu tun, dass es genauso tief sitzende Zweifel an zumindest einigen wesentlichen Vorstellungen und Dogmen der eigenen Religion gibt. Daran kann sich nur etwas ändern, wenn die Religionen ihre Überlieferungen einer gemeinsamen kritischen Relecture unterziehen.

Dann erst wird herauskommen, wie sehr sie in den Gang der »weltlichen« Geschichte verwickelt sind und als Ideenlieferanten nicht nur im Guten, sondern auch im Bösen gewirkt haben. Das gilt für den Ethnozentrismus, insofern die Religionen immer dazu geneigt haben, Wahrheit bei sich und Lüge bei den anderen zu finden und sich gegenseitig zu bekämpfen. Es gilt aber auch für das schlechte Verhältnis, das die Menschheit zu ihren Mitgeschöpfen entwickelt hat. Ursache dafür ist in vielem der Glaube gewesen, dass Tiere seelenlose Wesen sind und »unrein«. *Ein* Franz von Assisi und *ein* Albert Schweitzer sind eben zu wenig. Auch an diesem Punkt hat die Arbeit am religiösen Gedächtnis der Menschheit viel zu tun. Denn es geht dabei um nicht mehr und nicht weniger als um eine *zweite Aufklärung.* Wie ich sie verstehe, unterscheidet sich diese zweite von der ersten Aufklärung dadurch, dass sie nicht *gegen* die Kirchen und Religionen, sondern *in* ihnen und *von* ihnen selbst durchgeführt werden muss. Sie dient nicht dazu, alte und lebensvolle Bilder rationalistisch aufzulösen, sondern ihre Wirkungsgeschichte kennenzulernen, um entscheiden zu können, wie wir mit denjenigen Vorstellungen, die sich als problematisch erwiesen haben, künftig umgehen wollen.

Darüber hinaus kann sie dazu helfen, dass sich Menschen aus allen Religionen zu einer Art Koalition zusammenschließen, die jede Verbindung von Gott und Gewalt – sei es im Glauben oder im Opfer-Kult – und jede Form von Erwählungsglauben überwinden wollen, sofern die Erwählung nicht der ganzen Schöpfung gilt.

Selbstverständlich hat eine solche Arbeit am religiösen Gedächtnis der Menschheit auch eine *konstruktive* Aufgabe für die Dogmatik bereit und nicht nur eine apologetisch-abwehrende wie bisher oft. Denn es kann der christlichen Dogmatik zum Beispiel abverlangt werden, dass sie nicht nur zähneknirschend mit der Tatsache umgehen kann, dass es unterschiedliche Religionen gibt. Sie muss doch etwas Positives dazu sagen können, was Gott mit den anderen Religionen zu tun hat[8]. Erst wenn sie so weit sein wird, kann man eigentlich wieder anfangen, Theologie als eine Wissenschaft ernst zu nehmen, die auf der Höhe der Zeit und bereit ist, sich der Geschichte und unserer Wirklichkeit ohne Scheuklappen zu stellen. Erst wenn sie so weit sein wird, wird sie ethnozentrisches Denken auch durch ihre Liturgien und Lieder nicht mehr buchstäblich absegnen.

Im kultisch-liturgischen Bereich kann mit einer interreligiösen Ökumene am leichtesten dadurch begonnen werden, dass – wie ich es in der neuen Liturgie schon vorgesehen habe – nicht nur biblische Texte vorgelesen und ausgelegt werden, sondern auch außerbiblische. Für meinen Teil habe ich mit dieser Praxis schon vor vielen Jahren begonnen und bislang auch nicht eine einzige ablehnende Reaktion darauf erhalten. Würde ich nicht immer ausdrücklich sagen, woher die Texte stammen, denke ich, dass es vielen im Gottesdienst gar nicht auffallen würde, wenn ich zum Beispiel einen ägyptischen Hymnus neben einem altjüdischen lese. Aber es wird eben auch Zeit, dass Pfarrerinnen und Pfarrer nicht mehr daran gehindert werden, außerbiblische Überlieferungen zusammen mit biblischen auszulegen. Sowohl diese Lesungen als auch solche Auslegungen können bei einer wirklich ökumenisch offenen Theologie eigentlich doch nur dem Lobpreis der Weite und Schönheit Gottes dienen. Darüber hinaus aber werden die Auslegungen auch kritische Rückfragen an die gelesenen religiösen Überlieferungen formulieren und damit dem Bewusstsein von Menschen entsprechen, die ohnehin nicht mehr verstehen, warum sie ihren Glauben an Gott unbedingt in Vorstel-

---

8. Deutliche Ausnahmen bilden da H.-M. Barth (2001) und P. Schmidt-Leukel (2005).

lungen transportieren müssen, die ihnen fremd oder gar hinderlich sind – sofern sie sie als solche erleben.

Auch Gebete aus anderen Religionen können wir verwenden, wenn wir eine interreligiöse Ökumene fördern wollen. Und das tun ja zum Glück auch viele Pfarrerinnen und Pfarrer schon, vornehmlich bislang aus dem jüdischen Fundus, da dieser am besten erschlossen ist. Gemeinsame Gottesdienste von Christen und Nichtchristen habe ich in den siebziger Jahren, wie viele andere auch, zum ersten Mal gehalten, weil ich als Pfarrer mit dem Problem zu tun bekommen hatte, dass christliche Frauen einen muslimischen Mann heiraten und eine kirchliche Trauung haben wollten. Inzwischen gibt es das großartige Beispiel, das Papst Johannes Paul II. den Religionen mit dem gemeinsamen Friedensgebet in Assisi beschert hatte. Es ist zwar inzwischen leider abgeschwächt worden zu einem getrennten Gebet der Religionen am selben Ort – weil man sich über die religiösen Symbole im Raum nicht einigen konnte. Aber ein Anfang ist gemacht worden[9].

Ich bin sicher, dass auch die Praxis, wie sie im »Haus der Religionen« in Bern[10] begonnen worden ist, ein wirklicher und wegweisender Anfang ist. Hier haben Angehörige der eingewurzelten Religionen zuerst einmal dafür gesorgt, dass auch die Minderheiten-Religionen würdige Kultstätten finden, und sie haben damit begonnen, sich gegenseitig als Menschen mit einer eigenen Spiritualität kennenzulernen. Auf dieser Basis wird nun auch der interreligiöse Dialog geführt. Weil sich die dort vertretenen Religionen Hinduismus, Buddhismus, Judentum, Christentum, Islam und Baha'i gegenseitig als gleichwertige Religionen anerkennen, können sie die Symbole ihrer Identität auch nebeneinander stellen und unter einem Dach leben, diskutieren und an Projekten arbeiten, die das Leben in einer Stadt wie Bern mit sich bringt. Diese Projekte reichen bis in den Bereich der Stadtplanung hinein, um durch Isolation zustande kommende Verwerfungen zu vermeiden oder bereits entstandene zu korrigieren. Gemeinsame Gottesdienste sind (noch) nicht geplant. Aber zum Kennenlernen gehört auch hinzu, dass man seine Gottesdienste für Angehörige anderer Religionen öffnet.

9. Vor diesem Anfang nimmt sich die Tatsache traurig aus, dass bei der Vollversammlung des Ökumenischen Rates der Kirchen in diesem Jahr 2006 im brasilianischen Porto Alegre kein gemeinsamer Gottesdienst der kirchlichen Vertreter aus nicht-katholischen Kirchen mehr stattgefunden hat – »vor allem auf Wunsch der orthodoxen Vertreter« (Süddeutsche Zeitung vom 14. 2. 2006).
10. Die Internetanschrift lautet: www.haus-der-religionen.ch. Geschäftsführend für den Verein »Haus der Religionen« ist der Herrnhuter Pfarrer Hartmut Haas.

Nach Jahrhunderten der Abgrenzung, gegenseitigen Bekämpfung und Diffamierung und nach Missionsstrategien, die oft genug nur darauf zielten, die anderen Religionen zu beherrschen oder auszumerzen, stimmen solche Neuanfänge hoffnungsvoll. Denn hier wird ernst gemacht mit der Einsicht, dass Religionen in unserer Welt nicht ihresgleichen als Feinde haben, sondern die zunehmende Gottes- und Glaubensvergessenheit. Gegen sie kommt künftig keine Religion mehr alleine an. Eine Chance standzuhalten und den Menschen bei den wachsenden Problemen in der Weltgesellschaft helfen zu können, haben die Religionen nur, wenn sie den Menschen durch ihr Verhalten untereinander zu verstehen geben, dass sie alle – trotz dogmatischer Differenzen – zur universalen Wahrnehmungsgeschichte Gottes gehören und Gott größer ist als sie selbst. Das erfordert allerdings ein großes Maß an selbstkritischer Demut. Es wird wachsen, wenn die Religionen die Schätze, die die jeweils anderen hüten, als Lebensgaben des *einen* Gottes verstehen.

Karl-Heinrich Bieritz hat mich gefragt, ob es auch eine Ökumene mit den »vielen, vielen, vielen Konfessionslosen« gibt. Soviel ich weiß von dem Neben- und Ineinander der »sichtbaren«, organisierten Religion in den überlieferten Religionsgemeinschaften einerseits und der »unsichtbaren Religion« andererseits, gibt es diese Ökumene. Und zwar durch die Wertbindungen, die sie gemeinsam haben, insbesondere aber durch das, was ihnen »heilig ist«. Lässt man eine Gruppe von Menschen erzählen, welche Erfahrungen im Leben sie am meisten berührt haben, wird diese Ökumene schnell und deutlich sichtbar[11]: Geburt und Tod eines nahen Menschen, aber auch Anfang und Ende einer Liebe sind die Säulen, auf denen diese Ökumene ruht. Denn bei diesen Anlässen beten die Menschen, ohne auf Religionsschranken zu achten. Nur Gottesdienste bietet ihnen noch niemand an, wenn sie keiner Kirche angehören.

11. Vgl. dazu K.-P. Jörns (2004), S. 70-101; und derselbe (1999), S. 110-117. 217 f. 260 f.

3. ›Versäumte Lektionen‹ für Feste im Kirchenjahr. Ein kleines Lektionar außerbiblischer Lesungen für eine christliche Liturgie

Den Vorschlag, innerhalb einer christlichen Liturgie auch Texte aus heiligen Schriften anderer Religionen und aus verwandten Literaturen vorzulesen und auszulegen, will ich im Folgenden mit einem kleinen Lektionar untermauern. Es gehört in den »Kanon aus den Kanons« hinein. Einige der Texte habe ich Festen des christlichen Kirchenjahres zugeordnet. Sie können aber, wie die übrigen auch, nach eigenem Gutdünken anderenorts verwendet und natürlich gekürzt werden.

Den Begriff »Versäumte Lektionen« habe ich im Titel dieses Kapitels als vorgeprägt gekennzeichnet. Er stammt aus einem Buch, das Ende der sechziger Jahre Furore gemacht hat: Peter Glotz und Wolfgang R. Langenbucher hatten unter diesem Titel literarische Texte zusammengestellt, die in den Deutschbüchern damals noch nicht vorkamen, von denen sie aber zu Recht meinten, dass sie in den Schulen – und nicht nur dort – gelesen werden müssten[12]. Ich habe das programmatische Stichwort hier übernommen, denn ich denke, dass diese und andere Texte in unseren Gottesdiensten gelesen und ausgelegt werden sollten, um klarzumachen, dass unsere biblischen Überlieferungen eben nur *eine* große Gedächtnisspur in der universalen Wahrnehmungsgeschichte Gottes darstellen. Außerdem kann das Nebeneinanderstellen von nichtbiblischem und biblischem Text verdeutlichen, woher bestimmte Vorstellungen kommen, die wir in der Bibel haben und fälschlicherweise für so etwas wie eine jüdische oder christliche Erfindung gehalten haben.

12. P. Glotz / W. R. Langenbucher (1982).

3.1. Zu Weihnachten / Epiphanias

Willkommensgruß an den neugeborenen Muhammad

Im Islam stammen viele, für die Volksfrömmigkeit wichtige Erzählungen und andere Texte nicht aus dem Koran, sondern aus der Überlieferung bzw. Tradition. Die Hadîthe, die »Sprüche des Propheten«, spiegeln die verschiedenen Richtungen des Islam und prägen das Brauchtum stark. Sie sind in zwei großen Sammlungen zusammengestellt worden[13].

Für das Geburtsfest des Propheten Muhammad, das seit dem Mittelalter gefeiert wird, sind schon früh hymnische Gedichte geschrieben worden. Eines der bekanntesten ist das Mevlûd des Süleyman Çelebi (gest. 1422), das ich im Folgenden in der Fassung von Annemarie Schimmel[14] wiedergebe.

Um das Geburtsfest herum ranken sich Erzählungen, die auch die Tierwelt einbeziehen. So sollen in der Nacht seiner Geburt die Tiere in Mekka und Umgebung gesagt haben: »Muhammad, der Herr der Kaaba, der Imam der Welt und das Licht ihrer Bewohner, ist heute geboren.«[15]

Bei dem folgenden Gedicht handelt es sich um einen in einfachen türkischen Versen geschriebenen Willkommensgruß, den die gesamte Natur dem sehnlich erwarteten, neugeborenen Propheten Muhammad entgegenbringt. Es wird heute in der Türkei bei verschiedenen Gelegenheiten gesungen und gibt sich als typisches Produkt der Volksfrömmigkeit zu erkennen. Die Übersetzung macht das Lesen allerdings manchmal etwas schwer. Trotzdem habe ich den Text ausgewählt, weil er eine Vielzahl von Aussagen enthält, mit denen Jesus Christus – und zum Teil auch Maria – in kirchlicher und privater Frömmigkeit gelobt worden sind.

»Amine sprach: Als die Zeit vollendet ward,
Dass zur Welt kam dieser Menschen Bester zart …
Alle Stäubchen in der Welt – mit Freudenschrei
Riefen sie zusammen all: Willkommen sei!
Sei willkommen, hoher Fürst, sei uns gegrüßt!
Sei willkommen, Weisheitsbergschacht, sei gegrüßt!
Sei willkommen, Buchs Geheimnis, sei gegrüßt!

13. Nach A. Schimmel (2001), S. 46-51.
14. A. Schimmel (2001), S. 49 f.
15. Nach J. Moser (2004), S. 109. Das Geburtsfest ist nach A. Schimmel ursprünglich der Todestag des Propheten gewesen (a. a. O., S. 50).

Sei willkommen, Schmerzes Heilung, sei gegrüßt!
Sei willkommen, Gottes Mond- und Sonnenlicht,
Sei willkommen, der von Gott getrennt du nicht!
Sei willkommen, Schönheitsgartens Nachtigall!
Sei willkommen, Freund des Herrn der Mächte all!
Sei willkommen, Zufluchtsort des Volkes dein,
Sei willkommen, der du heilst der Armen Pein!
Sei willkommen, ew'ge Seele, sei gegrüßt,
Sei willkommen, Schenk der Liebenden, gegrüßt!
Sei willkommen, du des Freundes Augenstern,
Sei willkommen, sehr Geliebter du des Herrn!
Sei willkommen, du Erbarmung für die Welt,
Sei willkommen, du der Sünder Fürsprachheld!
Sei willkommen, Fürst der Welten hier und dort,
Nur um dich ward ja geschaffen Sein und Ort ...
Du bist jener Fürst der sämtlichen Propheten,
Licht der Heil'gen, Hoffnung aller, die da beten.
O du Siegel auf der Gottessendung Thron!
O du Siegel vom Prophetenpetschaft schon!
Denn dein Licht macht diese Welt zum hellen Tag,
Deine Schönheit macht die Welt zum Rosenhag!
O Freund Gottes, lass uns Hilfe angedeihn,
Deine Huld erquick mein letztes Stündelein!«

3.2. Zum Jahreswechsel / Schöpfungsgedenken, und zugleich zum liebevollen, vergebenden Gott

Die großen Hymnen des alten Ägypten rühmen Gott einerseits als Schöpfer und Erhalter des Lebens, dessen Vielfalt sie aussprechen und preisen. Andererseits wird der Schöpfer auch als derjenige angesprochen, der eine dauerhaft liebevolle Verbindung zu seinen Geschöpfen hat, die er mit dem »Schöpferwort« schuf und weiterhin erschafft. So ist er auch der Liebe Erweckende und – weil er seine Geschöpfe liebt – der Vergebende. Die folgenden Hymnen sprechen vieles aus, was mancher gerne als »christlich« oder zumindest als »jüdisch-christlich« reklamieren würde. Sie gibt damit vielerlei Belege dafür, dass die Wahrnehmungsgeschichte Gottes viel älter und weiter ist, als wir uns das bisher eingestanden haben, weil wir kategorial zwischen Religionsgeschichte und biblischer Geschichte unterschieden und Gott von seinen Bezeugungen außerhalb der Bibel abgetrennt haben. Diese Abtrennung muss rückgängig gemacht werden!

Ich plädiere dafür, dass wir den Jahreswechsel nutzen, um der Schöpfung zu gedenken, und dabei Schöpfungsgeschichten verlesen. Neben den beiden biblischen bietet sich diejenige aus dem Gilgamesch-Epos (Tafel 11) an (die ich hier nicht wiedergebe). Nimmt man alle zusammen, die es im religiösen Gedächtnis der Menschheit gibt, kann man Bände damit füllen[16]. Wichtig ist, dass wir mit der Schöpfung theologische Inhalte verbinden, wie sie in den folgenden Texten enthalten sind. Denn sie sagen etwas davon aus, wie der Schöpfer mit seiner Schöpfung verbunden ist.

Hymnus an Amun-Re[17]

Der Papyrus pCairo CG 58038 (vormals pBoulaq 17) stammt entweder aus der 17. Dyn. (17. Jh. v. Chr.) oder aus der Zeit Amenophis' II. (2. Hälfte des 15. Jh.s v. Chr.).

I 1 Hymne an Amun-Re,
den Stier, der in Heliopolis wohnt, Oberhaupt aller Götter,
den »Vollendeten Gott«, den liebeerweckenden,
der 2 allem »Warmen« Leben gibt und allem »schönen Vieh«.[18]
Sei gegrüßt, Amun-Re, Herr von Theben,
Erster von 3 Karnak,
Kamutef[19], der seinen Gefilden vorsteht,
Weit-Schreitender, Erster von 4 Oberägypten,
Herr der Nubier, Herrscher von Punt[20];
Ältester des Himmels, Erstgeborener der Erde,
Herr des 5 Seienden; Beständiger an Dingen, …
Einzigartiger unter den Göttern,

16. Einen Band nenne ich: Die Schöpfungsmythen (2002).
17. Zitiert aus: Texte aus der Umwelt des Alten Testaments (TUAT). Alte Folge (2005), CD-ROM, Band II, S. 838-841 (in Auszügen).
18. Es fällt auf, wie unmittelbar *alles* Leben mit dem Schöpfergott verbunden wird.
19. Kamutef, wörtl.: »Stier seiner Mutter«, setzt den Gott Amun mit Min, dem Gott des Königtums und der männlichen Fruchtbarkeit, gleich.
20. Name eines Landes am afrikanischen Ufer des Roten Meeres. Die Bevölkerung war hamitisch.

Schöner Stier der Neunheit[21], Höchster 6 aller Götter!
Herr der Maat[22], Vater der Götter,
der die Menschen machte und das Vieh erschuf,
Herr des Seienden, der den »Lebensbaum«[23] schuf,
7 der die Kräuter macht und die Herden am Leben erhält!
(…)
IV 1 Sei gegrüßt, Re, Herr der Maat,
der seinen Schrein verborgen hält, Herr der Götter,
2 Chepre inmitten seiner Barke,
der befiehlt, und es entstehen die Götter,
3 ihre Wesensart unterscheidet und ihren Lebensunterhalt schafft,
ihre Eigenschaften trennt, den einen vom andern;[24]
der das Flehen hört dessen, der in 4 Bedrängnis ist,
wohlgeneigten Herzens gegenüber dem, der zu ihm ruft;
der den Furchtsamen errettet aus der Hand des Gewalttätigen
und richtet zwischen dem Reichen und 5 dem Armen[25];
Herr der Erkenntnis, auf dessen Lippen das Schöpferwort ist.
Der Nil kommt nach 6 seinem Willen,
ein Herr der Zuneigung, groß an Beliebtheit,
wenn er kommt, lebt die Menschheit.
Der freien Weg gibt 7 jedem Auge,
das da geschaffen werden mag im Urgewässer.
(…)

VI 2 Du bist der Eine, der alles Seiende geschaffen hat,
3 der Eine Einsame, der schuf, was ist.
Die Menschen gingen aus seinen Augen hervor[26]

21. Die Neunheit meint die neun Götter, die die Welt beherrschen und für den Bestand des Lebens sorgen.
22. Zentraler Begriff für Gerechtigkeit.
23. Zweimal ist in dieser Hymne vom »Lebensbaum« die Rede!
24. Hier kann ich so etwas wie den Ansatz einer Theologie der Religion(en) aus der Vielfalt der tatsächlich verehrten Götter erkennen, für die Amenophis IV. Echnaton dann sehr früh einen Versuch gewagt hat.
25. Diese Art, Partei zu ergreifen für Bedrängte und Arme, verbindet diesen Hymnus mit christlichen Vorstellungen von Gott.
26. J. Assmann in den Erläuterungen der Textausgabe (s. nächste Anmerkung): »Der verbreitete Mythos von der Herkunft der Menschen aus dem Auge des Schöpfergottes beruht nicht nur auf dem Wortspiel zwischen rm? »Mensch« und rmjt »Träne«, sondern postuliert auch eine primordiale Wesensverwandtschaft zwischen dem lichtspendenden Weltschöpfer und »allem, was Augen hat««.

und die Götter entstanden aus seinem Mund.
Der die Kräuter erschafft, die 4 das Vieh am Leben erhalten,
und den »Lebensbaum« für die Menschheit,
der hervorbringt, wovon die Fische im Fluss leben
5 und die Vögel, die den Himmel bevölkern.
Der dem, der im Ei ist, Luft gibt;
der das Junge der Schlange am Leben erhält;
der erschafft, wovon 6 die Mücke lebt,
Würmer und Flöhe gleichermaßen;
der für die Mäuse in ihren Löchern sorgt
7 und die Käfer (?) am Leben erhält in jeglichem Holz.
Sei gegrüßt, der dies alles erschaffen hat,
der Eine Einzige mit seinen vielen Armen;
der die Nacht wachend verbringt, VII 1 wenn alle Welt schläft,
und sucht, was seiner Herde wohltut;
Amun, bleibend an allen Dingen,
2 Atum Harachte;
Preis dir mit dem, was sie alle dir sagen:
Jauchzen erschalle dir, weil du dich abgemüht hast 3 mit uns,
die Erde werde vor dir geküsst, weil du uns geschaffen hast!
»Sei gegrüßt«, rufen alle Wildtiere,
»Jubel dir«, ruft 4 jedes Fremdland,
so hoch der Himmel ist und so weit die Erde,
so tief der Ozean.
Die Götter verneigen sich 5 vor deiner Majestät
und erhöhen die Macht ihres Schöpfers,
jubelnd beim Nahen ihres Erzeugers.
6 Sie sagen dir »Willkommen,
Vater der Väter aller Götter!
Der den Himmel hochhob und den Erdboden niederstreckte,
7 der das Seiende schuf und das, was ist, hervorbrachte,
Herrscher – er lebe, sei heil und gesund – Höchster der Götter;
wir beten deine Macht an, VIII 1 wie du uns geschaffen hast,
wir veranstalten dir Lobgesänge, weil du uns hervorgebracht hast,
wir stimmen dir Preisungen an, weil du dich abgemüht hast mit uns!«

Amunhymnus aus dem Thebanischen Amunritual Ramses II. für Amenophis I.[27]

Ramses II. regierte von 1290-1224, Amenophis I. von 1526-1505. In dem Hymnus wird Amun-Re als Schöpfer gepriesen. Ich habe den Text ausgewählt, weil auch in ihm wichtige Gottesattribute verwendet werden, die Juden und Christen gerne für sich bzw. ihren Gott und geradezu als Unterscheidungsmerkmal von anderen Göttern beanspruchen: Gott heißt hier »der Lebendige«, und er ist es, der als Schöpfer (die anderen Götter) durch sein Wort erschafft (s. schon in dem vorherigen Amunhymnus).

Sei gegrüßt, Amun-Re, Herr von Theben,
geschmückter Jüngling der Götter[28],
über dessen Anblick »alle Gesichter« jubeln!

Herr der Hoheit, der den Hochmut zum Schweigen bringt,
Herrscher aller Götter;
Großer Gott, der Lebendige, Geliebte,
über dessen Worte die Götter zufrieden sind.

König des Himmels, Schöpfer seiner Sterne,
Weißgold der Götter:
Der den Himmel erschuf und das Lichtland geheim machte,
der die Götter entstehen ließ nach seinem Wort[29];

Amun-Re, Herr von Theben, Erster von Karnak,
Amun-Re, Kamutef, der auf seinem Thron sitzt,
Herr der Strahlen, der die Vielheit schuf,
hoch in der Doppelfeder, König der Götter,
großer Falke mit geschmückter Brust,
alle Menschen beten dich an, damit sie leben.

---

27. Bei J. Assmann (1999), S. 269 f. Es handelt sich um Hymnen an den Schöpfer und Weltgott.
28. »Jüngling der Götter« ist ein Ausdruck für die Schönheit des Amun-Re.
29. Auch die Schöpfung durch das Wort ist hier – wie schon im vorigen Hymnus– belegt.

Der folgende Hymnus stammt aus der Amarna-Zeit, in der der Pharao
Amenophis IV. Echnaton in Ägypten regierte (1364-1347 v. Chr.). Echnaton hat eine religiöse Revolution sondergleichen durchgeführt. Er radi-
kalisierte die bereits von Amenophis III. eingeführte »Sonnentheologie«
und schaffte den Polytheismus ab. In seinem neuen Weltbild, dessen
Grund und Mitte »das ungehinderte Wirken der belebenden und erhal-
tenden Schöpfungskräfte« der Sonne wurde, bekam der Kult eine neue
Aufgabe: Er bestand nicht mehr »im magischen Beistand« für die Götter
bei ihrem Kampf gegen die in jeder Nacht auftretenden und die Weltord-
nung gefährdenden Chaosmächte, »sondern im vertrauenden und dank-
baren Erkennen des göttlichen Werkes«[31]. Man liest die Sonnenhymnen
Echnatons richtig, wenn man die theologische Funktion des personali-
sierten Lichts (Aton) versteht, auf die Jan Assmann weist: »Das Sonnenlicht erschließt die Welt, macht sie sichtbar und für den Menschen ›be-
gehbar‹«; es schenkt allen buchstäblich das Augenlicht und ihre Vitalität.
Das Licht, das alle sehend macht, ist zugleich der Blick Gottes auf seine
Schöpfung. Gott ist im Licht verborgen, aber zugleich und nur als Licht
sichtbar. »Die Allgegenwart des als Blick Gottes gedeuteten Lichts führt
zur Vorstellung von Gottes Allwissenheit, die auch ins Herz des Einzelnen
dringt.«[32]
      Christlich ist die Prädikation Jesu Christi als »Licht der Welt« zu ver-
gleichen, aber auch die bildhafte Sprache, in der Gott bzw. Jesus Christus
in der Bibel als Licht oder Sonne gepriesen werden. Gerade in Liedern,
die von der Auferstehung Jesu Christi singen, ist von ihm als der öster-
lichen Morgensonne oder auch dem Morgenstern die Rede.

Anbetung des »Es lebt Re-Harachte, der im Lichtland jubelt«
[…]
Du erscheinst schön,
    du lebendige Sonne, Herr der unendlichen Zeit!
Du bist funkelnd, schön und stark,

---

30. Text bei J. Assmann (1999), S. 214-217. Den Zeilenfall habe ich gegenüber der
    Druckanordnung bei Assmann im letzten Teil leicht verändert.
31. J. Assmann (1999), S. 45.
32. J. Assmann (1999), S. 38 f. Der »Kleine Sonnenhymnus« des Echnaton ist zu unter-
    scheiden von dem »Großen Sonnenhymnus«, den Psalm 104 als Vorlage benutzt
    hat.

die Liebe zu dir ist groß und gewaltig;
deine Strahlen, sie schaffen Augen allem, was du hervorgebracht hast,
deine strahlende Haut belebt die Herzen;
du hast die beiden Länder[33] erfüllt mit Liebe zu dir.
Du erhabener Gott, der sich selbst »baute«,
der jedes Land erschuf und was darinnen ist hervorbrachte
an Menschen, Herden und Wild und
allen Bäumen, die auf dem Erdboden wachsen –
sie leben, wenn du für sie aufgehst.

Du bist Mutter und Vater für die, die du erschaffen hast[34];
Ihre Augen – wenn du aufgehst, sehen sie durch dich.
Deine Strahlen haben das ganze Land erhellt,
jedes Herz frohlockt bei deinem Anblick,
du bist erschienen als ihr Herr.

Wenn du untergehst im westlichen Lichtland des Himmels,
dann schlafen sie wie im Zustand eines, der tot ist;
ihre Köpfe sind verhüllt, ihre Nasen verstopft,
bis dass dein Aufgang eintritt im östlichen Lichtland des Himmels.

(Dann) sind ihre Arme in Lobgebärden für deinen Ka[35];
du hast die Herzen belebt mit deiner Schönheit,
man lebt, wenn du deine Strahlen gegeben hast,
das ganze Land ist im Fest.

Die Musikanten und Sänger jauchzen vor Freude
im Vorhof des Obeliskentempels, jedes Tempels in Amarna,
[…]
Dein Sohn[36] tut Priesterdienst beim Verrichten dessen,

33. Gemeint sind Ober- und Unterägypten.
34. Es ist interessant, dass Gott hier »Mutter und Vater« der Menschen genannt wird –
was ja eigentlich auch im 1. Buch Mose 1,27 anklingt, wenn auch eher implizit. Der
Pharao Amenophis IV. Echnaton hat sich deshalb mit androgyner Gestalt darstellen lassen, wie manche Statuen in Kairo und im Louvre zeigen.
35. »Ka«, lautlich identisch mit dem ägyptischen Wort für »Stier«, meint die Zeu-
gungskraft, aber auch die geistige Mächtigkeit, die von jemandem ausgeht.
36. Gemeint ist der Pharao selbst, der Sohn Gottes und Mittler zwischen Gott und den
Menschen. Verwandtschaft zu jüdischen und christlichen Gottessohn-Vorstellun-
gen sind unüberhörbar.

was du lobst,
du lebendige Sonne in ihren Escheinungen!
Alles, was du geschaffen hast, tanzt vor deinem Angesicht.
[…]

Du bist die lebendige Sonne, die unendliche Zeit ist dein Abbild;
du hast den Himmel fern gemacht, um an ihm aufzugehen,
um alles zu sehen, was du erschaffst, indem du ein Einziger bist,
aber Millionen von Leben in dir sind, um sie zu beleben –
(wie) Lebenshauch(, der) an die Nase (weht,) ist es, deine Strahlen zu
    sehen.

Alle lebenden Pflanzen, die auf dem Erdboden wachsen,
gedeihen bei deinem Aufgang; sie sind trunken von deinem
    Angesicht.
Alles Wild tanzt auf seinen Füßen,
die Vögel, die in den Nestern waren, fliegen auf vor Freude;
ihre Flügel, die geschlossen waren, spreizen sich in Lobgebärden
für die lebendige Sonne, ihren Schöpfer,
[…]«.

3.3. Zur Hoffnung auf Barmherzigkeit und Heilung von Gott, zugleich auf Auferstehung vom sozialen Tod

Ein Hymnus auf Marduk[37]

Der folgende große akkadische Hymnus auf Marduk, den Hauptgott von Babylon, nach Handschriften aus der Bibliothek des assyrischen Königs Assurbanipal (669-627 v. Chr.) in Ninive.

Für einen christlichen Gottesdienst eignet sich der nachfolgende Text vor allem deshalb, weil er den Gott Marduk als den preist, der barmherzig ist und vergibt, der das Leben schützt und Leben schenkt. Zu der lobpreisenden Aussage »Der Herr kann Tote lebendig machen« ist zu ver-

---

37. Zitiert aus: Texte aus der Umwelt des Alten Testaments (TUAT). Alte Folge (2005), CD-ROM, Band II, S. 754-758 (in Auszügen).

gleichen, womit Jesus im Gleichnis vom »verlorenen« Sohn dessen reuige Heimkehr kommentiert: »Er war tot, und ist wieder lebendig geworden« (Lukas 15,24).

Erzürnter Herr, beru[higt werde dein Herz],
werde besänftigt in deinem Gemüt [für …]! […]
[Held], selbst in deinem Zorn kannst du helfen,
[süß ist deine Zuwendung], wie ein Vater dein Erbarmen! […]
Marduk, du verstehst im Worte der Strafe noch Nachsicht zu üben,
zu lösen die Sünde auch in schwierigen Fällen!
Barmherzig ist dein Herz, [gro]ßzügig dein Inneres,
in Sünde (und) Unrecht trägst du [Gu]tes! […]
Marduk, du bist [der Schöpfer] der Einsicht,
der [du] den Rat weit mach[st, …] Weiser! […]
Marduk, der das Gebet annimmt, Flehen entgegennimmt,
der das Leben schützt, umsichtiger Gott! […]
Marduk, der die Fürbitte anhört, Leben schenkt,
bei dem es steht, schnell zu verzeihen!
[…]
[…] deinen Diener, reiße heraus […],
[verleihe ihm] Leben als Gesch[enk]!
Deine [gu]ten Augen mögen auf [ihm] verweilen,
[in] deinem Herzen werde er zum Guten [gehalten]!
Lege bitte kein Unrecht [in seine] Hand,
möge er keine Sünde tragen, keine Verfehlung [auf sich laden]!
Erhöhe sein Haupt, … […],
möge sein Schutzgeist größer sein als frü[her!
[…]
Heile Worte möge er sprechen [……],
Weg (und) Pfad [……]!
Wer ihn auf der Straße sieht, [möge] deine Gottheit [preisen],
›Der Herr kann Tote lebendig machen‹ mögen sie sagen!
Wer ihn auf der Straße sieht, möge deine Gottheit pr[eisen],
›Marduk kann Tote lebendig machen‹ mögen sie sagen!
Und der Diener, den du […] verschontest,
möge allen Menschen deine Großtaten [kundt]un!
Er möge preisen, der ihn, als [er] tot war, Licht schauen ließ,
andauernd möge er zu dir beten, […]. mit ihm!
Tafelunterschrift:

Gebet [...] zu Marduk.
Der den gesamten Himmel erh[ellt].

Der große Hymnus auf die Göttin Gula[38]

Dieser akkadische Hymnus gehört zu den bedeutendsten Hymnen und
Gebeten auf bzw. an Gula, eine auch unter anderen Namen verehrte Heil-
göttin mit Isin als Hauptkultort. Über das Alter der Gula-Hymne lässt
sich allerdings nichts Genaues feststellen. Sie ist nach-altbabylonisch,
aber *vor* Assurbanipal (669-627 v.Chr.) verfasst; das lässt einen Spiel-
raum von mehreren hundert Jahren, vom 8. Jh. v.Chr. an gerechnet, offen. Bemerkenswert ist, welch große Verbreitung die Gula-Hymne in der
Antike gefunden hat. Allein die Bibliothek des Assurbanipal in Ninive hat
wenigstens sieben Manuskripte besessen. Aus den genau 200 Zeilen der
Hymne gebe ich aus Raumgründen nur wenige wieder. Sie belegen göttliche Attribute, die auch in der Bibel eine große Rolle spielen. Vieles, was
ich zu dem Hymnus auf Marduk gesagt habe, gilt auch für den Gula-
Hymnus.

> Die Göttin, die fähigste unter allen Göttern, die Heiligtümer
> bewohnen:
> Ich bin Fürstin, Herrin, bin herrlich und erhaben,
> ich bin hoch an Stellung, bin weiblich, besitze Würde!
> Ich bin herausragend unter den Göttinnen!
> Am Himmel ist mein Stern, auf Erden mein Name groß!
> Süß ist, an mich zu denken: Über Heil des Lebens
> (und) Eingriff des Heils berät sich die Menschheit.
> Mein großer Name ist Nintinugga[39].
> [...]
> Es gebar mich Antu (und) pflegte mich treulich,
> sie lehrte mich guten Rat, schmückte mich mit Fülle,
> (und) mit dem Jubel von Mägden (und) sonst allem stattete sie
> (mich) vollkommen aus.
> Mein Vater Anu benannte mich entsprechend seinem eigenen Namen

---

38. Zitiert aus: Texte aus der Umwelt des Alten Testaments (TUAT). Alte Folge (2005),
    CD-ROM, Band II, S. 759-764 (in Auszügen).
39. Nintinugga, die »Herrin, die die Toten belebt«, war eine ursprünglich sumerische
    Heilgöttin und wurde in der nach-altbabylonischen Zeit mit der Gula gleichgesetzt.

(und) ließ mich herausragen unter den Brüdern.
Ea verlieh mir im Apsu vollkommene Weisheit,
schenkte mir das Schreibrohr aus seinen Händen
und übereignete mir das Arzttum, das Geheimnis der Götter.
Enlil wählte mich für seinen starken Erbsohn aus:
Gula, die Herrin von Himmel und Erde, bin ich!
[…]
Ich bin barmherzig, erhöre fernhin!
Die Toten bringe ich aus der Unterwelt zurück!
Ich bin gegürtet mit Lederbeutel, Schermesser, Skalpell (und) …
Ich überwache den Müden, untersuche den Kranken, öffne das Geschwür:
Herrin des Lebens bin ich!
Ich bin Arzt, Opferschauer, Beschwörer (und) prüfe, was in den Blüten ist.
[…]

3.4. Unheils- und Heilsprophetie

Die ägyptische Prophezeiung des Neferti[40]

Die Prophezeiung des Neferti folgt einer Rahmenerzählung, die in der Regierungszeit des Snofru (etwa 2570–2545 v. Chr.) spielt. Sie enthält eine Reihe von Unheilsweissagungen über kosmische und politische Katastrophen und schließlich die Vorhersage der Regierung Amenemhets I. (1991–1962 v. Chr.), des Begründers der 12. Dynastie. So deutet man sie als eine in die Vergangenheit zurückverlegte *(ex eventu)* Prophezeiung mit politischer Zielsetzung zur Legitimierung des außerhalb der normalen Erbfolge auf den Thron gekommenen ehemaligen Wesirs Amenemhet und vermutet den Beginn der 12. Dynastie als Abfassungszeit. Die Prophezeiung des Neferti erinnert in vielen Zügen an Prophezeiungen jüdischer Propheten, von denen wir auch wissen, dass sie *ex eventu* entstanden sind.

---

40. Text in: Texte aus der Umwelt des Alten Testaments (TUAT). Alte Folge (2005), CD-ROM, Band II, S. 102-110 (in Auszügen).

[…]
Das Wüstenwild wird Wasser trinken
An den Strömen Ägyptens,
Und es kann sich auf seinen Uferstreifen erfrischen,
Da einer fehlt, der es verscheuchen könnte.
Dieses Land ist erobert und ausgebeutet,
Doch man kennt nicht das Ergebnis, das herauskommen wird
Und sich verbirgt in dem Sprichwort:
›Sehen und Hören sind betäubt,
Wenn Schweigen Trumpf ist.‹
Ich will dir zeigen, dass das Land eine Krankheit durchmachen wird.

Das, was nicht geschehen dürfte, wird eintreten,
Weil man Kriegswaffen ergreifen wird,
So dass das Land in Aufruhr lebt.
Man wird Waffen aus Metall anfertigen
Und Brot gegen Blut fordern.
Den Schmerz wird man verlachen
Und selbst den Tod nicht mehr beweinen.
Trotz eines Todesfalles wird man nicht einmal mehr nachts fasten;
Denn das Herz des Menschen ist nur noch mit sich selbst beschäftigt.
Jetzt trauert man nicht mehr,
Da der Sinn völlig davon abgekommen ist.
Man wird sich hinsetzen, um seinen Rücken zu beugen,
Wenn einer den anderen umbringt.
Ich kann dir zeigen, wie der Sohn zum Gegner wird,
Der Bruder zum Feind,
Und wie ein Mann seinen Vater tötet.

Jeder Mund ist voller Selbstsucht,
Alles Gute ist dahin.
[…]
Es wird aber ein König aus dem Süden kommen,
Sein Name wird Ameni, der Triumphierende, lauten.
Er ist der Sohn einer Frau aus dem südlichsten Gau,
Er ist ein Kind Oberägyptens.
Er wird die Weiße Krone empfangen und die Rote Krone tragen,

Er wird die Beiden Mächtigen vereinen und die Beiden Herren[41] mit dem zufriedenstellen,
was sie wünschen.
[...]

3.5. Zur mystischen Beziehung von Gott und Mensch

Es ist nicht möglich, das, was wir »Seele« nennen, in allgemeingültiger Form zu definieren oder gar, wie man es früher versucht hatte, »Seele« als Organ im Menschen zu lokalisieren. Ich verstehe unter »Seele« die Geist-*Beziehung*, die alle Geschöpfe zu ihrem Schöpfer und untereinander haben[42].

Chandogya-Upanishad III, 14, 1-4

In den indischen Upanishaden ist davon die Rede, wie Brahman und Âtman zusammengehören; Günter Lanczkowski hat von der Identität der Weltseele (Brahman) mit der erkennenden Einzelseele (Âtman) gesprochen[43].

1. Wahrlich, diese ganze Welt ist Brahman. In der Stille soll man es verehren. Wahrlich, aus Einsicht besteht der Mensch. Wie des Menschen Einsicht in dieser Welt ist, danach wird der Mensch nach seinem Scheiden aus dieser Welt. Darum soll er nach Einsicht trachten.
2. Geist ist sein Stoff, Leben ist sein Leib, Licht ist seine Gestalt, Wahrheit ist sein Ratschluss, sein Selbst ist Unendlichkeit. Er ist allwirkend, allwünschend, allriechend, allumfassend, schweigend und ohne Kummer.
3. Dieser ist mein Âtman im Innern des Herzens, kleiner als ein Körnchen Reis, Gerste oder Senf oder Hirse. Dieser ist mein Âtman im Innern des Herzens, größer als der Himmel, größer als die Welten.

---

41. »Die beiden Mächtigen« bezeichnet die Kronengöttinnen Uto und Nechbet oder die Doppelkrone von Unter- und Oberägypten; die »beiden Herren« sind die Götter Horus und Seth als Königsgötter und Repräsentanten von Unter- und Oberägypten.
42. Vgl. dazu *Notwendige Abschiede*, S. 125-127.242-247.
43. In: M. Eliade (1981), S. 48. Auch der Text ist dort abgedruckt.

4. Allwirkend, allwünschend, allriechend, allschmeckend, allumfassend, schweigend und ohne Kummer: dieser mein Âtman im Innern des Herzens – das ist das Brahman. Zu ihm werde ich, hier verscheidend, eingehen. Wahrlich, wer dies glaubt, hat keine Zweifel mehr.

Dschalâl ad-Dîn Muhammad Rûmî (oder: al-Balchi): Gebet[44]

Das Gebet stammt von dem islamischen Mystiker Rumi, geboren am 30. September 1207 in Wachsch im damaligen Persien und heutigen Tadschikistan; gestorben am 17. Dezember 1273 in Konya in der heutigen Türkei. Sein dortiges Grab ist eine der großen Wallfahrtsstätten des Islam. Rumi war einer der bekanntesten persischen und islamischen Mystiker des Sufismus und gilt als Gründer der Mevlevi-Tariqa (Mevlevi-Derwischorden). Von seinen Derwischen und auch späteren Anhängern wird er Mowlana (persisch »mein Führer«) oder auch Mevlana (türk. Abwandlung, »unser Meister«) genannt.

Mit deiner Seele hat sich meine
Gemischt, wie Wasser mit dem Weine.
Wer kann den Wein vom Wasser trennen?
Wer dich und mich aus dem Vereine?
Du bist mein großes Ich geworden,
und nie mehr will ich sein das kleine.
Du hast mein Wesen angenommen.
Sollt' ich nicht nehmen an das deine?
Auf ewig hast du mich bejahet,
dass ich dich ewig nicht verneine.
Dein Liebesduft, der mich durchdrungen,
geht nie aus meinem Mark und Beine.
Ich ruh als Flöt' an seinem Munde,
als Laut' in deinem Schoß alleine.
Gib einen Hauch mir, dass ich seufze,
gib einen Schlag mir, dass ich weine.
Süß ist mein Weinen und mein Seufzen,
dass ich der Welt zu jauchzen scheine.

44. Text in: B. Lang (2004), S. 125. 151. 165. Die Übersetzung stammt von Fr. Rückert. Die übrigen Angaben zur Person von Rumi habe ich aus Konya »mitgebracht«.

Du ruhst in meiner Seelen Tiefen
Mit deines Himmels Widerscheine.

Hinduistisches Gebet[45]

In diesem aus dem Tamil übersetzten Gebet wird das Staunen darüber
ausgedrückt, dass Gott (Shiva) den Beter in seinen Dienst genommen
hat, obwohl er sich ganz und gar nicht als dafür geeignet empfindet.
Das Thema kennen wir aus vielerlei Berufungsgeschichten, nicht zuletzt
aus der Selbsterniedrigung des Apostels Paulus im 1. Korintherbrief 15,8-
10.

> Mich hast du zum Knecht erwählt! Hast du denn unter deinen Ge-
> treuen niemanden gefunden, der besser ist als ich, der Geringste von
> allen? ...

> Der Herr, – ihn haben die Götter des Himmels nicht erkennen kön-
> nen, ob sie nun vor Durst sterben mussten oder ob sie Bußübungen in
> ruhiger, öder Ausgeschiedenheit verrichtet haben, – er ist zu mir ge-
> kommen, mir dem Unnützen, er hat mir solch große Liebe erwiesen,
> wie sie nur eine Mutter hat.
> [...]
> Aus Steinen hast du Saiten geschnitten, mein Herz aus Stein hast du
> biegsam gemacht, biegsam wie klingende Saite. [...]
> Mich hast du in deinen heiligen Dienst genommen! Warum nur hast
> du dies getan? Mein Herz ist doch hart wie Holz, mein Auge ähnelt
> einem Auswuchs im Holz, mein Ohr ist härter als Eisen. [...]
> Mein Leib ist innerlich voller Eiter, äußerlich mit Haut bedeckt, und
> doch bist du, o Shiva, zu mir gekommen in freier Entscheidung, und
> du hast mich in deinen Dienst genommen.

45. Text in: Gebete des Hinduismus (1994), S. 71 f. (aus: Die Hymnen des Mânikka-
Vâsagar, aus dem Tamil übersetzt von H. W. Schomerus, Leipzig 1923: 29,3; 66,4;
90,9; 120,4; 127,5).

3.6. Zum Ursprung des Todes

Ein melanesischer Mythos[46]

In einem melanesischen Mythos wird eine nur scheinbar ganz einfache Sicht des Themas erzählt. Es geht eigentlich weniger um den Ursprung menschlicher Sterblichkeit, als um die Notwendigkeit, dass wir sterblich sind. Da der Wunsch, unsterblich zu sein, wohl niemals von selbst verschwinden wird, gehört es auch heute noch zu unserer Aufgabe, sich mit der Sterblichkeit als etwas Geschöpflichem anzufreunden.

> Zunächst starben die Menschen niemals. Wenn sie vielmehr fortgeschrittenen Alters waren, warfen sie ihre Häute ab wie Schlangen und Krebse, und sie kamen mit erneuter Jugend heraus. Nach einer Zeit ging eine alt gewordene Frau zu einem Fluss, um ihre Haut zu wechseln. Sie warf ihre alte Haut in das Wasser und beobachtete, wie sie hinunterschwamm und an einem Zweig hängenblieb. Dann ging sie nach Hause, wo sie ihr Kind zurückgelassen hatte. Das Kind aber weigerte sich, sie wiederzuerkennen. Es rief, seine Mutter sei eine alte Frau und nicht diese junge Fremde. Um ihr Kind zu beruhigen, ging sie ihrer alten Hülle nach und zog sie wieder an. Seit jener Zeit hörten die Menschen auf, ihre Häute wegzuwerfen, und starben seitdem.

3.7. Weisheit angesichts des vergehenden Lebens

Dass der Mensch um sein Ende weiß, hat in allen Kulturen weisheitliche Antworten entstehen lassen. Sie schwanken zwischen der Aufforderung, das Leben in der verbleibenden Zeit zu genießen und das Herz nicht unnötig zu beschweren, und Resignation. Ich habe in das kleine Lektionar ägyptische Harfnerlieder und eine Stelle aus der Tragödie »Ödipus auf Kolonos« von Sophokles aufgenommen. Am Ende dieser Sammlung folgt noch ein Auszug aus einem Dialog zwischen Antigone und dem thebanischen Diktator Kreon aus der Tragödie »Antigone« von Sophokles.

---

46. Text in: M. Eliade (1981), S. 109 (überliefert von: R. H. Codrington, The Melanesians, Oxford 1891, S. 265).

Das Antef-Lied[47]

Die ägyptische Lehre des Antef ist als Harfnerlied eingestreut zwischen Liebesliedern überliefert auf einem Papyrus des 13. Jahrhunderts v. Chr.; außerdem war es als Lied zur Lauten- und Flötenbegleitung aufgezeichnet im Grab des Paatonemhab aus Saqqara aus der Amarnazeit (um 1330 v. Chr.). Man kann die Weisheit des Kohelet (Prediger Salomo) damit vergleichen.

2 Das Lied, das im Grabe des seligen Königs Antef steht vor dem
3 Sänger zur Harfe.
Ein Glücklicher ist er, dieser gute Fürst;
das gute Geschick ist eingetreten.
Eine Generation vergeht,
eine andere 4 bleibt
seit der Zeit der Vorfahren.
Die Götter (die Könige), die vordem entstanden,
ruhen in ihren Pyramiden;
die Edlen 5 und Verklärten gleicherweise
liegen begraben in ihren Pyramiden.
Die da Bauten aufführten – ihre Stätte ist nicht mehr:
Was 6 ist mit ihnen geschehen?
Ich habe die Worte des Imhotep und des Hordedef gehört,
deren Sprüche in aller Munde sind:
Wo sind ihre Stätten? Ihre Mauern sind zerfallen,
ihre Stätte gibt es nicht, als wären sie nie 8 gewesen.
Keiner kommt von dort, dass er erzähle, wie es um sie steht, dass er sage, was sie brauchen,
dass er unser Herz beruhige, bis auch wir 9 dahin kommen, wohin sie gegangen sind.
Du aber erfreue dein Herz und denke nicht daran!
Gut ist es für dich, deinem Herzen zu folgen, solange du bist.
10 Gib Myrrhen auf dein Haupt,
kleide dich in feinstes Linnen,
salbe dich mit echtem Öl 11 des Gottesschatzes,
vermehre deine Schönheit, lass dein Herz nicht müde werden,

47. Text in: Texte aus der Umwelt des Alten Testaments (TUAT). Alte Folge (2005), CD-ROM, Band II, S. 905 f.

folge deinem Herzen in Gemeinschaft deiner Schönen,

12 tu deine Arbeit auf Erden ohne dein Herz zu kränken,

bis dass jener Tag der Totenklage zu dir kommt.

Der VII 1 Herzensmüde hört ihre Schreie nicht,

und ihre Klagen holen das Herz eines Mannes nicht aus der Unterwelt zurück.

2 Refrain: Feiere den schönen Tag, werde dessen nicht müde!

Siehe, niemandem ist gegeben, seine Habe mit sich zu nehmen.

Siehe, keiner, der ging, 3 ist wiedergekommen.

Ein Harfnerlied aus dem Grab des Gottesvaters Neferhotep in Theben[48]

Das folgende Harfnerlied stammt aus der Zeit des Haremhab, Ende 14. Jh. v. Chr., also aus der Zeit kurz nach dem Ende des Echnaton.

1 So spricht der Sänger zur Harfe

zum Gottesvater des Amun Neferhotep:

Ihr trefflichen Edlen alle und ihr, Götter der ›Lebensherrin‹,

hört 2 den Gesang für diesen Gottesvater,

in der Verehrung seiner machtvollen Seele eines guten Edlen,

jetzt, da er ein Gott ist, der ewig lebt,

erhoben im Westen,

auf dass (mein Lied) 3 eine Erinnerung[49] werde für die Zukunft,

für jeden, der im Vorbeigehen eintritt.

Ich habe diese Lieder gehört, die in den Gräbern der Alten stehen,

und was sie erzählen, um das Diesseits zu erheben und das 4 Totenreich herabzusetzen.

Warum wird solches angetan

dem Lande der Ewigkeit,

dem gerechten, das keinen Schrecken kennt,

dessen Abscheu der Streit ist?

Da ist keiner, 5 der gegen seinen Nächsten rüstet,

(in) diesem Land, das keinen Widersacher hat;

alle unsere Verwandten ruhen in ihm

seit der Zeit der ersten Urzeit.

48. Text in: Texte aus der Umwelt des Alten Testaments (TUAT). Alte Folge (2005), CD-ROM, Band II, S. 908.
49. Vgl. dazu das »Memento mori« und J. Assmann (1975), S. 15 Anm. 36.

Die noch entstehen werden zu Millionen und Millionen, kommen alle
zu ihm;
6 es gibt kein Verweilen in Ägypten,
kein Einziger ist, der nicht dorthin gelangte.
Diese Lebenszeit, die man auf Erden verbringt,
ist nur ein Traum.
Man sagt aber: »Willkommen, wohlbehalten und heil!«
zu dem, der den Westen erreicht hat.

3.8. Zum Sinn des Lebens

Auszüge aus zwei Tragödien von Sophokles (497/496-406 v. Chr.)

Die ausgewählten Textstellen aus den Tragödien »Ödipus auf Kolonos«
und »Antigone« behandeln zwei sehr unterschiedliche Konstellationen,
in denen die Sinnfrage im Leben aufbrechen kann. In beiden hier zusam-
mengestellten Textgruppen gibt es hinreichend Beziehungen zu neutestamentlichen Texten, die es rechtfertigen, sie neben diese zu stellen und mit
ihnen auszulegen – als Beitrag dazu, den eingeschliffenen Ethnozentrismus abzubauen.

*Die Sinnfrage angesichts des Alters und menschlicher Neigung zur Gewalt-
tätigkeit*

Die Tragödie »Ödipus auf Kolonos« ist posthum 401 in Athen aufgeführt
worden. Geschrieben hat Sophokles sie als 90-Jähriger 407/406. Das
Stück nimmt mit dem Abstand von ungefähr einem Vierteljahrhundert
den Ödipus-Stoff aus dem »König Ödipus« noch einmal auf. Sophokles
entwirft inmitten des Krieges der griechischen Poleis (Stadtstaaten) die
Vision eines neuen Athen, das aus der von Kriegen erschütterten Geschichte gelernt hat und von einem neuen Herrschertyp regiert wird,
der durchaus Züge eines Friedensfürsten hat (Theseus). In des Sophokles
literarisches Schaffen hinein spielt gewiss sein religiöser Weg: Er war der
erste Priester des Heilgottes Asklepios, dessen ersten Altar er in seinem
Privathaus in Athen errichtet hatte.

In dem ersten Auszug geht es um die Sinnfrage, die sich angesichts
eines hohen Lebensalters stellt. Das Thema ist auch in Ägypten und Me-

sopotamien verhandelt worden und bis heute aktuell. Denn der Begriff des »Erlösers« wird nach meiner Erfahrung heutzutage häufiger mit dem Tod als mit einem religiösen Heiland oder direkt mit Jesus Christus verbunden gebraucht.

CHOR.
  Wer länger zu leben begehrt,
  als das übliche Maß ihm vergönnt,
  den schelte ich; denn sein Bestreben
  birgt zweifellos Torheit!
  Häuft doch ein langes Altern
  nur Kummer auf Kummer, und schwerlich
  darf man noch Freuden genießen,
  sobald man das Maß überschreitet,
  ein Sturz in das Unheil! Als Helfer
  erscheint mir, gemeinsam uns allen, der Hades.
  Die Moira[50] geleitet uns,
  ohne Freudengesänge, Reigen und Harfenklang,
  bis an das Ende, zum Tod.

  Gar nicht geboren zu sein,
  das wäre das herrlichste Glück;
  doch wird man geboren, das zweitbeste noch
  die baldige Rückkehr zum Ursprung!
  Zur Jugend bereits gesellt sich der Leichtsinn,
  verleitet zu törichtem Handeln.
  Keinen verschonen die Schläge des Schicksals,
  keinen die Mühsal, der Neid,
  Aufruhr und Streit und Schlachtengetümmel
  und Totschlag. Zu allem noch kommt
  das verabscheuenswürdige Alter als letztes,
  schwach und einsam und lieblos. Es wirken
  sämtliche Übel in ihm.[51]

50. *Moira* meint im Griechischen den Anteil, den jemand an irgendwelchen Gütern hat. Es meint aber auch den Anteil am Leben, das Schicksal, das als festgesetzt geglaubt wurde.
51. Sophokles, Ödipus auf Kolonos, Zeilen 1211-1238, in: Dichtung der Antike von Homer bis Nonnos (2000), S. 9875 f.

Das sind Lebenserfahrungen, die Ödipus gemacht hat. Zu ihnen gehört die Einsicht, dass er unschuldig schuldig geworden ist an dem, was sich in Theben aufgrund eines Orakelspruchs als Tragödie vollzogen hatte. Seine Selbstblendung markiert diese Einsicht und stellt zugleich den Übergang in ein neues, geläutertes Leben dar, das er als Blinder führt und das sich vor allem darin äußert, dass er seinem gewalttätigen Sohn Polyneikes vergeben kann. Am Schluss wird er zu einer Art Rettergestalt, die im Hain Kolonos bei Athen von einem Gott – unter Donner und Blitz – in die Erde »entrückt« wird. Kurz vor seinem Tod sagt er:

Ich bin jetzt der Führer
ganz neu für euch, und leite euch, wie ehemals
ihr mich. Kommt, rührt mich gar nicht an, nein, lasst mich selber
die mir geweihte Grabstatt finden, wo ich nach
dem Schicksalsspruch die letzte Ruhe finden soll.
Kommt mit, hier lang! Auf diesem Wege führt mich Hermes,
der Seelen stets geleitet, mit der Hadesgöttin.
Du Licht, mir schon verwehrt, mir früher noch vergönnt,
mein Leib empfindet deinen Glanz zum letzten Mal.
Denn ich will nunmehr meines Lebens Rest hinab
zum Hades bringen. Wohlergehen wünsche ich
dir, Theseus, edelster der Freunde, deinem Land
und allen deinen Bürgern. Denkt, ihr allezeit
Gesegneten, in eurem Glück an meinen Tod![52]

Und der Chor beginnt mit dem Gedächtnis seines Todes, indem er seine »Erhöhung« mit dem unschuldigen Leiden des Ödipus erbittet und begründet.

CHOR.
Darf ich voll Ehrfurcht Gebete jetzt richten
an dich, die im Dunkeln waltende Göttin,
an dich auch, Gebieter der finsteren Schatten,
Hades, so flehe ich innig um eines:
Erspare dem Gastfreund, der, Opfer des Schicksals,
jetzt abwärts zieht zu den Fluren
der Toten im Reiche der Styx,

---

52. A. a. O., Zeilen 1542-1555.

erspare ihm Mühsal und qualvollen Schmerz!
Denn unschuldig musste er
furchtbare Leiden erdulden.
Ihn sollte die Gottheit zum Ausgleich
nunmehr gebührend erhöhen![53]

Die Sinnfrage angesichts der Bedrohung göttlich gebotener Menschlichkeit durch staatliche Willkür

Der letzte Abschnitt stammt aus der »Antigone«. In ihm verteidigt die Ödipus-Tochter gegenüber ihrem Onkel Kreon, der nach Ödipus zum (diktatorischen) Herrscher von Theben geworden war, warum sie ihren Bruder Polyneikes unbedingt, und das heißt: gegen das Verbot des Herrschers, bestatten wollte. Polyneikes hatte versucht, Kreon die Herrschaft über Theben zu entreißen, also Hochverrat begangen. Auf frischer Tat ertappt, rechtfertigt sich Antigone vor Kreon mit dem ungeschriebenen Willen der Götter und dem Gebot zu lieben:

Jawohl: Nicht Zeus hat dies Gesetz für mich erlassen,
auch Dike, die im Hades bei den Toten wohnt,
gab nie den Menschen ein Gesetz von solcher Art.
Auch hielt ich deinen Heroldsruf, ein Menschenwort,
für allzu schwach, um göttliche Gesetze zu
zerbrechen, die, auch ungeschrieben, ewig gelten,
nicht erst seit heute und seit gestern, nein, vielmehr
seit je und immer, und es weiß kein Mensch, seit wann.
Nicht diese wollte ich verletzen – gar aus Furcht
vor eines Menschen Hochmut – und dann von den Göttern
mich strafen lassen! Sterben muss ich, ganz natürlich,
auch ohne deine Weisung. Sterbe ich jedoch
verfrüht, so kann ich das nur als Gewinn erachten[54].
[…]

53. A. a. O., Zeilen 1556-1567.
54. Vgl. dazu Paulus im Philipperbrief 1,21: »Denn für mich ist das Leben (ein Dienst für) Christus und das Sterben ein Gewinn.«

CHORFÜHRER.
Aus diesem Mädchen spricht die Härte ihres Vaters;
sie findet sich nicht ab mit Unglück und Gewalt.

KREON.
[…]
Ich wäre ja kein Mann, sie wäre einer, würde
sie nicht bestraft für ihre Eigenmächtigkeit.
Nein, selbst als meine Nichte oder eine noch
weit enger mir Verwandte aus dem Kreis, den Zeus
beschützt, soll sie, mit ihrer Schwester, jämmerlich
zugrunde gehen! Ja, der Schwester werfe ich
Beteiligung am Plane zur Bestattung vor!
Ruft sie heraus!

[…]

ANTIGONE.
Was zögerst du dann noch? Ich billige nicht eines
von deinen Worten, möchte das auch künftig nicht.
Genauso auch missfallen meine Worte dir.
Ich freilich könnte keinen herrlicheren Ruhm
gewinnen als durch die Bestattung meines Bruders.

Deutet auf den Chor.

Mein Handeln würden alle Bürger hier nur loben,
wenn ihnen nicht die Furcht den Mund verschlösse! Doch
die Herrschaft der Gewalt genießt zu allem andren
noch einen Vorteil: Handeln, reden auch, nach Willkür!
KREON.
In Theben hegt nur einer diese Ansicht: Du!
ANTIGONE.
Sie denken ganz genauso, kuschen nur, vor Angst!
KREON.
Du handelst schamlos, wenn du anders denkst als sie.
ANTIGONE.
Dass sich Geschwister ehren, ist nicht schämenswert.
[…]

232

KREON.

Doch, wenn du den Verräter ehrst wie den Gerechten.

ANTIGONE.

Der Tote hier starb nicht als Sklave, nein, als Bruder.

KREON.

Er focht als Feind der Heimat gegen den Beschützer.

ANTIGONE.

Der Hades fordert ohne Unterschied sein Recht.

KREON.

Dem Freund gebührt ein andres Recht als dem Verräter.

ANTIGONE.

Ob solch ein Unterschied im Hades gilt, weiß niemand.

KREON.

Dem uns Verhassten gilt, im Tod auch, keine Liebe.

ANTIGONE.

Nicht mitzuhassen, mitzulieben bin ich da.

KREON.

Hinab zum Hades! Musst du lieben, liebe dort!

Zu meinen Lebzeiten soll mich kein Weib beherrschen.[55]

---

55. Sophokles, Antigone, Auszüge aus den Zeilen 450-525, in: Dichtung der Antike von Homer bis Nonnos, Auszüge aus S. 9556-9560. Das letzte Antigone-Zitat habe ich selbst übersetzt.

Literatur- und Namenverzeichnis

Antike, Dichtung der, von Homer bis Nonnos (Digitale Bibliothek Bd. 30), CD-ROM, Directmedia Publishing GmbH Berlin 2000   ↗ S. 229-233

Assmann, Jan, Zeit und Ewigkeit im Alten Ägypten: ein Beitrag zur Geschichte der Ewigkeit, Heidelberg 1975   ↗ S. 227

Assmann, Jan, Ägyptische Hymnen und Gebete. Übersetzt, kommentiert und eingeleitet, 2. Aufl. Freiburg Schweiz und Göttingen 1999   ↗ S. 214-217

Assmann, Jan, Herrschaft und Heil. Politische Theologie in Altägypten, Israel und Europa, München 2000   ↗ S. 51

Barth, Hans-Martin, Dogmatik. Evangelischer Glaube im Kontext der Weltreligionen, Gütersloh 2001   ↗ S. 193. 205

Bauer, Walter, Wörterbuch zum Neuen Testament, hg. K. u. B. Aland, 6. Aufl., Berlin New York 1988   ↗ S. 96

Beckmann, Joachim, Quellen zur Geschichte des christlichen Gottesdienstes, Gütersloh 1956   ↗ S. 137. 140 f.

Berger, Teresa, Liturgie und Tanz. Anthropologische Aspekte, historische Daten, theologische Perspektiven, St. Ottilien 1985   ↗ S. 149. 180

E. Biser, Der Freund. Annäherungen an Jesus, München 1989   ↗ S. 135

Biser, Eugen, Glaubensbekenntnis und Vaterunser, eine Neuauslegung, Düsseldorf 3. Aufl. 1996 = 2003, S 135-186   ↗ S. 74

Bieritz, Karl-Heinrich, Liturgik, Berlin-New York 2004   ↗ S. 17. 19. 23-25. 43 f. 46. 50 f. 78. 80. 86 f. 89. 91. 96 f. 108. 110. 133. 135-138. 145. 164. 207

Bieritz, Karl-Heinrich, Grenzgebiet. Praktische Theologie zwischen Kultur und Kirche, Münster i. W. 2005   ↗ S. 83

Bovon, François, Das Evangelium nach Lukas (Lk 1,1-9,50) (EKK III,1), Neukirchen-Vluyn 1989   ↗ S. 172

Burkert, Walter, Anthropologie des religiösen Opfers. Die Sakralisierung der Gewalt, München 1983   ↗ S. 36. 112

Burkert, Walter, Wilder Ursprung. Opferritual und Mythos bei den Griechen, Berlin 1990   ↗ S. 31

Dausend, Hugo (Hg.), Pilgerbericht der Nonne Aetheria (4. Jahrh.), Düsseldorf 1932   ↗ S. 131

Dinzelbacher, Peter, Christus als Schmerzensmann, in: I. Millfull / M. Neumann (Hg.), Mythen Europas. Schlüsselfiguren der Imagination. Mittelalter, Regensburg 2004   ↗ S. 62

Döpmann, Hans-Dieter, Gottesdienst im orthodoxen Kontext, in: Handbuch der Liturgik, hg. H.-Chr. Schmidt-Lauber, M. Meyer-Blanck und K.-H. Bieritz, 3. Auflage Göttingen 2003, S. 129-139   ↗ S. 21

Eliade, Mircea, Geschichte der religiösen Ideen. Quellentexte. Übersetzt und herausgegeben von G. Lanczkowski, Freiburg i. Br. 1981   ↗ S. 222. 225

Evangelische Kirche in Deutschland, Das Abendmahl. Eine Orientierungshilfe. Gütersloh 2003   ↗ S. 148

Evangelisches Gottesdienstbuch, Berlin 2000 ↗ S. 40. 143. 145. 148. 156

Girard, René, Das Heilige und die Gewalt, Zürich 1987 ↗ S. 31-33

Glotz, Peter / Langenbucher, Wolfgang R., Versäumte Lektionen, 1966 = Frankfurt/M. 1982 ↗ S. 208

Görg, Manfred, Mythos, Glaube und Geschichte. Die Bilder des christlichen Credo und ihre Wurzeln im alten Ägypten, Düsseldorf 1992, 3. Aufl. 1998 ↗ S. 202

Härle, Wilfried, Dogmatik, Berlin-New York 2. Aufl. 2000 ↗ S. 34 f.

Hahn, Ferdinand, Theologie des Neuen Testaments, Bd. I, Die Vielfalt des Neuen Testaments, Tübingen 2002 ↗ S. 106

Herold, Gerhart, Der Mann hält nur die Lampe. Frauen leben und glauben anders, in: Nachrichten der Ev.-Luth. Kirche in Bayern 61/2006, S. 209-213 ↗ S. 17. 66. 135. 178

Heymann, Cordelia ↗ S. 17. 52 f. 170. 185-188

Hinduismus, Gebete des, erläutert und ausgewählt von A. Th. Koury und E. Meier (GTB 711), Gütersloh 1994 ↗ S. 224

Hoheisel, Karl, Gelungenes Leben nach dem Bild der hebräischen Bibel, in: A. Bellebaum / P. Schallenberg (Hg.), Glücksverheißungen, Münster i. W. 2005, S. 43-61 ↗ S. 144

Holeton, David R. / Gibaut, John St. G., Gottesdienst und ökumenische Bewegung, in: Handbuch der Liturgik, 3. Aufl. Göttingen 2003, S. 192-203 ↗ S. 196. 200

Jeremias, Joachim, Die Abendmahlsworte Jesu, Göttingen 3. Aufl. 1960 ↗ S. 78

Jörns, Klaus-Peter, Der Lebensbezug des Gottesdienstes. Studien zu seinem kirchlichen und kulturellen Kontext, München 1988 ↗ S. 67

Jörns, Klaus-Peter, Liturgie – Wiege der Hl. Schrift? In: Archiv für Liturgiewissenschaft 34/1992, 313-332 ↗ S. 131

Jörns, Klaus-Peter, Die neuen Gesichter Gottes. Was die Menschen heute wirklich glauben, München 2. Aufl. 1999 ↗ S. 37. 207

Jörns, Klaus-Peter, Notwendige Abschiede. Auf dem Weg zu einem glaubwürdigen Christentum, Gütersloh 2004, 3. Aufl. 2006 ↗ S. 13. 30. 33. 42. 47. 55-59. 86. 97. 103. 108 f. 114. 118. 128. 136. 148. 202 f. 207. 222

Josuttis, Manfred, Der Weg in das Leben. Eine Einführung in den Gottesdienst auf erfahrungswissenschaftlicher Grundlage, Gütersloh 1991 ↗ S. 36

Josuttis, Manfred, Verführung zum Leben. Über die Geheimnisse des christlichen Glaubens, Gütersloh 2006 ↗ S. 27 f.

Katholischer Erwachsenenkatechismus. Das Glaubensbekenntnis der Kirche, hg. von der Deutschen Bischofskonferenz, Bonn 4. Aufl. 1989 ↗ S. 57

Klinghardt, Matthias, »Nehmt und eßt, das ist mein Leib!«, in: P. Schmidt-Leukel (Hg.), Die Religionen und das Essen, München 2000, S. 37-69 ↗ S. 77. 87. 94. 96. 101 f. 119. 128

Kontemplation – was ist das? In: Kontemplation und Mystik, Jg. 2, 2001, Sonderheft, Verlag Via Nova, D-36100 Petersberg ↗ S. 158

Küng, Hans, Christsein heute. Publik-Forum Dossier vom 23.9.2005 ↗ S. 16

Lang, Bernhard, Erhelle meine Nacht. Die 100 schönsten Gebete der Menschheit. Hg. von B. Lang, München 2. Aufl. 2004 ↗ S. 223

Lau, Thomas, und Voß, Andreas, Die Spende – Eine Odyssee im religiösen Kosmos, in: H.-G. Soeffner (Hg.), Kultur und Alltag (Soziale Welt Sonderband 6), Göttingen 1988, S. 285-297 ↗ S. 37

Lehmann, Karl, Gottesdienst als Ausdruck des Glaubens, in: Liturgisches Jahrbuch 30/1980, S. 197-214 ↗ S. 47 f.

Leimgruber, Stefan, Das islamische Opferfest, in: H. Brosseder, Christentum, Judentum, Islam. Feiertage und religiöse Tradition, Donauwörth 2004, S. 116-118 ↗ S. 193

Luther, Martin, Taschenausgabe. Auswahl in fünf Bänden, Bd. 3: Sakramente, Gottesdienst, Gemeindeordnung, Berlin 1981 ↗ S. 44. 48. 63

Luz, Ulrich, Das Evangelium nach Matthäus (Mt 1-7) (EKK I,1), Zürich Einsiedeln Köln / Neukirchen-Vluyn 1985 ↗ S. 67. 172

Luz, Ulrich, Das Evangelium nach Matthäus (Mt 8-17) (EKK I,2), Zürich u. Braunschweig / Neukirchen-Vluyn 1990 ↗ S. 62 f.

Luz, Das Evangelium nach Matthäus (Mt 26-28) (EKK I,4), Neukirchen-Vluyn / Düsseldorf Zürich 2002 ↗ S. 126. 132

Martin, Gerhard Marcel, Fest und Alltag. Bausteine zu einer Theorie des Festes, Stuttgart u. a. 1973 ↗ S. 149

Meßner, Reinhard, Einführung in die Liturgiewissenschaft (UTB 2173), Paderborn 2001 ↗ S. 97

Meyer, Hans Bernhard, Eucharistie. Geschichte, Theologie, Pastoral. Mit einem Beitrag von I. Pahl (Gottesdienst der Kirche. Handbuch der Liturgiewissenschaft Teil 4), Regensburg 1989 ↗ S. 36. 87

Meyer, Hans Bernhard, Art. Messe, in: Evangelisches Kirchenlexikon, Bd. 3, 3. Aufl. Göttingen 1992, Sp. 372-381 ↗ S. 196

Moltmann, Jürgen, Sundermeier, Theo, Totentänze – Tanz des Lebens, Frankfurt/ Main 2006 ↗ S. 180

Moser, Josef, Geburtsfest des Propheten, in: J. Brosseder (Hg.), Christentum, Judentum, Islam. Feiertage und religiöse Tradition, Donauwörth 2004, S. 108-110 ↗ S. 209

Niederwimmer, Kurt, Die Didache (Kommentar zu den Apostolischen Vätern Bd. 1), Göttingen 1989 ↗ S. 87. 94-96

Niewiadomski, Jozef, Palaver, Wolfgang [Hg.], Dramatische Erlösungslehre. Ein Symposion, Innsbruck-Wien 1992 ↗ S. 31

Pahl, Irmgard (Hg.), Coena Domini I. Die Abendmahlsliturgie der Reformationskirchen im 16./17. Jahrhundert, Freiburg / Schweiz 1983 ↗ S. 22 f.

Park, Jeongsoo, Sündenvergebung: Ihre religiöse und soziale Dimension im Matthäusevangelium. Diss. theol. Heidelberg, 2001 (= http://www.ub.uni-heidelberg.de/archiv/1664). Eine Zusammenfassung in: Evangelische Theologie 66/ 2006, S. 210-227 ↗ S. 69-71

Petuchowski, Jakob J., Das Achtzehngebet, in: H. H. Henrix (Hg.), Jüdische Liturgie, Freiburg (Breisgau) 1979, S. 77-88 ↗ S. 24 f.

Philipps, C. Robert III, Art. Opfer IV. Rom, in: Der Neue Pauly Bd. 8, Stuttgart-Weimar 2000, Sp. 1246-1249 ↗ S. 138

Roloff, Jürgen, Der Gottesdienst im Urchristentum, in: Handbuch der Liturgik, hg. H.-Chr. Schmidt-Lauber, M. Meyer-Blanck und K.-H. Bieritz, Göttingen 3. Aufl. 2003, S. 45-71 ↗ S. 45 f. 50

Schimmel, Annemarie, Die Religion des Islam. Eine Einführung, Stuttgart 1990 = 2001 ↗ S. 209 f.

Schmidt-Leukel, Perry, Gott ohne Grenzen. Eine christliche und pluralistische Theologie der Religionen, Gütersloh 2005 ↗ S. 205

Schneider, Gerhard, Das Evangelium nach Lukas. Kapitel 11-24 (ÖTKNT 3/2), Gütersloh 1977 ↗ S. 100

Schöpfungsmythen, Die, Mit einem Vorwort von Mircea Eliade, Zürück 1964 = Düsseldorf 2002 ↗ S. 211

Schrage, Wolfgang, Der erste Brief an die Korinther (EKK VII/2), Neukirchen-Vluyn 1995 ↗ S. 22. 24. 86. 121. 123. 126. 128

Schulz, Frieder, Die Lima-Liturgie, Kassel 1983 ↗ S. 142 f.

Schwager, Raymund, Jesus in the Drama of Salvation: Towards a Biblical Doctrine of Redemption, New York 1999 ↗ S. 31

Soeffner, Hans-Georg, Die Ordnung der Rituale. Die Auslegung des Alltags 2, Frankfurt/M. 1992 ↗ S. 37 f.

Sophokles ↗ S. 64. 228-232

Steinacker, Peter, und Jörns, Klaus-Peter, Streitgespräch, in: Publik-Forum Nr. 14/ 2006 ↗ S. 36

Texte aus der Umwelt des Alten Testaments (TUAT). Alte Folge. Gesamtedition auf CD-ROM, Gütersloh 2005 ↗ S. 211-213. 217-222

Theißen, Gerd, Der Sinn des Abendmahls. Zehn Thesen und eine Abendmahlsliturgie, in: Pastoraltheologie 93/2004, S. 352-360 ↗ S. 33-36.144

Tillich, Paul, In der Tiefe ist Wahrheit. Religiöse Reden I, Stuttgart 5. Aufl. 1952 ↗ S. 63

Ullmann, Wolfgang ↗ S. 17

Weizsäcker, von, Viktor ↗ S. 55-58

Welzer, Harald, Das kommunikative Gedächtnis. Eine Theorie der Erinnerung, München 2002 ↗ S. 58

Wengst, Klaus, Das Johannesevangelium. 2. Teilband: Kapitel 11-21 (ThKNT 4,2), Stuttgart 2001 ↗ S. 99. 102

Wick, Peter, Die urchristlichen Gottesdienste, Stuttgart 2. Aufl. 2003 ↗ 77. 101. 119

Wiesehöfer, Josef, Art. Proskynesis, in: Der Neue Pauly, Bd. 10, Stuttgart, Weimar 2001, Sp. 443 f. ↗ S. 50

Wilkens, Hermann, Die Anfänge des Herrenmahls, in: Jahrbuch für Liturgik und Hymnologie 28/1984, S. 55-65 ↗ S. 122

Zimmermann, Petra, »Das gebrochene Brot verwandelt mein Leben«. Abendmahl aus der Perspektive der Feiernden, in: Pastoraltheologie 93/2004, S. 361-370 ↗ S. 22